Lernwerkstätten in der
Bundesrepublik Deutschland und Österreich

Eine Dokumentation

Beiträge zur Reform der Grundschule – Band 91
Herausgeber: Rudolf Schmitt/Renate Valtin im Auftrag
des Vorstandes des Arbeitskreises Grundschule
– Der Grundschulverband – e. V.

Karin Ernst/Hartmut Wedekind (Hrsg.)

Lernwerkstätten in der Bundesrepublik Deutschland und Österreich

Eine Dokumentation

Arbeitskreis Grundschule – Der Grundschulverband – e.V.
Frankfurt am Main

Satz und Gestaltung: novuprint, 30161 Hannover
Druck und Bindung: Druckhaus Beltz, 69502 Hemsbach
Bildnachweis: Die Bildrechte liegen, sofern nicht anders vermerkt, bei den jeweiligen Mitarbeitern der fotografierten Werkstätten.
Titelbild: Logo der Lernwerkstatt Augsburg, gestaltet von N. Diem 1993

ISBN 3-930024-34-9

Vorwort

Am 1. November 1993 wurden von uns in der Bundesrepublik und Österreich 113 Lernwerkstätten und 26 Lernwerkstatt-Gründungsinitiativen gezählt. Die Zahl der tatsächlich existierenden Projekte liegt sicherlich höher, denn noch während der Arbeit an der Fertigstellung des vorliegenden Bandes erreichen uns täglich Ergänzungen zu der von uns im Sommer 1993 gestarteten Lernwerkstätten-Bestandsaufnahme, dabei auch immer wieder Hinweise auf bisher nicht erfaßte Projekte. Lernwerkstätten vermehren sich seit einiger Zeit in ungeahntem Ausmaß – allein in den letzten 5 Jahren hat sich die Zahl der Einrichtungen versiebenfacht.

In allen bundesdeutschen Ländern, alt wie neu, gibt es inzwischen Lernwerkstätten, sogar in Bayern und Rheinland-Pfalz, die lange Zeit weiße Flecken auf der Lernwerkstätten-Landkarte waren. In Österreich wurde im März 1993 am Pädagogischen Institut der Stadt Wien die erste «Lernwerkstätte» offiziell eröffnet. Eine aktuelle Umfrage der österreichischen Kolleginnen wandte sich bereits an über 20 Adressaten, von denen zu vermuten war, daß sie sich dem Spektrum der Lernwerkstatt-Bewegung zurechnen. Auf diese Weise wurden in Österreich 11 Projekte bekannt.

Über die Lernwerkstätten-Bewegung möchten wir im folgenden eine Dokumentation vorlegen. Wir kommen damit dem Wunsch des Arbeitskreises Grundschule nach, seinen Mitgliedern einen umfassenden Überblick über diese neu entstehenden «Orte der Grundschulreform» zu geben, um sie auf Einrichtungen hinzuweisen, die in ihrer Nähe zu finden sind, und sie zum Besuch, zur Benutzung und zur Mitgestaltung einzuladen. Denn Lernwerkstätten sind nicht nur neue Lernorte, sondern auch Ausdruck einer neuen pädagogischen Basisbewegung, der es um kleine, aber dauerhafte Schritte der Öffnung von Schule und Unterricht im Alltag geht. Deshalb teilen sie mit dem Grundschulverband wesentliche Intentionen.

Im folgenden geben «Länderberichte», die von Lernwerkstätten-MitarbeiterInnen aus den jeweiligen Bundesländern geschrieben wurden, einen regionalspezifischen Überblick über Entstehungsbedingungen, Lernwerkstatt-Typen, Arbeitsschwerpunkte und Perspektiven der Lernwerkstatt-Bewegung im jeweiligen Bundesland bzw. in Österreich. Adressen und Kurzporträts, die uns von den Projekten selbst zugestellt wurden, ergänzen diese Berichte. An dieser Stelle möchten wir Albrecht Bohnenkamp vom «Büffelstübchen» bei Bremen herzlich danken, der uns seine Lernwerkstätten-Datenbank zur Verfügung gestellt hat, ebenso den VertreterInnen des Arbeitskreises Grundschule in den jeweiligen Regionen, die uns auf weitere Projekte aufmerksam gemacht bzw. die uns vorliegenden Adressen überprüft haben, und Mathias

Daug, der uns bei der Verarbeitung und Auswertung der Daten eine große Hilfe war.

Nun lassen sich Lernwerkstätten in ihrer unterschiedlichen Ausprägung durch Zahlen und Überblicke nur zum Teil erfassen. Deshalb arbeiten zur Zeit fast 40 Autorinnen und Autoren daran, in exemplarischen Beispielen die vielfältigen Aspekte von Lernwerkstatt-Arbeit im Detail zu beschreiben. Für dieses Unternehmen wurde auf der letzten Bundesfachtagung der Lernwerkstätten in Malente im September 1993 ein gemeinsamer Rahmen entwikkelt. Wir hoffen, den Folgeband zur vorliegenden Dokumentation im Sommer 1994 vorlegen zu können und werden auch im Rahmen des Arbeitskreises Grundschule rechtzeitig auf sein Erscheinen hinweisen. Wer jetzt schon anschauliche Einblicke in die Arbeit verschiedener Werkstätten wünscht, sei auf die vielen leicht erreichbaren Texte verwiesen, über die Ute Krause für uns eine umfassende Bibliographie erstellt hat.

Wir haben versucht, die hier vorliegende umfangreiche Sammlung von Informationen so anschaulich und abwechslungsreich wie möglich zu gestalten, und hoffen, daß sie zu einer praktischen Arbeitsgrundlage für die Lernwerkstätten-Bewegung und die (Grund-)Schulreform allgemein werden möge.

Berlin, im November 1993 — Karin Ernst/Hartmut Wedekind

Karin Ernst und Hartmut Wedekind

I. Lernwerkstätten – eine Übersicht –

«Lernwerkstätten sind ... Räume, die voller Material stecken und in denen sich Erwachsene, manchmal auch Kinder, treffen, um sich mit diesen Materialien lernend auseinanderzusetzen – durch eigenes Tun und aktive Nutzung all dessen, was in diesen Räumen vorhanden ist, durch Sichten des Materials für eine spätere Verwendung in anderen Lernzusammenhängen oder durch Gespräche über pädagogische Fragen in Arbeits- bzw. Beratungssituationen. Lernwerkstätten erscheinen häufig wie ‹offene Klassenzimmer› und wollen für diesen Typ von Lernumgebung auch in Grenzen ein Modell abgeben. Man findet deshalb in Lernwerkstätten meist verschiedene Arbeitsbereiche (Schreiben und Drucken, Experimentieren, künstlerischer Ausdruck, Mathematik, Naturerkundung, Textilarbeit, usw.) mit der entsprechenden Ausstattung, dazu Ausstellungen von Projektergebnissen und gelegentlich selbst entwickelte Arbeitsmaterialien, die an InteressentInnen zur

Erprobung weitergegeben werden, oder auch das Lehrmittel-Angebot aus pädagogischen Verlagen, Kleinverlagen und Materialvertrieben» (Ernst 1990).

Aber Lernwerkstätten ändern sich auch schnell, und diese drei Jahre alte Charakteristik, die sich auf etwa 30 Werkstätten bezog, stimmt heute nur noch zum Teil. Hinzugekommen sind z. B. die 34 Werkstätten in der ehemaligen DDR, die, wie weiter unten zu lesen sein wird, «wie ein Brennglas» die Ansätze und Probleme der Lernwerkstatt-Bewegung in den alten Bundesländern bündeln und doch auch ganz anders sind. Hinzugekommen sind aber auch in Niedersachsen Schulklassen als Treffpunkte und Fortbildungsorte, in denen die direkte Arbeit an der Öffnung des Unterrichts zur Diskussion gestellt wird, «mobile» Lernwerkstätten, die über keinen eigenen Raum verfügen, sondern als Beratungs- oder Fortbildungsteam zu einzelnen Schulen reisen, und Materialsammlungen, die noch dabei sind, sich in Orte aktiven Lernens zu verwandeln.

Nicht alles, was «Lernwerkstatt» heißt, ist eine Werkstatt, nicht alle Lernwerkstätten heißen auch so – aber frühere Versuche, die Werkstätten durch unterschiedliche Namen auch im Typ zu unterscheiden («Lern»werkstatt für Orte Entdeckenden Lernens, «Grundschul»werkstatt für schulorientierte Arbeit u. ä.) führten zu keinem Ergebnis. «Lernwerkstatt» ist deshalb heute synonym für Initiativen, die sich aktiv um die Öffnung von Schule und von anderen pädagogischen Einrichtungen bemühen, und «Grundschulwerkstätten», «Pädagogische Werkstätten», «Lernzentren» und wie sie noch heißen mögen, tun dies ebenfalls. Entscheidend für viele, das ergab unsere Umfrage, ist, sich dieser Reformbewegung überhaupt zurechnen zu können, von ihr auch akzeptiert zu werden, wenn die eigene Werkstatt noch in den Kinderschuhen steckt, und durch den Bezug zum größeren Rahmen Unterstützung zu finden für die alltägliche, kleinschrittige, von Rückschlägen begleitete Veränderungsarbeit vor Ort. Kontroversen um das «richtige» Konzept einer Lernwerkstatt, die früher gerne unter den wenigen ersten Werkstätten geführt wurden, erscheinen den vielen heutigen Initiatoren zweitrangig. Was zählt, ist, ähnlich der früheren englischen Schulreform, mit der die Lernwerkstatt-Bewegung viele Ansätze teilt, das «Beispiel guter Praxis», das auch in dem Kontext, in den es übernommen wird, seine Wirksamkeit erweisen soll. Diese Beispiele kommen durch Besuche in anderen Lernwerkstätten zustande oder werden heute mehr und mehr aus der Literatur übernommen, sie vermischen sich mit den eigenen Ideen und werden unter den jeweiligen örtlichen Bedingungen zu etwas Neuem. Die hierdurch entstehende Unterschiedlichkeit von Lernwerkstatt-Praxis läßt sich kaum noch übersehen und ordnen. Die folgenden Hinweise zur Strukturierung sollen deshalb als Wegweiser für eigene Erkundungen genommen werden.

Lernwerkstätten in ihrer institutionellen Anbindung

Lernwerkstätten als Lernorte sind verschiedenen Institutionstypen angegliedert – sie kommen an Hochschulen, Lehrerfortbildungseinrichtungen und in freier Initiative besonders in Schulen vor –, aber diese Typisierung gibt noch weniger als früher eindeutig Auskunft über entsprechende Arbeitsschwerpunkte.

An Hochschulen gibt es heute 29 Einrichtungen und 6 Initiativen; 2 Werkstätten existieren nicht mehr (Grundschulzentrum Reutlingen, Grundschulwerkstatt Essen). Typisch für Lernwerkstätten an Hochschulen sind ihre Verpflichtungen in der Lehrerausbildung und ihr Bemühen um hochschuldidaktische Innovationen: An der Hochschule soll das Umlernen für eine neue Schulpraxis in materialreichen Lernlandschaften durch Workshops und Projektseminare mit einem hohen Anteil an Eigeninitiative der Studierenden erfolgen. Häufig wird mit der materiellen Grundlage für veränderten Unterricht bekannt gemacht, gelegentlich besteht die Möglichkeit, Kinder in die

Werkstätten einzuladen und mit ihnen neue Unterrichtsformen zu erproben. Aber Lernwerkstätten an Hochschulen sind auch auf eine sich verändernde Schulpraxis angewiesen, sonst fehlen den Studierenden die praktische Anschauung und das spätere Berufsfeld. Die Lernwerkstätten arbeiten deshalb in der Regel mit Lehrerinnen und Lehrern zusammen und werden gegenüber der Schulpraxis teils beratend, teils fortbildend, manchmal forschend, manchmal initiierend tätig. Die geringen Studentenzahlen der 80er Jahre haben einigen Werkstätten die Zusammenarbeit mit LehrerInnengruppen bei der inneren Schulreform vor Ort erleichtert. Steigende Studentenzahlen bei personellen Kürzungen verhindern aber den Ausbau der bestehenden Kooperation zu umfassenden Innovationsprojekten. Der Einfluß der Lernwerkstätten auf die Lehrerausbildung als Ganze ist immer noch gering: Nirgendwo ist es bisher gelungen, einen alternativen Studiengang zur Qualifizierung für Offenen Unterricht aufzubauen. Ob dies überhaupt angestrebt wird und die Arbeit in der Lernwerkstatt damit mehr sein kann als die Bereicherung des traditionellen Studienangebots um Elemente «praktischen Lernens», ist durchaus offen.

Ob und wie Lernwerkstätten an Universitäten Teil von Forschung oder Orte für Forschungsprojekte sind, steht ebenfalls noch zur Debatte. In Kassel wurde z. B. im Umfeld der Grundschulwerkstatt der «Alltag im offenen Unterricht» und der Umgang von Kindern mit Naturphänomenen erforscht. In Berlin beschäftigt sich vor allem die TU-Werkstatt mit dem entdeckenden Lernen von Erwachsenen in offenen Lernsituationen, ihrem «Umlernen» für offenen Unterricht und mit der pädagogischen Theorie, die historisch und systematisch hinter dem in ihr vertretenen Lernansatz steht. Gäbe es mehr MitarbeiterInnen mit gesicherter Perspektive – dies gilt für die Lernwerkstätten generell –, könnten außerdem weitere Vorhaben angegangen werden, für die durch Lernwerkstätten die nötige Infrastruktur bereits geschaffen ist, beispielsweise die Adaption und Weiterentwicklung reformpädagogisch inspirierter Curriculum-Projekte und Lernmaterialien aus dem Ausland für unsere Verhältnisse oder die Erforschung von Detailproblemen des Arbeitens in offenen Lernsituationen oder die Unterstützung von LehrerInnen (gruppen) bei der forschenden Erkundung ihrer eigenen Praxis.

Beziehungen zur Forschung haben auch Lernwerkstätten, die in freier Initiative entstanden sind: In der Lernwerkstatt «Büffelstübchen» in der Nähe von Bremen finden Forschungsvorhaben des Projekts «Kinder auf dem Weg zur Schrift» der Universität Bremen statt, in der Grundschulwerkstatt des Schulversuchs Gievenbeck in Münster werden die Ergebnisse des Schulversuchs durch Materialien, Informationen und organisierte Hospitationen an Besucher weitergegeben.

Lehrerausbildung andererseits muß nicht nur Sache der Lernwerkstätten an Universitäten sein. Die Hamburger Lernwerkstatt am Institut für Lehrerfortbildung ist gelegentlich auch Gastgeberin für Universitätsseminare, ebenso hat die Freinet-Cooperative Revier mit Lehrerausbildern an umliegenden Hochschulen (Essen, Wuppertal, Köln) zusammengearbeitet, ehe sie sich entschloß, eine unabhängige Lernwerkstatt an einer Schule in Bochum aufzubauen.

Lernwerkstätten an Hochschulen waren mit Berlin (TU 1981 und HdK 1982), Reutlingen (1981-85), Kassel (1983), Karlsruhe (1985) und wieder Berlin (FU 1986) die ältesten Einrichtungen. *Lernwerkstätten an Einrichtungen der Lehrerfortbildung* sind demgegenüber neueren Datums, obwohl gerade Lehrerfortbildung und Lernwerkstätten aufgrund der vorhandenen Praxisbeispiele am ehesten miteinander in Verbindung gebracht werden und anzunehmen ist, daß in diesem Feld die Wirksamkeit von Lernwerkstätten am größten ist, da ihr Einfluß auf die Veränderung von Schule sehr unmittelbar werden kann.

Die erste Lernwerkstatt, die als Außenstelle eines Lehrerfortbildungsinstituts gegründet wurde, entstand 1987 in Hamburg. Entscheidend für ihren Aufbau war hier jedoch noch nicht der Wille einer Institution, eine Werkstatt aufzubauen. Vielmehr gelang es einer breiten Initiative von Lehrerinnen und Lehrern, insbesondere aus der Freinet-Gruppe, von Hochschulangehörigen, Gewerkschaftern und Politikern, die Einrichtung einer Lernwerkstatt durchzusetzen und sie im Rahmen des Instituts für Lehrerfortbildung zu verankern.

Anders in Schleswig-Holstein: In diesem Bundesland erfolgte im Schuljahr 1989/90 die erste landesweite Errichtung von Lernwerkstätten durch ministerielle Vorgaben. An allen damals bestehenden acht «Instituten für Praxis und Theorie der Schule» sollte jeweils der Aufbau einer Werkstatt möglich sein, wenn die Institute dies wünschten. Jeder Werkstatt wurde eine volle Lehrerstelle zur Verfügung gestellt, die je zur Hälfte aus dem Grundschul- und aus dem Sonderschulbereich besetzt werden sollte. Eine Grundausstattung und die Übernahme der Folgekosten wurden ebenfalls zugesagt.

Seitdem gibt es auch in anderen Bundesländern Ansätze zur Einbindung von Lernwerkstätten in bildungspolitische Reformbestrebungen der Ministerien bzw. der ihnen nachgeordneten Einrichtungen der staatlichen Lehrerfortbildung. In Hessen sind seit 1989 acht Werkstätten an Außenstellen des Hessischen Instituts für Lehrerfortbildung (HILF) gegründet worden und weitere sind in Planung, im Saarland gibt es verschiedene Einrichtungen an den Außenstellen des Landesinstituts für Pädagogik und Medien (LPM), in Thüringen ist es der ersten Werkstatt gelungen, unter dem Dach des Thüringer Instituts für Lehrerfortbildung, Lehrplanentwicklung und Medien (ThILLM) die Arbeit materiell und personell unterstützt fortzusetzen, in Niedersachsen unterstützt das Ministerium Lernwerkstatt-Gründungen als

Teil der Regionalisierung der Fortbildung, in Rheinland-Pfalz gibt es seit kurzem Werkstätten als Ableger des Staatlichen Instituts für Lehrerfortbildung (SIL) bzw. der schon lange bestehenden Regionalen Pädagogischen Zentren, in Brandenburg ist die Anbindung von Lernwerkstatt-Initiativen an die im Aufbau befindlichen Außenstellen des Pädagogischen Landesinstituts Brandenburg (PLIB) geplant, in Mecklenburg-Vorpommern arbeitet die Leiterin des Rostocker «Büffelstübchens» nun mit einer festen Stelle als Studienleiterin des Landesinstituts für Schule und Ausbildung (LISA).

Für alle diese Bestrebungen lassen sich gemeinsame Trends ausmachen:

- Die Anbindung an staatliche Institutionen der Lehrerfortbildung erfolgt in der Regel, wenn im Bundesland bereits Lernwerkstätten bestehen oder zumindest Gründungsideen im Gespräch sind. Nicht alle in einem Bundesland bestehenden Werkstätten werden von der Institutionalisierung erfaßt, z. B. weil nur in begrenztem Umfang Mittel zur Verfügung gestellt werden oder aber, weil sie ihre Unabhängigkeit behalten wollen oder andere Institutionen ihnen diese gewähren.

- Die Einrichtung von Lernwerkstätten erfolgt meist bewußt als ein Zeichen der Neuorientierung innerhalb der Fortbildungsinstitutionen. Daß herkömmliche Fortbildungskonzepte und auf Öffnung ausgerichtete schulische Innovationen nur schwer miteinander zu vereinbaren sind, wird erkannt und zu verändern versucht.

- Die staatliche Institutionalisierung bzw. Förderung von Lernwerkstätten erfolgt im Rahmen politischer Wenden in der Bildungspolitik, in der Regel, manchmal mit Verzögerung, wenn die SPD bzw. eine rot-grüne Koalition die Regierung übernimmt (Saarland, Schleswig-Holstein, Niedersachsen, Brandenburg, Rheinland-Pfalz). Lernwerkstätten werden dann Teil einer allgemeineren Unterstützung von Dezentralisierung und Autonomie von Bildungsinstitutionen.

- Die staatliche Anerkennung von Lernwerkstätten ist für die Projekte materiell interessant, da sie in der Regel Stundendeputate für die Arbeit, eine kräftige Finanzierungsspritze und die Akzeptanz der Veranstaltungen in Fortbildungsprogrammen mit sich bringt. Inzwischen erscheint aber so mancher Einrichtung der Preis zu hoch, mit dem diese Grundsicherheit erkauft wird: Sie berichten von Gängelung durch Vorgaben «von oben» bei mangelndem Verständnis für die Arbeit im einzelnen und noch größerer Selbstausbeutung als vorher, da die gewährten wenigen Stunden der Freistellung in keinem Verhältnis zur Nachfrage nach den – nun offiziell gewordenen – Angeboten stehen.

Daß institutionalisierte Reformeinrichtungen nur einen kleinen Teil der zur Zeit wirklich vorhandenen Reformbemühungen treffen, zeigen die vielen unabgesicherten Initiativen, die außerdem entstanden sind.

Lernwerkstätten in freier – sprich: unklarer, gemischter, unterschiedlicher – *Trägerschaft* bieten das bunteste Bild an Ansätzen und Konzeptionen. Vor drei Jahren war ihre Zahl noch überschaubar und ihre Arbeit allgemein bekannt: Die zweiklassige Grundschule Bonbaden in Braunfels/Hessen war das erste Beispiel für einen LehrerInnentreffpunkt an einer reformorientierten Schule, das «Büffelstübchen» in Stuhr-Brinkum bei Bremen das erste Projekt, bei dem vor allem mit Kindern gearbeitet wurde, die Grundschulwerkstatt Gievenbeck, eine Initiative des Fördervereins des Schulversuchs an der Wartburg-Grundschule, die erste Werkstatt, in der von LehrerInnen neu entwickelte Materialien anderen InteressentInnen vorgestellt wurden. Lernwerkstätten von Freinet-Gruppen folgten bald nach, so in Wuppertal, Köln und Bochum.

Inzwischen entstehen freie Initiativen allerorten. Von der Grundkonstruktion her bestehen sie aus einer Gruppe von Lehrerinnen und Lehrern, die ihren Unterricht öffnen oder sich über ihre bisherigen Veränderungsbemühungen austauschen wollen, die dafür Material gesammelt oder hergestellt haben und denen es gelingt, einen Raum – meistens an einer Schule – zu bekommen und sich dort nicht nur regelmäßig zu treffen, sondern auch ihre Arbeit anderen bekannt zu machen. Manchmal findet ihre Arbeit so weit Anerkennung, daß das örtliche Schulamt einige Stunden Freistellung gewährt, gelegentlich sind die Angebote in Fortbildungsprogramme eingebunden, häufig erfolgt die Arbeit ehrenamtlich.

Sieht man sich die Entstehungsgeschichte der meisten Werkstätten und vor allem der Werkstatt-Bewegung in den verschiedenen Bundesländern an, so haben am Anfang fast überall solche unkonventionellen, neue Wege suchenden Projekte gestanden, denn auch die ersten Lernwerkstätten an den Universitäten waren Alternativprojekte.

Um die Übersicht über die institutionelle Anbindung der Lernwerkstätten zu vervollständigen, sollen schließlich noch zwei kleinere Gruppen genannt werden: Lernwerkstätten, die sich auf die *2. Phase der Lehrerausbildung* konzentrieren; dies sind außer den Schleswig-Holsteinischen Einrichtungen, die die 2. und 3. Phase betreuen, drei Projekte; und Lernwerkstätten, die sich an die MitarbeiterInnen in sozialpädagogischen Einrichtungen wenden; dies sind zur Zeit fünf Projekte.

Von den von uns am 1.11.93 gezählten 139 Lernwerkstätten und Initiativen befinden sich

an Universitäten	35
an bestehenden Fortbildungseinrichtungen	47
an Seminaren für die 2. Phase allein	3
an sozialpädagogischen Einrichtungen	5
in freier Trägerschaft bzw. an Schulen	49

Hiervon übernehmen 67 Projekte jenseits der bestehenden Fortbildungseinrichtungen ebenfalls Fortbildungsfunktionen, und mindestens 8 Projekte betreuen die 2. und 3. Phase der Lehrerausbildung gemeinsam. Mindestens 30 Projekte sind auch für Kinder offen oder arbeiten sogar vorwiegend mit Kindern.

Diese Zahlen zeigen trotz aller Vorläufigkeit vor allem ein überragendes Engagement der Lernwerkstätten in der Fortbildung, denn insgesamt arbeiten hier 114 von 139 Einrichtungen. Dies wiederum spiegelt die Tatsache wider, daß offenbar im Rahmen bestehender Fortbildungseinrichtungen die Anforderungen der sich verändernden und öffnenden Schule und die Bedürfnisse von Lehrerinnen und Lehrern, diese Veränderungen aktiv zu gestalten, nicht berücksichtigt worden sind.

Aber das Engagement für Veränderung fordert einen hohen Preis: Fast nirgendwo sind die Personen, die die Veränderung tragen, in ihrer Arbeit längerfristig abgesichert, und in viel zu vielen Einrichtungen wird auf die Bereitschaft engagierter Menschen zur Mehrarbeit gesetzt. Ein Blick auf die Anstellungsverhältnisse von Lernwerkstatt–MitarbeiterInnen zeigt, so weit wir sie erkunden konnten, folgende Verhältnisse:

fest für die Lernwerkstatt angestellt	5 Projekte
feste Anstellung, LW als Teilaufgabe	17 Projekte, darunter viele Sammlungen
befristete Wiss. Mitarbeiterstelle(n)	11 Projekte
voll abgeordnete LehrerInnen	4 Projekte
teilabgeordnete LehrerInnen	35 Projekte
ehrenamtliche MitarbeiterInnen	25 Projekte, darunter viele Initiativen
ABM, Projektstellen, Honorare	16 Projekte
unbekannt	25 Projekte

(Die Gesamtzahl liegt höher als die Zahl der Lernwerkstätten, da in einigen Einrichtungen mehrere Typen von Beschäftigungsverhältnissen vertreten sind.)

Das heißt: Von 139 Projekten sind etwa neun langfristig abgesichert und die Arbeit in der Lernwerkstatt ist auch die Hauptaufgabe der MitarbeiterInnen, in allen anderen Einrichtungen arbeitet Personal in unsicheren und zeitlich befristeten Arbeitsverhältnissen.

Um den Überblick abzurunden, nun noch ein paar statistische Angaben zur räumlichen und materiellen Situation: Lernwerkstätten sind räumlich eher klein; sie überschreiten selten die Größe von 100 qm und bieten damit der Arbeit von 15 – 25 Personen Raum. Sind die Gruppen größer, was häufig der Fall ist, werden umliegende Räume (Flure, Werkräume, Kanalufer) mit einbezogen. Dies ist nicht immer möglich, verläuft auch keinesfalls konfliktfrei, macht die Arbeit von Lernwerkstätten aber gegenüber ihrem Umfeld transparent.

Die Ausstattung mit Sachmittel ist eher bescheiden; die meisten Werkstätten müssen viel Phantasie beim Auftun von Finanzquellen entwickeln. Hochschulen garantieren kein sattes finanzielles Polster; genauso wenig wie Lehrerfortbildungsinstitutionen. Ein Jahresetat von 1500,– bis 2500,– DM, der eher die Regel als die Ausnahme ist und sowohl Neuanschaffungen von Material, Geräten und Büchern, wie Verbrauchsmaterial abdeckt, reicht höchstens für das Nötigste. Finanziell schlechter geht es natürlich den freien Lernwerkstätten, die auf Spenden und Mitgliedsbeiträge angewiesen sind.

Insgesamt sind die meisten Lernwerkstätten zu klein, unterfinanziert, überlastet und – gemessen an ihren geringen Möglichkeiten – von BesucherInnen überlaufen, selbst wenn es inzwischen einige wenige gut ausgestattete Projekte gibt. Ihre Akzeptanz wächst weiterhin rapide – das zeigt nicht nur die wachsende Zahl von Projekten, sondern die Nachfrage nach ihren jeweiligen Angeboten vor Ort und das steigende Interesse herkömmlicher Bildungsinstitutionen am Aufbau einer eigenen Werkstatt.

Konzeptionelle Entwicklungslinien in den alten Bundesländern

Aus der verwirrenden Buntheit von Räumen, Angeboten, Konzepten und Perspektiven lassen sich trotz allem konzeptionelle Grundlinien herauslesen. Die beiden ältesten Lernwerkstätten an der TU Berlin und in Kassel haben vor allem in den Anfangsjahren der Lernwerkstatt-Bewegung die neu entstehenden Projekte beeinflußt und zu einer gewissen Typisierung beigetragen. Doch haben die Werkstätten im süddeutschen Raum eine eigenständige Gründungsgeschichte, da das Grundschulzentrum in Reutlingen schon 1981

Gestaltungsideen aus englischen Teachers' Centres aufnahm und die freinetpädagogisch orientierte Schuldrucker-Bewegung im süddeutschen Raum Fuß faßte und z. B. in Ludwigsburg zur Gründung eines «Schuldruckzentrums» führte (Details siehe Länderbericht Baden-Württemberg).

An der TU Berlin stand von Anfang an im Vordergrund, daß Erwachsene selbst anders lernen müssen – aktiv, forschend, entdeckend, kreativ, offen –, um mit Kindern auf andere Weise Schule machen zu können. Dieser Ansatz wurde über viele Jahre mit wenigen Studentinnen und Studenten oder vergleichsweise kleinen LehrerInnengruppen erprobt und durch Zusammenarbeit mit dem Workshop Center in New York durchdacht und abgesichert, ehe er über das Norddeutsche Grundschultreffen und über bundesweite Freinet-Treffen in Workshops zum Entdeckenden Lernen allgemeiner zur Diskussion gestellt wurde. Die Grundidee inspirierte eine Reihe von anderen Lernwerkstatt-MacherInnen, insbesondere an der HdK Berlin, in Hamburg, Münster, Wuppertal und Hildesheim, in dieselbe Richtung zu denken. Die fortgesetzte Diskussion auf den Grundschultreffen (seit 1985) und den bundesweiten Lernwerkstatt–Fachtagungen (seit 1988) und die Möglichkeit, in Berliner Workshops und Intensivwochen weiterzulernen, hat den Berliner Ansatz in die Diskussion einsickern lassen und erlaubt es, mit ihm in größerem Umfang zu experimentieren. Beim näheren Hinsehen allerdings ist der Umgang mit der so einfach erscheinenden Grundthese – daß Erwachsene lernen müssen «wie Kinder», um mit Kindern anders lernen zu können – schwieriger als vermutet, so daß diese Idee ihre Wirksamkeit in neuen Lernwerkstätten erst allmählich entfalten kann. Wahrscheinlich arbeiten etwas mehr als 10 % in dieser Richtung.

Das Prinzip der Selbsterfahrung der neuen Lernform, der aktiven Konstruktion eines neuen Lernverständnisses auch aus dem persönlichen Erleben heraus, ist seitdem immer wieder diskutiert, falsch eingeschätzt und in seiner Notwendigkeit bezweifelt worden. Vielen erscheint es unnötig, daß Erwachsene auf diese kindliche, umständliche Weise lernen, andere vermuten zu große Selbstbezogenheit der Erwachsenen und mangelnde Relevanz für die Schule, wieder andere unterstellen, daß Erwachsene in Workshops kindliches Verhalten «simulieren» sollen, und sehen darin keinen Sinn. Sie hätten Recht, würde diese Annahme nicht an der Sache vorbeigehen. Trotzdem ist hier nicht der Ort, diese Problematik im Detail zu diskutieren (vgl. hierzu Ernst 1990a). Rückblickend zeigt die Erfahrung, daß eine wirkliche Veränderung im Lernverständnis ohne reflektierte Selbsterfahrung nicht auskommt. Daß dies in der Lernwerkstätten-Bewegung weithin akzeptiert ist, spiegelt sich in der Tatsache wider, daß Workshops zur Erfahrung Entdeckenden Lernens als Erwachsene/r den Kern der jährlichen Lernwerkstätten-Bundestagung ausmachen.

In Kassel hat am Anfang eher die Idee eines mit vielen Materialien gefüllten Lernraums, in dem Kinder anders lernen und den sie mitgestalten können, gestanden, als die Idee des anderen Lernens für Erwachsene. Die Kasseler Grundschulwerkstatt wird häufig von ganzen Schulklassen mit ihren LehrerInnen besucht, um die Möglichkeiten einer solchen Lernumgebung zu erkunden: Während die Kinder mit Hilfe der Lernwerkstatt-MitarbeiterInnen drucken oder experimentieren, können ihre LehrerInnen sie aus der Distanz heraus beobachten und damit vielleicht anders erleben als im normalen Schulalltag. Gleichzeitig nehmen sie erste Ideen, wie Unterricht verändert werden kann, mit in ihre Arbeitssituation zurück. Die große Handsatz-Druckerei, die in der Lernwerkstatt steht, hat demzufolge in den vergangenen Jahren viele Aktivitäten im Bereich Freies Schreiben – Drucken – Klassenkorrespondenz in Gang gesetzt. Die mit einfachen Mitteln hergestellten «Prototypen» von Unterrichtsmaterialien sind von LehrerInnengruppen nachgebaut und -erfunden worden und haben dazu beigetragen, die Spielräume für kindgemäßes und selbsttätiges Lernen zu erweitern. In der Umgebung von Kassel sind inzwischen an einigen Schulen weitere Lernzentren als dezentralisierte Treffpunkte für eine von den LehrerInnen gestaltete Schulreform vor Ort entstanden und eine unübersehbar große Zahl weiterer Werkstätten ist von Kassel inspiriert worden. Vor allem die Arbeit

Wir sind die Klasse 2b
unsere lererin heist frau Meid
unsere Schule ist in Kirchheim
und Sie heist Grundschule Aulatal
Wir Wolen Sie Besuchen. Wir
könen nur am irgend einen Montag
oder am Freitag kamen. Wir wolen
Puppentheater spielen
Sachen untersuchen.
Tricks kenenlerne
etwas Bauen
Schreiben si einen
Termin für uns.
Unsere Adrese:
Klasse 2b
Grundschule Aulatal
6437 Kirchheim. filo grüse Peter

mit selbsterfundenen Materialien, die schnelle Sichtbarkeit veränderten kindlichen Lernens und die Nähe zu deutschen reformpädagogischen Traditionen macht die Kasseler Werkstatt attraktiv.

Die Berliner Lernwerkstatt beruht, trotz ihrer Zusammenarbeit mit Freinet-PädagogInnen, eher auf Konzepten zum entdeckenden Lernen in offenen Lernsituationen, wie sie in England, den USA und Afrika entwickelt wurden, die Kasseler Grundschulwerkstatt gründet, trotz ihrer anfänglichen Beeinflussung durch englische offene Klassenzimmer und das New Yorker Workshop Center, vorwiegend in der Freinet-Pädagogik.

Beide Werkstätten betonen letztlich, daß es vor allem die Lernenden selbst sind, die aus dem Lernen eine sinnvolle Sache machen und daß Materialien und Lehrerverhalten dies unterstützen.

Inzwischen sind in den «alten» Bundesländern weitere Typen von Lernwerkstätten entstanden:

- wie die kleine Grundschule in Bonbaden, so stellen auch andere Werkstätten vielfältige Materialien für veränderten Unterricht aus, fungieren als Treffpunkt für Diskussionsgruppen und geben vielfältigste Informationen über den Umgang mit offenen Lernformen weiter, vor allem, indem sie direkte Einblicke in ihre Arbeit geben;
- wie neuerdings in Rheinland-Pfalz verwandeln sich bisher eher herkömmlich orientierte didaktische Sammlungen zu Treffpunkten und Handlungsräumen für Öffnungsversuche in der Schule;
- wie in Niedersachsen, Brandenburg und Österreich verändern sich Schulen insgesamt in Richtung auf einen geöffneten, handlungsorientierten Unterricht, richten «Lernwerkstätten» zunächst für Kinder ein und versuchen damit, neue Formen kindlichen Lernens jenseits differenzierter Arbeitsmaterialien und Lehrerangebote zu entwickeln.

Für die weitere Entwicklung der Lernwerkstatt-Bewegung können kaum Voraussagen gemacht werden, zumal die Zahl der Lernwerkstätten in relativ kurzer Zeit rasant ansteigt.

Trotzdem gibt es eine deutliche Tendenz: Wenn im folgenden geschrieben wird, daß die Lehrerfortbildung in der ehemaligen DDR vor der Wende vor allem aus der Weitergabe vorhandenen Wissens in frontaler Form und der Vermittlung von «Rezepten» bestanden habe, so gilt dies sicher auch, wenn auch in milderer Form, für die Lehrerfortbildung in den alten Bundesländern. Auch hier sind Fortbildungsformen, die schulische Innovationen unterstützen und begleiten, in der Minderheit. Und auf diesen Mißstand sind Lernwerkstätten eine wirksame Antwort.

Die Lernwerkstatt-Bewegung in den neuen Bundesländern

Ende 1993 existieren in den neuen Bundesländern 34 Lernwerkstätten bzw. Lernwerkstattinitiativen. Wo sind sie hergekommen? Wie sind sie entstanden? Welche Gründe und Hoffnungen gab es für den Aufbau? Welche Schwerpunkte haben sie in ihrer Arbeit gesetzt? Welche gegenwärtigen Probleme existieren?

Während sich die Idee «Lernwerkstatt» und die damit eng verbundene neue Sicht auf den Begriff «Lernen» in der Bundesrepublik (alt) über einen relativ langen Zeitraum von ca. 15 Jahren in unterschiedlicher Weise, initiiert und flankiert durch vielfältige reformpädagogisch orientierte Ansätze von Schulveränderung, nicht nur in den Köpfen vieler LehrerInnen strukturierte, sondern auch durch den schrittweisen Aufbau von Lernwerkstätten materialisierte und personalisierte, spielte der Begriff «Lernwerkstatt» im ostdeutschen pädagogischen Vokabular keine Rolle – besser gesagt: Es gab diesen Begriff gar nicht.

Institutionell waren für Fragen der Fortbildung der LehrerInnen in der ehemaligen DDR Pädagogische Kreiskabinette (PKK) zuständig, die «zur Unterstützung des Kreisschulrates bei der Führung des Unterrichts und der Weiterbildung der Lehrer und Erzieher» (Pädagogisches Wörterbuch 1987, S. 288) in jedem Kreis existierten. Sie wurden in der Regel von einem stellvertretenden Schulrat geleitet, der gemeinsam mit den Fachberatern und weiteren Mitarbeitern die jährlichen, in einem festgelegten zeitlichen Rahmen für alle LehrerInnen obligaten Fortbildungsangebote – Kurssystem genannt – organisierte. Die Kreiskabinette verfügten über eine gut ausgestattete pädagogische Bibliothek mit in der DDR verlegter Literatur. Über Fachkommissionen, die aus FachkollegInnen einzelner Schulen des Kreises zusammengesetzt waren und häufig vom Fachberater selbst geleitet wurden und schulischen Fachzirkeln war ein relativ enges Netz der inhaltlichen Ab- und Bestimmung geschaffen worden, mit dem inhaltliche Orientierungen «zur Sicherung einer hohen Qualität der Erziehungsarbeit in den Schulen, vor allem des Unterrichts» (ebenda) gegeben werden sollten.

Eingebunden in das System der Fortbildung waren die Hochschulen und speziell bei den UnterstufenlehrerInnen die Institute für Lehrerbildung, in denen in den Schulferien viele Fortbildungsangebote unterbreitet wurden.

Ein gut organisiertes Fortbildungssystem trug regelmäßig pädagogische, schulpolitische und fachwissenschaftliche Informationen an alle LehrerInnen heran. Fortbildung war formale Pflicht für jeden. Obwohl in den letzten Jahren der DDR die Angebote erweitert wurden, blieben die individuellen Entscheidungsspielräume in Bezug auf Inhalt und Form der Fortbildung für die LehrerInnen jedoch relativ klein.

Zentrale Themenstellungen, die in der Regel vorgegeben wurden und mit denen staatlicherseits Einfluß auf die Gestaltung des Unterrichts genommen werden sollte, aber auch eine sich über Jahre herausbildende bildungspolitische Tendenz, die darin bestand, Fortbildung zu einer Ratgeberpädagogik für PädagogInnen werden zu lassen, prägten viele Fortbildungsveranstaltungen. Nicht die Diskussion von und Auseinandersetzung mit verschiedenen pädagogischen Theorien und Konzepten als individueller Zugang für die pädagogische Arbeit vor Ort bestimmten die Fortbildungsveranstaltungen, sondern eine auf praktische «Hilfen» sich verengende Rezeptologie, die in zunehmendem Maße die Sachkompetenz der LehrerInnen in Frage stellte und sie damit – ob gewollt oder nicht gewollt – in die «Nähe von pädagogischen Analphabeten» (DREWS 1990, S. 25) rückten.

Referate, Vorträge, Erklärungen von Experten, Berichte zu Forschungsbereichen waren die am häufigsten anzutreffenden Formen der Wissensvermittlung. Dem Selbertun, Erfahren im Tun, der individuellen Suche und der Kommunikation wurden wenig Raum gegeben.

Die bevorzugte Form war auch hier, wie in den Schulen üblich, die frontale Wissensvermittlung.

Und dann kam die Wende?!

LehrerInnen, die es gewohnt waren, einen Unterricht nach streng vorgegebenen inhaltlichen, zeitlichen und im wesentlichen auch methodischen Parametern zu gestalten, wurden konfrontiert mit sehr unterschiedlichen, zu ihren Erfahrungen teilweise sehr konträr stehenden pädagogischen Konzepten. Waldorfschulen, Freinet-Pädagogik, Montessori-Materialien, Offener Unterricht, Freiarbeit usw. schwirrten als neue, weitestgehend unbekannte Begriffe und Namen durch die mit einem Mal grenzenlos scheinende pädagogische Welt.

Das gewohnte System der Fortbildung und die zentralen Orientierungen fielen weg. Andere, bisher unbekannte pädagogische Konzepte wurden präferiert. Die Schule der ehemaligen DDR stand im Feuer der Kritik und mit ihr die LehrerInnen, die in ihr gearbeitet hatten.

Unsicherheit, Orientierungslosigkeit, Identitätsverlust, aber auch Wut, Angst und die ehrliche Suche nach gangbaren Wegen bestimmten die Gespräche dort, wo offen geredet und ernsthaft nach Möglichkeiten gesucht wurde, zu verändern, ohne die eigenen Erfahrungen zu negieren und abzustreifen.

An die Stelle zentraler Orientierungen traten die unterschiedlichsten Ideen, Vorschläge und Vorwürfe. Räume taten sich auf für die, die Veränderung wollten. Im Spannungsfeld zwischen Unübersichtlichkeit und Starrheit, intensivem Suchen und ängstlichem Verharren begannen LehrerInnen Orientierungspunkte zu suchen. Nicht immer gerieten sie dabei an die Richtigen, die ehrlich, um der Sache willen, Hilfen anboten.

Offener Unterricht wurde zum Renner der Nachwendesaison vor allem im Primarstufenbereich der ehemaligen DDR. Es gab KollegInnen, die schnell zu Plagiatoren einer kaum selbst reflektierten und durchdrungenen pädagogischen Konzeption wurden, die bald in bunten Räumen unterrichteten und ... und weiter einen relativ frontalen, lehrerzentrierten Unterricht gestalteten, der eingerahmt durch reichhaltige, von Verlagen gesponserte Unterrichtsmitteln sich nur scheinbar vom bisherigen Unterricht unterschied ...

Es gab aber auch viele KollegInnen, die sich tatsächlich auf die Suche nach dem eigenen Anspruch an pädagogisches Tun in eine nun viele Möglichkeiten anbietende offene, pädagogische Welt begaben und erstaunt auf ihre eigenen Lernspuren schauten, die sie tiefer in die Unterschiedlichkeit des pädagogischen Denkens und Handelns in Ost und West und innerhalb der vielen unterschiedlichen reformpädagogischen Ansätze eindringen ließen.

Interessen und Bedürfnisse nach mehr Wissen wurden artikuliert. Eine Schulbesuchswelle, die vor Ort Erfahrungen ermöglichen sollte und fast ausschließlich nur von Ost nach West rollte, setzte die bereits in den Fachzeitschriften und Diskussionen springflutartig von West über Ost rasende «Öffnungswelle» fort. Häufig waren Auswahlkriterien für diese Besuche zufällig oder verwandtschaftlicher Art. Die Währungsunion kam ja erst später.

Auf der Suche nach dem eigenen Konzept, beim Verändern der eigenen Unterrichtsarbeit, beim Ausprobieren verschiedener Öffnungsformen, aber auch in Kontakten zu MitarbeiterInnen von Lernwerkstätten kam die Erkenntnis, daß Veränderung von Schule nicht über Anweisungen und Instruktionen von «Oben», sondern durch tägliche Veränderung des eigenen pädagogischen Tuns erfolgt. Um sich dafür sicher zu machen, braucht es Gleichgesinnte, Diskussionspartner, mit denen gemeinsam Erfahrungen ausgetauscht und auch gemeinsam gesammelt werden können. Ein ganz besonderes Problem tat sich dabei vor den bisher marktwirtschaftlich ungelernten und noch nicht dadurch geprägten LehrerInnen im Osten Deutschlands auf. Wie sollte man/frau mit den Massen von Unterrichtsmitteln umgehen, die über die ehemalige DDR geschüttet wurden? Die Zeit und das Geld, alle zu analysieren, auf Tauglichkeit für die eigene pädagogische Arbeit zu überprüfen oder sie auszuprobieren, war kaum vorhanden. Das Bedürfnis, dies zu tun und die Notwendigkeit, für das neue Schuljahr 90/91 die richtigen Bücher zu bestellen, waren sehr groß.

Die Verlage standen verständlicherweise diesem Bedürfnis sehr positiv gegenüber und bemühten sich, der ständig wachsenden Nachfrage gerecht zu werden. Eine Zeit der Jäger und Sammler und vielleicht auch der «Fallensteller» setzte ein ...

An dieser Stelle soll die kurze und sicherlich viel zu undifferenzierte Situationsbeschreibung der Schuljahre 89/90 und 90/91 beendet werden. Uns war diese kurze Beschreibung von Schulunmöglichkeiten und -möglichkeiten wichtig, um dem Leser/der Leserin einige gesellschaftliche Hintergründe zu vermitteln, die für die Entstehung der ersten Lernwerkstätten in den neuen Bundesländern mit entscheidend waren und die Situation derer deutlich macht, die Werkstätten gründeten.

Wie gestaltete sich die Bewegung?

Lernwerkstatt-Entwicklung in den neuen Bundesländern vollzog sich bisher in drei Schüben, in denen die Ausgangspunkte und Bedingungen für die Entstehung viel Gemeinsames, aber auch große Unterschiedlichkeiten aufweisen.

Phase 1: (1990/1991)

Die erste Etappe des Aufbaus von Werkstätten beginnt Ende 1989, Anfang 1990 und reicht bis ins Jahr 1991. In Jena, Leipzig, Magdeburg, Berlin-Hohenschönhausen und Rostock beginnen LehrerInnen bzw. FachschullehrerInnen sich intensiv mit der Veränderung von Schule zu beschäftigen und diese aktiv mit zu unterstützen. In Jena und Leipzig entwickelt sich die Idee «Lernwerkstatt» über die Auseinandersetzung mit reformpädagogischen Konzepten in Veranstaltungen der Bürgerbewegung und in selbstorganisierten Fortbildungsveranstaltungen, die zum Teil reformerfahrene und interessierte KollegInnen aus den alten Bundesländern gestalteten.

In Leipzig wurden die Foren der «Initiative Freie Pädagogik», in Jena Veranstaltungen der Bürgerinitiative «Alternative Pädagogik», die als Werkstätten bezeichnet und für interessierte BürgerInnen angeboten wurden, Ideen- und Kraftquell für das persönliche Engagement der künftigen WerkstätterInnen.

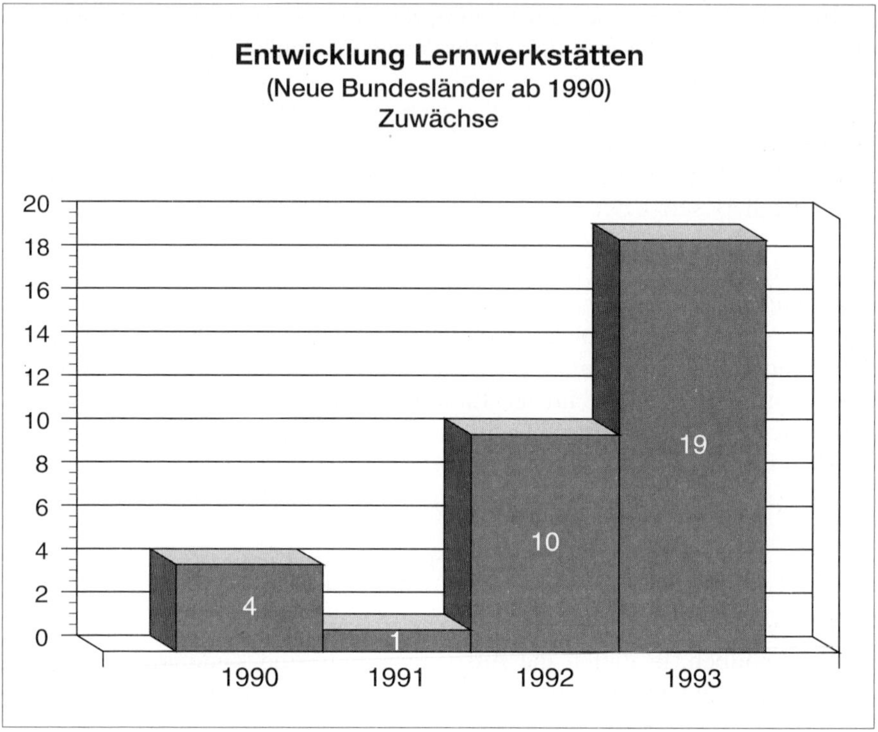

Sie boten selbst Veranstaltungen an, so z. B. Werkstätten zum Projektunterricht in Jena, die reformwillige und interessierte LehrerInnen und ErzieherInnen motivieren und ermutigen sollten, ihren Unterricht bzw. ihre Erziehungsarbeit zu verändern.

In Magdeburg fand sich eine Gruppe interessierter LehrerInnen zusammen, die beschlossen, ihren Unterricht zu verändern und mit Interessierten gemeinsam darüber zu sprechen. Sie fanden eine Partnerin im Bildungsministerium, die sie anfänglich unterstützen konnte. In einer Schule wurde für die Treffs und das inzwischen organisierte Material ein Raum eingerichtet und mit der Arbeit begonnen.

In Berlin-Hohenschönhausen gestaltete sich der Aufbau der Lernwerkstatt raumtechnisch relativ unkompliziert. Zum einen unterstützte die Leitung des dann etwas später vom Berliner Senat zur Abwicklung «freigegebenen» Institutes für Lehrerbildung die Bestrebungen, eine Werkstatt aufzubauen. Zum anderen war durch die bevorstehende Abwicklung das Interesse der Aufsichtsbeamten nicht so groß, daß es zu einer Beschneidung der Eigeninitiative der WerkstattgründerInnen kam.

In ein bereits von Heidemarie Dammenhayn seit 1988 aufgebautes Pädagogisches Kabinett, das in einer «Nische» des Institutes relativ unbehelligt didaktische Materialien zum spielenden Lernen im Unterricht entwickelte und gern von StudentInnen in der Methodikausbildung Deutsch besucht wurde, konnte im Mai 1990 die Werkstatt installiert werden. Die Nähe zu Westberlin, zu den «alten» Lernwerkstätten, zu Partnern wie der Freinetgruppe oder Helene Buschbeck u. a. erleichterte es, Zugänge zu finden, trug andererseits auch sehr positiv zur eigenen Verunsicherung und Suche bei. Nähe macht den Vergleich immer schärfer. Die Werkstatt in Hohenschönhausen stellte sich die Aufgabe, gemeinsam mit den LehrerInnen, die ihren Unterricht verändern wollten, Wege zur Öffnung zu suchen, Möglicheiten auszuprobieren und anderen die dabei gesammelten Erfahrungen ehrlich mitzuteilen. Darüber hinaus sollte sie ein Ort der Information, Beratung und Kommunikation für Suchende werden.

1991 begann in Mecklenburg-Vorpommern die Rostocker Lernwerkstatt «Büffelstübchen» ihre Arbeit. Sie hat sich an der namensgleichen Lernwerkstatt aus dem Bremer Umfeld (siehe Länderbericht) orientiert und wurde intensiv durch diese unterstützt. Innerhalb von sechs Monaten erhielt der Trägerverein die Anerkennung der Gemeinnützigkeit und bezog Ende August einen kleinen Raum in einer Schule. Die offizielle Eröffnung erfolgte am 23.11.91. Die ABM-Stelle für die Leiterin wurde im Dezember 91 genehmigt.

In Weimar begann die Einrichtung eines Raumes für die Aufbewahrung von Unterrichtsmaterialien, die vom Schulamt zusammengetragen wurden.

Phase 2: (1992)

Der zweite Schub in der Lernwerkstatt-Entwicklung der neuen Länder setzt 1992 ein. Neben den Werkstätten, die vor allem in Eigeninitiative von LehrerInnengruppen oder Einzelpersonen, wie beispielsweise in Passow, Angermünde, Frankfurt/Oder, entstehen, entwickeln sich Initiativen und Werkstätten, die einer zunehmenden Institutionalisierung unterliegen.

In Brandenburg beginnt ein interessanter Prozeß. Im Pädagogischen Landesinstitut Brandenburg (PLIB) wird eine Lernwerkstatt aufgebaut, die u. a. eine Vernetzung verschiedener Initiativen von Lernwerkstätten leisten soll, die bis auf wenige Ausnahmen an den Außenstellen des Institutes angebunden und in das Fortbildungssystem eingebunden werden sollen. Materielle und personelle Unterstützung ist für die Werkstätten vorgesehen. Die Phase der konzeptionellen Überlegungen zieht sich über das ganze Jahr. An den Außenstellen des PLIB werden konzeptionelle Überlegungen zum Einrichten von Werkstätten angestellt.

In Weimar wird am 6.7.92 die Werkstatt eröffnet. Sie ist eingebunden in die Fortbildung der GrundschullehrerInnen. Das Schulamt fungiert als Träger.

In Cottbus beginnt im Sommer die konzeptionelle Arbeit zum Aufbau einer Lernwerkstatt. An der Landesuniversität Potsdam wird schrittweise damit begonnen, eine Lernwerkstatt aufzubauen. Gleiches tut sich an der Pädagogischen Hochschule Erfurt. In Jena ist es gelungen, eine Werkstatt auch räumlich unter dem Dach des ThILLM zu installieren und diese personell und materiell weiter auszustatten.

Die Grundschulwerkstatt Berlin-Hohenschönhausen schaut auf 2 Jahre erfolgreiche Arbeit zurück. Trotz vehementer Kraftanstrengung in Bezug auf Erhalt muß sie wegen Abwicklung am 31.07.92 ihre Arbeit beenden. Rund 7000 LehrerInnen aus allen neuen Bundesländern haben sie oder die MitarbeiterInnen in Fortbildungsveranstaltungen kennengelernt. Auch diese Tatsache und der Nachweis des Gebrauchtwerdens heben den Abwicklungsbeschluß nicht auf. Die an die Humboldt-Universität zu Berlin neuberufene Professorin für Grundschulpädagogik, Renate Valtin, ermöglicht ab 1.8.92 in der neugegründeten Abteilung Grundschulpädagogik einen Neuanfang.

In Magdeburg wird durch Schulumstrukturierung der bisherige Raum der Werkstatt benötigt. Die Magdeburger deponieren ihre Materialien in einer Privatwohnung, bleiben als Team ohne Raum jedoch zusammen.

Phase 3: (1993)

Im Pädagogischen Landesinstitut Brandenburg wird die Werkstatt mit Materialien weiter eingerichtet und in die Fortbildung einbezogen. Weitere Initiativen und Projekte entstehen in den Außenstellen. Die Werkstätten sollen in die pädagogische Neugestaltung der kleiner werdenden Grundschulen einbezogen werden und erhalten dafür eine Anfangsfinanzierung.

Weitere Werkstätten an Universitäten und Hochschulen entstehen in Köthen, Dresden, Ilmenau. In Leipzig und Frankfurt/Oder laufen die ABM-Stellen aus. Die Existenz der Werkstätten ist in Gefahr. Zum Teil wird ohne Stelle weitergearbeitet oder die Werkstatt stillgelegt.

In Rostock bekommt die Leiterin der Werkstatt eine feste Stelle als Studienleiterin im Seminar Rostock des LISA. Am Jahresende 1993 existieren in Sachsen-Anhalt 4, in Thüringen 11, in Brandenburg 14, in Sachsen 4 Werkstätten bzw. Werkstattinitiativen und in Mecklenburg-Vorpommern eine Werkstatt. Im Ostteil Berlins sind inzwischen 3 Werkstätten bzw. Werkstattinitiativen entstanden. Aufgrund der Zuarbeiten für diesen Dokumentationsband und den notwendigen Recherchen kommt es zu ersten Koordinierungsansätzen in Sachsen, Thüringen und Sachsen-Anhalt.

Was waren die Gründe für den Aufbau und welche Hoffnungen verbanden sich mit dem Aufbau der Werkstätten?

In dem gemeinsamen Ziel, die Herausforderungen der Zeit anzunehmen und dazu beizutragen, Schule besser und kindgerechter zu machen und LehrerInnen beim Suchen neuer Formen des Lehrens und Lernens zu helfen, stimmen alle Werkstätten in den neuen Bundesländern überein. Unterschiede, die vielleicht zu einer interessanten Mischung verschiedener Innovationsträger führen könnten, werden allerdings deutlich, wenn die Gründe und Bedingungen für die Entstehung der Werkstätten genauer betrachtet werden.

Wir denken, daß bei aller Unterschiedlichkeit in den Ausgangsbedingungen und inhaltlichen Schwerpunktsetzungen die dreijährige Lernwerkstattentwicklung in den neuen Bundesländern die wie durch ein Brennglas gebündelte Reflexion der fast fünfzehnjährigen Entwicklungsgeschichte der Lernwerkstätten der alten Bundesrepublik widerspiegelt. Dies liegt sicher zum einen an der Dimension der gesellschaftlichen und damit auch schulpolitischen Veränderung in einer unglaublich kurzen Zeit und zum anderen an den vielen erfahrenen Helfern, deren unterschiedliche Positionen, politischen Intentionen und Vorstellungen Einfluß auf die Bewegung nahmen.

So zeichnet sich ab, daß zu den anfänglich in Eigeninitiative entstandenen Werkstätten sich in zunehmenden Maße Werkstätten gesellen, in denen engagierte LehrerInnen arbeiten, die von Schulämtern, Fortbildungsinstitutionen oder Lehrerausbildungseinrichtungen animiert wurden und in den meisten Fällen durch diese auch getragen werden.

In einer zur Vorbereitung dieses Bandes durchgeführten Umfrage wird diese Entwicklungstendenz in den Angaben der Gründe für den Aufbau der Werkstatt deutlich.

Anfangs standen für den Aufbau der ersten Werkstätten solche Gründe wie die Organisation von Selbsthilfe beim Suchen eigener Wege zur Veränderung der pädagogischen Arbeit, die Stärkung des Selbstbewußtseins der ehemaligen UnterstufenlehrerInnen an erster Stelle.

Die Palette der Gründe erweiterte sich mit dem Aufbau anderer Werkstätten. Folgende weitere Gründe wurden genannt:
- vorhandenes Material aus Verlagen einer breiten Öffentlichkeit zugänglich zu machen;
- bessere Informationsmöglichkeiten schaffen, um Bücher und selbsthergestellte Materialien kennenzulernen;
- Schaffung einer Begegnungsstätte zum Erfahrungsaustausch;

- Aufbau eines zentralen Ortes für Fortbildung und Informationsaustausch;
- Schaffung von Möglichkeiten, um viele zu erreichen und Interesse für Veränderung zu wecken;
- Unterstützung aller reformpädagogischen Ideen.

Welche Schwerpunktsetzungen sind in den Lernwerkstätten der neuen Bundesländer zu verzeichnen?

Die einzelnen Schwerpunkte (s. Abbildung) ließen sich noch feiner untergliedern. So zum Beispiel geben innerhalb des Fortbildungsbereiches knapp die Hälfte der Werkstätten als Hauptschwerpunkt den geöffneten Unterricht an.

Ähnlich verhält es sich beim Schwerpunkt Materialbörse. Etwas mehr als die Hälfte der Werkstätten stellt selbst Materialien her und probiert sie gemeinsam mit LehrerInnen aus.

Unter der Rubrik sonstige sind Arbeitsschwerpunkte wie Langzeitbetreuung von LehrerInnengruppen, wissenschaftliche Begleitung von Schulprojekten und die Unterstützung von Schulprofilierungen aufgenommen, die in Jena und in der Humboldt-Universität realisiert werden.

Inhaltliche Schwerpunkte in Lernwerkstätten der neuen Bundesländer

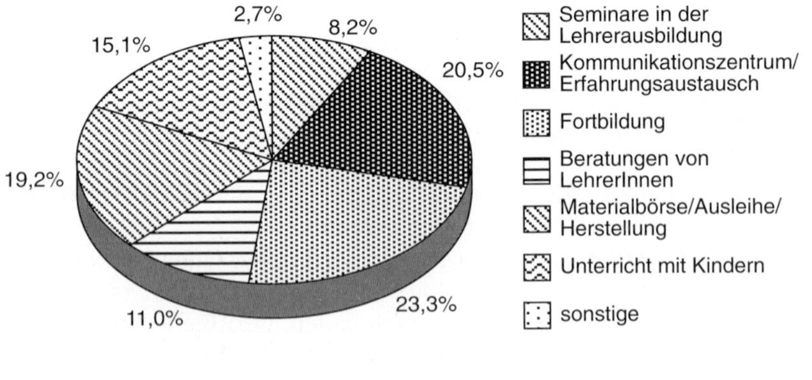

Welche gegenwärtigen Probleme gibt es?

Auch in den neuen Bundesländern beklagt die Mehrheit aller WerkstattmitarbeiterInnen die zu geringe materielle und finanzielle Unterstützung durch ihre Träger. Trotz großer Anerkennung der Arbeit der Werkstätten gibt es nur zwei feste Stellen, die für die Betreuung der Werkstatt eingerichtet wurden. Alle anderen MitarbeiterInnen sind mit recht geringen Stundenanteilen abgeordnet oder belegen eine ABM-Stelle, deren Auslaufen nicht nur existenzielle Probleme für die MitarbeiterInnen bringt, sondern auch den Fortbestand der Werkstatt gefährdet.

Ausblick

Für Lernwerkstätten scheint es charakteristisch zu sein, aus einer blitzartigen Eingebung heraus zu erwachsen. Die Kasseler Gründung wurde durch einen Besuch im New Yorker Workshop Center inspiriert, bei dem vor allem der Aspekt des Lernraums als Treffpunkt für Erwachsene und Kinder zündete. Der Berliner Ansatz erwuchs aus der Teilnahme an einem «Material-Workshop» nach englischem Vorbild, bei dem Erwachsene selbst anders lernten und versuchten, aus ihren Erfahrungen Schlüsse für einen anderen Unterricht in der Schule zu ziehen. Beide Erfahrungen waren vielleicht deshalb so prägend, weil sie nur das anschaulich auf den Begriff gebracht haben, wonach die jeweiligen Initiatorinnen schon länger auf der Suche waren. Auf ähnliche Weise pflanzen sich Lernwerkstätten auch weiterhin fort. Selbst wenn Lernwerkstätten heute von Institutionen initiiert werden, müssen sie doch aktiv entwickelt werden. Wer Lernwerkstätten besucht, um sich von ihnen für ein eigenes Konzept anregen zu lassen, nimmt am Anfang nicht die Komplexität einer solchen Situation insgesamt wahr, sondern nur, was zunächst einmal «paßt». Mit einer solchen Initialzündung wiederholt sich auf's Neue, was Lernwerkstätten und ihre Pädagogik prägt: Man versteht sie, indem man sie erfindet. Dies wiederum bedeutet, daß Lernwerkstätten nicht denkbar sind ohne das pädagogische und bildungspolitische Umfeld, das sie mitgestalten helfen, und ohne die Personen, die Lernwerkstätten entwickeln und damit bestimmte pädagogische Vorstellungen verwirklichen wollen.

Eine Lernwerkstatt ist die Möglichkeit, anderem Lernen Raum zu geben. Dieses andere Lernen gründet sich in der Überzeugung, daß es die Lernenden selbst sind, die ihr Lernen in Auseinandersetzung mit der materiellen Welt und mit anderen Menschen bestimmen, und nicht Lehrende, Rahmenpläne oder Unterrichtsmaterialien. Lernwerkstätten bieten für aktives Lernen

Hilfestellung, indem sie den direkten, fragenden, forschenden Dialog mit Menschen und Dingen fördern und Hilfen dafür zugänglich machen – möglicherweise auch durch Lehrende und Lernmaterialien.

Lernwerkstätten sind keine von sich aus wirksamen Einrichtungen. Ein mit Material gefüllter Raum garantiert noch nicht, daß sein Angebot angenommen wird oder in ihm Lernereignisse stattfinden, die dazu beitragen, Schule zu verändern.

Lernwerkstätten haben am ehesten Erfolg, wenn sie von denen ausgestaltet und getragen werden, bei denen die Grundidee «gezündet» hat und wesentlicher Teil sowohl der persönlichen Auseinandersetzung mit der Welt wie des beruflichen Aufgabenbereichs geworden ist.

Lernwerkstätten werden nicht nur einmal erfunden, sondern täglich neu. Sie zu erfinden, ist anstrengend und kostet Zeit. Aber nur, wenn Lernwerkstätten auf diese Weise gegen den Zwang zur Institutionalisierung lebendig bleiben, haben sie Zukunft. Für diejenigen, die Lernwerkstätten machen, bedeutet dies, das Fragen und Forschen nicht aufzugeben, Irritationen aufzunehmen und an ihnen weiterzudenken und sich vor Anstrengungen und Konflikten nicht zu scheuen.

Lernwerkstätten sind so lebendig, wie wir lebendig weiterlernen.

Literatur

Drews, Ursula: Rückblicke, kritische Bilanz, neue Horizonte in Unterstufe und Unterstufenforschung oder zur Kinderfreundllichkeit unserer Unterstufe. In: Unterstufe/Grundschule in Ost und West. Erstes deutsch-deutsches Kolloquium am 29. und 30. Juni 1990, Berlin 1990.

Pädagogisches Wörterbuch. Herausgegeben vom Autorenkollektiv Verlag Volk und Wissen. Berlin 1987.

Anmerkung

Der vorliegende Text geht in einigen wesentlichen Teilen auf die Beiträge von Karin Ernst in päd. extra & demokratische erziehung, Mai 1990, S. 6–10 und die Grundschulzeitschrift 35/1990a, S. 29–32, zurück, und wurde angesichts der schnellen Entwicklung der Lernwerkstatt-Szene seit 1990 überarbeitet und ergänzt. Die Aussagen zu den neuen Bundesländern beruhen auf einer in Vorbereitung auf das Buch durchgeführten Recherche von Hartmut Wedekind.

II.
Länderberichte
Kurzporträts
Adressen

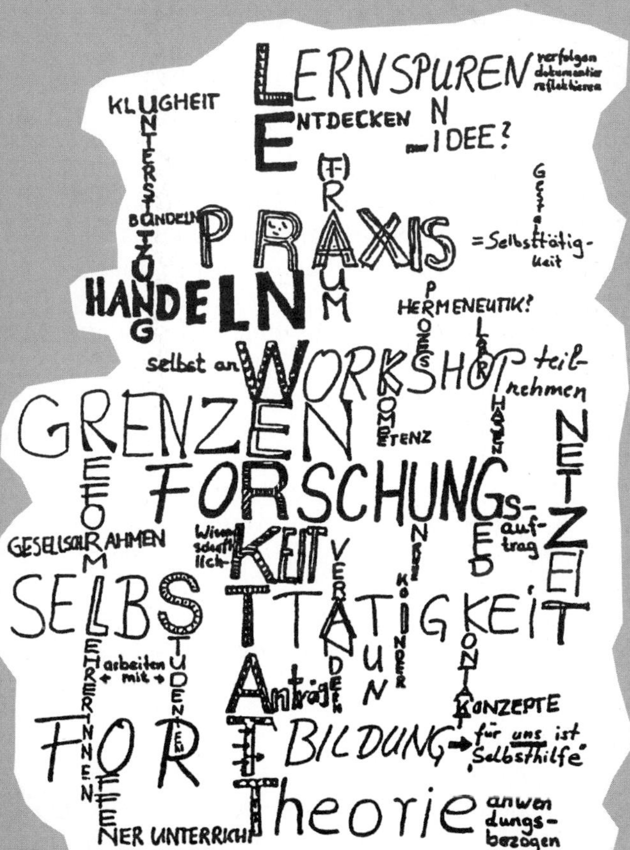

Entnommen aus:
«Lernwerkstätten als Orte der Reform von Lehren und Lernen.», hrsg. v. A. Bolland, Juli 1993, S. 71

Lernwerkstätten in Baden-Württemberg

Barbara Müller-Naendrup

Länderbericht

Entwicklung der Werkstattbewegung – eine eigene Gründungsgeschichte

Darstellungen zur Entwicklung der Lernwerkstätten verweisen immer wieder auf die «Pionierarbeit» der beiden ersten Lernwerkstätten in Deutschland: der Lernwerkstatt der TU Berlin und der Grundschulwerkstatt der Gesamthochschule Kassel. Auf den größten Teil der weiteren Gründungen von Lernwerkstätten haben diese beiden «Klassiker mit Modellfunktion» (KASPER/MÜLLER-NAENDRUP 1992, S. 8) sicherlich Einfluß gehabt. Die baden-württembergische «Lernwerkstätten-Tradition» weist allerdings eine eigene Entwicklungslinie auf, deren Ausgangspunkt in der Gründung des Grundschulzentrums an der Pädagogischen Hochschule (PH) Reutlingen im Jahre 1981 liegt. Karin ERNST spricht in diesem Zusammenhang von der «... eigenständige[n] Gründungsgeschichte ...» der Lernwerkstätten im süddeutschen Raum (ERNST 1990, S. 8). Beide Lernwerkstatttraditionen haben sich relativ isoliert voneinander entwickelt. So geht man in früheren Veröffentlichungen zur Lernwerkstättenbewegung nur selten auf die baden-württembergischen Einrichtungen näher ein. Umgekehrt orientierten sich die Lernwerkstätten von Baden-Württemberg wenig an den Konzepten der «anderen» Lernwerkstättenbewegung. Noch 1990 stellte sich in einer Umfrage heraus, daß nur eine Einrichtung Kontakt zur Grundschulwerkstatt in Kassel hatte. Eine weitere befragte Lernwerkstatt gab einen «losen schriftlichen Kontakt» mit Initiativen der Lernwerkstättenbewegung an. Drei Einrichtungen hatten in dieser Hinsicht noch gar keine Verbindung aufgenommen (Vgl. MÜLLER-NAENDRUP 1992, S. 113).

Die Gründung des Grundschulzentrums in Reutlingen wurde, wie in Berlin und Kassel auch, durch die Konzepte der früheren Teachers' Centres Bewegung der 60er/70er Jahre und des Planungsentwurfs zur Errichtung von Regionalen Pädagogischen Zentren, wie er vom Deutschen Bildungsrat Anfang der 70er Jahre empfohlen wurde, beeinflußt. Die gemeinsame Wurzel beider «Lernwerkstatt-Traditionen» wird damit deutlich.

Inspiriert von der Arbeit des Reutlinger Grundschulzentrums wurde in der Folgezeit die Didaktische Werkstatt an der PH Karlsruhe gegründet (WS 84/85). Es folgten Gründungen des Schuldruckzentrums der PH Ludwigsburg (1987), des Didaktischen Zentrums der PH Weingarten (1987), der Grundschulzentren der PH Schwäbisch Gmünd (1989) und der PH Freiburg, der Didaktischen Werkstatt Sachunterricht (1990) und des Grundschulpädagogischen Arbeitsbereichs (GPA WS 90/91) der PH Heidelberg, der Lernwerkstatt in der Römerschule in Rottweil (1992/1993) sowie der Lernwerkstatt der Grundschule Bonfeld (1993). Das Reutlinger Grundschulzentrum selbst wurde im Zuge der Schließung der PH Reutlingen 1985 aufgelöst. Teile der Einrichtung wurden 1987 in die PH Ludwigsburg verlagert.

Gegenwärtiger Stand der Entwicklung – aktuelle Konzepte

Zum Zeitpunkt dieses Dokumentationsbandes existieren in Baden-Württemberg neun Einrichtungen, die sich mit der Idee der Lernwerkstatt in Verbindung bringen lassen. Das Firmenschild «Lernwerkstatt» taucht allerdings, wie in der o. g. Auflistung ersichtlich, nur selten ausdrücklich auf.

Die Mehrzahl der baden-württembergischen Lernwerkstätten sind Hochschuleinrichtungen. Durch die Anbindung an die Pädagogischen Hochschulen ergibt sich eine konzeptionelle Schwerpunktsetzung auf die erste Phase der Lehrerbildung. Die Einrichtungen werden allerdings auch stark von den Lehrerinnen und Lehrern der jeweiligen Region als Informations-, Kommunikations- und Erfahrungsaustauschstelle oder zur Durchführung von Pädagogischen Tagen, Workshops, gemeinsamen Projekten mit Studierenden etc. genutzt. In Einzelfällen, wie z. B. in der Didaktischen Werkstatt Weingarten oder im GPA der PH Heidelberg, arbeiten gelegentlich auch Schülergruppen in der Lernwerkstatt.

Neben der reformunterstützenden Funktion von Lernwerkstätten bezüglich der Inneren Schulreform lassen sich als gemeinsamer konzeptioneller Nenner, v. a. mit Blick auf die Hochschuleinrichtungen, drei Leitlinien aufzeigen, die ihren Ursprung in der Reutlinger Konzeption haben:

Lernwerkstätten als gestaltete Lernumgebung

In Reutlingen wollte man die Gestaltung der Lernumgebung nicht nur auf den Schulbereich beschränken. *«Es ist Zeit, die Umwelt Hochschule als unser primäres Aktionsfeld wahrzunehmen»* (KASPER 1981). So gehörte es zu den wesentlichen Zielsetzungen des damaligen Grundschulzentrums, zur Gestaltung einer Studienumwelt innerhalb der Hochschule beizutragen, und zwar auch im Hinblick auf die Anforderungen der damals aktuellen Studien- und Prüfungsordnung. Die Anforderungen an den Stufenschwerpunkt Grundschule benötigen daher eine «räumliche Basis», denn (vgl. KASPER 1981):

- Grundschullehrer sollen über ein sensibles Sensorium für die Interaktion Mensch-Umwelt, Kind-Lernumgebung verfügen. Sie können dieses Sensorium nur durch fortwirkende Eigenerfahrungen innerhalb ihrer Ausbildungsstätte entwickeln.
- Ein Lehrerbildungskonzept unter den Leitgesichtspunkten des Erfahrungs- und Praxisbezugs bedarf u. a. auch eines räumlichen Rahmens.
- Zentrale Studienbereiche wie Anfangsunterricht, Sachunterricht, musisch-ästhetischer Gegenstandsbereich beinhalten integrative Aufgaben mit spezifischen pädagogischen Fundamenten. Für die hierfür erforderliche Kooperation, Kommunikation, Information etc. bedarf es räumlicher Anlaufstellen.

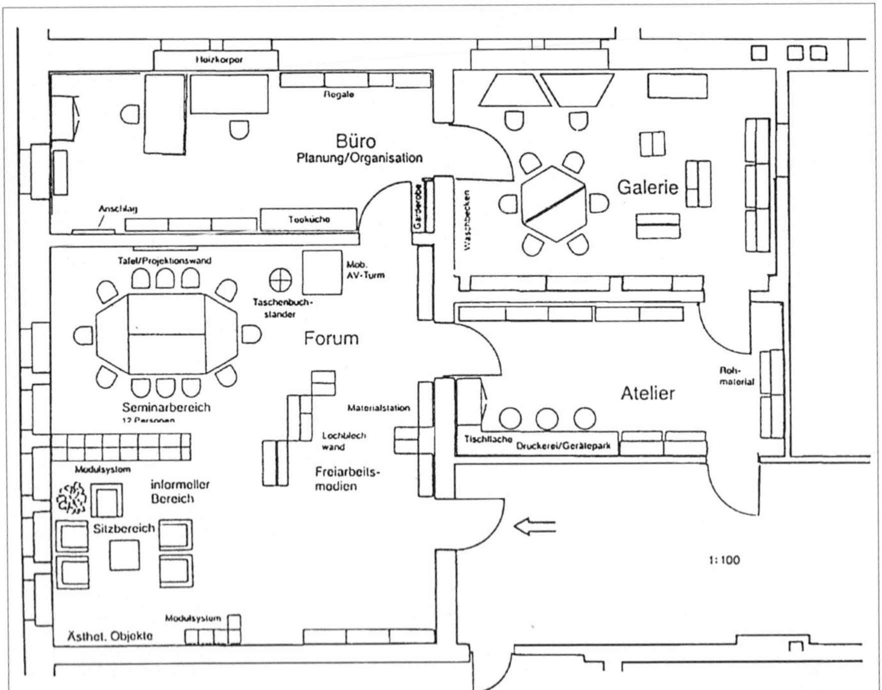

Lernwerkstatt am Grundschulpädagogischen Arbeitsbereich der PH Heidelberg

Diese Prinzipien sind in der jeweiligen räumlichen Ausgestaltung baden-württembergischer Lernwerkstätten erkennbar. Zwar sind die räumlichen Voraussetzungen der neun Einrichtungen sehr unterschiedlich, doch finden sich Elemente wie die Gliederung der Räume in funktionsdifferenzierende Teilbereiche, Rückzugsmöglichkeiten, Bereitstellung von geeignetem Material, Schuldruckereien etc. immer wieder.

Lernwerkstätten als hochschuldidaktischer Ort

Die hochschuldidaktischen Möglichkeiten und Varianten der Lernwerkstätten an den Pädagogischen Hochschulen Baden-Württembergs sind vielseitig (vgl. KASPER/MÜLLER-NAENDRUP 1993, S. 165-224). Die ihnen zugrundeliegenden Intentionen lassen sich wie folgt zusammenfassen (vgl. PÄD.HOCHSCHULE REUTLINGEN o. J.):

- Lehre und Studium erfahrungsnah, handlungs- und praxisorientiert zu gestalten;
- neue Konzeptionen eines pädagogisch orientierten Grundschulunterrichts und des Schullebens mit den Studierenden nicht nur verbal-rezeptiv, sondern anschaulich-aktiv zu erarbeiten;
- für das in Fächer aufgegliederte Studium Integrationsmöglichkeiten anzubieten;
- durch die Art und Weise des Studiums an der Hochschule den

Selbsterfahrungen sammeln in der Lernwerkstatt Grundschulzentrum Weingarten

Studierenden möglichst vielfältige Eigenerfahrungen mit aktiven Lern- und Arbeitsformen zu ermöglichen, die sie als Lehrer in ihrer Klasse analog umsetzen können.

Die Initiatoren der Karlsruher Didaktischen Werkstatt, die vorrangig eine hochschuldidaktische Veränderung verfolgen, fassen ihre Zielsetzung folgendermaßen zusammen: *«Es besteht die dringliche Aufgabe, neue Formen der Kommunikation zu entwickeln, Studenten die Möglichkeit einzuräumen, unter sachkundiger Anleitung zu experimentieren, zu gestalten und unterrichtliche Elemente handelnd zu erproben»* (SILLER unveröff.). Mehr Praxisbezogenheit in der Lehrerausbildung soll durch die Werkstattarbeit realisiert und eine hohe Selbstverantwortung für das eigene Studium soll den Studierenden übertragen werden (vgl. SILLER 1993, S. 40).

Grundschulzentrum der PH Freiburg

Lernwerkstätten als Forschungsstelle

Hildegard KASPER, Initiatorin des Grundschulzentrums in Reutlingen, äußert sich selbst zu einer möglichen Lernwerkstattfunktion als Forschungsstelle: *«Ein regionales Grundschulzentrum bietet ... Voraussetzungen für längerfristige Entwicklungsarbeiten, z. B. Entwicklung von Unterrichtseinheiten und Unterrichtsreihen unter spezifischen, didaktischen Fragestellungen (Fächerintegration, Förderung u. ä.), an denen verschiedene Institutionen und Personen gemeinsam arbeiten (Lehrer, Schulverwaltung, Experten) ... Es könnten dabei Alltagstheorien und Erfahrungen der beteiligten Lehrer unter pädagogischen Kriterien erörtert, auf spezifische, methodisch dokumentierte Fälle angewandt und dabei schulbezogene Handlungsmöglichkeiten und Hilfen erarbeitet werden»* (KASPER/MAIER 1984, S. 6).

Ein abgeschlossenes Forschungsprojekt des ehemaligen Grundschulzentrums ist zum Beispiel das Projekt zum Thema *«Europa als fächerübergreifende Unterrichtseinheit in der Grundschule»* (KASPER/KULLEN/MAIER 1990). Das Projekt wurde in Zusammenarbeit mit 26 Schulen durchgeführt, um schulbezogene Entwicklungsarbeiten zu aktuellen Problemfeldern im Sinne der Handlungsforschung zu unterstützen.

Ein Schwerpunkt des Grundschulpädagogischen Arbeitsbereichs der PH Heidelberg ist ebenfalls die Durchführung eines Forschungsprojekts. In dem Projekt werden in Zusammenarbeit mit Studierenden und Lehrerinnen der Region, die in Methoden der Handlungsforschung eingeführt wurden, Fallstudien in Grundschulklassen erstellt.

Auch die Karlsruher Lernwerkstatt betont den «Wissenschaftlichen Kontext» als einen der vier leitenden Gesichtspunkte für die Werkstattarbeit. *«Die Didaktische Werkstatt bemüht sich um Rahmenbedingungen, die wissenschaftliches Arbeiten und Forschen fördern, ...»* (SILLER 1993, S. 40).

Die Vielfalt der Konzepte als Charakteristikum der allgemeinen Lernwerkstättenbewegung spiegelt sich auch in der baden-württembergischen Lernwerkstattlandschaft wider. An dieser Stelle kann nur ein kurzer Blick auf einige Spezifika einzelner Einrichtungen erfolgen:

- Das *Schuldruckzentrum der PH Ludwigsburg* verweist schon in seinem Namen auf den Arbeitsschwerpunkt. Es geht vor allem darum, die Technik und Idee der Schuldruckerei erfahrbar zu machen und sie so in die Schulpraxis einzuführen. Dabei orientiert man sich stark an der Freinet-Pädagogik.
- Das *Grundschulzentrum der PH Schwäbisch-Gmünd* zeichnet sich, neben anderen Aktivitäten, v. a. durch sein Montessori-Studio aus.
- Die *Didaktische Werkstatt der PH Weingarten* engagiert sich besonders bezüglich der Entwicklung von handlungs- und projektorientierten Konzeptionen mit Blick auf den Sachunterricht. Eine weitere Besonderheit ist das

‚Lernwerkstatt-Mobil', durch das Lernwerkstattarbeit auch «draußen» in der Schulregion gemeinsam mit Lehrerkollegien durchgeführt werden kann (vgl. BERG/IRMLER 1992, S. 26-27).

- Die *Didaktische Werkstatt der PH Karlsruhe* bietet neben ihren hochschul- und fortbildungsdidaktischen Bemühungen die Betreuung der Kinderzeitung «Wurzel» an, die als regionale Zeitung im Stadt- und Landkreis Karlsruhe bekannt ist (vgl. SILLER 1993, S. 40).
- Den *Grundschulpädagogischen Arbeitsbereich der PH Heidelberg* bestimmen während seiner jetzigen Projektlaufzeit zwei Schwerpunkte. Zum einen geht es um den Aufbau der Mediothek und Lernwerkstatt als institutionellen Rahmen für die Entwicklung offener Lernkonzepte. Zum anderen wird das o. g. Forschungsprojekt in Zusammenarbeit von Lernwerkstatt und Schulpraxis durchgeführt.
- Die *Didaktische Werkstatt des Arbeitsbereichs Heimat- und Sachunterricht der PH Heidelberg* möchte vor allem anregende Lernumwelt für die Studierenden des Heimat- und Sachunterrichts mit Ausstellungs-, Kommunikations- und Aktivitätsbereichen sein.
- Die *Lernwerkstatt der Grundschule Bonfeld* ist schon ähnlich wie die Lernwerkstatt Rottweil durch ihre Anbindung an eine Grundschule ein Spezifikum in der baden-württembergischen Lernwerkstättenlandschaft. Hier geht es vor allem um die Unterstützung von reformorientierten Lehrern und Lehrerinnen der Region hinsichtlich der Öffnung von Unterricht.

Tendenzen und Perspektiven

Die Idee der Lernwerkstatt hat sich in Baden-Württemberg zunehmend verbreitet und durchgesetzt. In der schon genannten Umfrage zeigt sich, daß das Angebot der Einrichtungen stark nachgefragt wird, und die Initiatoren durchweg positive Erfahrungen mit ihren Aktivitäten gemacht haben. Die artikulierten negativen Erfahrungen beziehen sich vor allem auf räumliche, personelle und finanzielle Knappheit. Die Existenz der baden-württembergischen Lernwerkstätten ist bislang nur zum Teil gesichert, trotz der häufigen Anbindung an die Hochschulen. In einigen Fällen sind die Einrichtungen finanziell auf Drittmittel angewiesen.

Mit der Eröffnung der Lernwerkstatt Bonfeld im September 1993 können vielleicht neue Perspektiven für die baden-württembergische Lernwerkstättenentwicklung aufgezeigt werden. Der Grundschule Bonfeld wurde für ihre Lernwerkstattarbeit auch Unterstützung von seiten des Schulamtes Heilbronn zugesagt. Außerdem kooperiert die Lernwerkstatt Bonfeld mit dem Grundschulpädagogischen Arbeitsbereich der PH Heidelberg im Sinne eines Verbundsystems. Eine Ausweitung dieses Lernwerkstättenverbundes ist durch Initiative von Schulen des Rhein-Neckar-Raumes unter Beteiligung des Schulamtes Heidelberg in Planung.

Die Kontakte zur gesamten Lernwerkstättenbewegung haben sich in der letzten Zeit intensiviert. So waren baden-württembergische Einrichtungen auch auf den letzten beiden bundesweiten Fachtagungen der Lernwerkstätten vertreten. Wünschenswert wäre ein verstärkter Austausch der baden-württembergischen Lernwerkstätten untereinander.

Vielleicht kann man in Baden-Württemberg zukünftig auch mehr auf die Unterstützung von seiten der Kultusbehörden hoffen. Auf die Frage hin, ob die Lehrerinnen und Lehrer auf die zahlreichen Aufgaben und Anforderungen des Schulalltags vorbereitet sind, verweist die Ministerin für Kultus und Sport, Marianne Schultz-Hector, auf die Bedeutung der Lehreraus- und -fortbildung. Dabei fordert sie, daß man in diesem Bereich auch gegenüber neueren Konzepten und Ausbildungsinhalten aufgeschlossener ist. Ausdrücklich verweist sie in diesem Zusammenhang auf Lernwerkstätten: *«Daß wir darüber hinaus neue Konzepte – wie sie sich etwa in Lernwerkstätten zeigen – für die Lehrerausbildung brauchen, um den neuen Lehrplänen, die dann ja auch für die Aus- und Fortbildung ihre Verbindlichkeit haben, zu entsprechen, versteht sich von selbst»* (SCHULTZ-HECTOR 1992, S. 34).

Literatur

BERG, KLAUS/IRMLER, ALOIS: Schule und Hochschule treffen sich. In: Grundschule 6/1992, S. 26–27.

ERNST, KARIN: Lernwerkstätten. Regionale Zentren für die innere Schulreform. In: päd extra & demokratische Erziehung, Mai 1990, S. 6–10.

KASPER, H./KULLEN, S./MAIER, I.: Europe in Primary School in West Germany: The Reutlingen Case Study. Sheffield 1990. (dtschspr.: KASPER, H. KULLEN, S.: Europa für Kinder. Europäisches Lernen in der Grundschule. Reihe: Unterrichtspraxis in der Grundschule. Frankfurt 1992).

KASPER, HILDEGARD/MÜLLER-NAENDRUP, BARBARA: Lernwerkstätten – die Idee – die Orte – die Prozesse. In: Grundschule 6/1992, S. 8–11.

KASPER, HILDEGARD/MÜLLER-NAENDRUP, BARBARA: Lernen in der Lernwerkstatt. Selbsterfahrungsmöglichkeiten mit offenen Lernformen in der Lehrerbildung. In: WÖLFING, W./GONSCHOREK, G. (Hrsg.): Schule und Bildung. Argumente – Anstöße – Beispiele. Schriftenreihe der Päd. Hochschule Heidelberg, Bd. 14. Weinheim 1993, S. 165–224.

MAIER, INGRID: Für die Schule lernen. In: Grundschule 16 (1984), H. 10, S. 44–46.

MÜLLER-NAENDRUP, BARBARA: Lernwerkstätten in Deutschland. In: Grundschule 6/1992, S. 40–42.

MÜLLER-NAENDRUP, BARBARA: «Lernwerkstätten». In: HECKT, D. H./SANDFUCHS, U. (Hrsg.): Grundschule von A–Z. Braunschweig 1993, S. 168/169.

SILLER, ROLF: Die «Didaktische Werkstatt» an der Pädagogischen Hochschule Karlsruhe. Serie: Lernwerkstätten stellen sich vor. Eckehard Kohls. In: Die Grundschulzeitschrift 66/1993, S. 40.

Adressen und Kurzporträts

Lernwerkstatt der Grundschule Bonfeld
Biberacherstr. 6, 74906 Bad Rappenau/Bonfeld, Tel. 07066 - 8330

Ansprechpartnerin: Karin Braun
Öffnungszeit: Jeden 2. Mittwoch im Monat von 14.00 – 18.00 Uhr und nach Vereinbarung.
Inhaltliche Schwerpunkte:
- Die Lernwerkstatt versteht sich als Informations-, Arbeits- und Begegnungsstätte von LehrerInnen, die sich handlungs- und praxisorientiert mit Konzepten einer pädagogisch lebendigen Schule auseinandersetzen möchten.
- Ein spezifischer Schwerpunkt ist das projektorientierte, fächerübergreifende Arbeiten in der Grundschule.

Zielgruppe: LehrerInnen

Grundschulzentrum der Pädagogischen Hochschule Freiburg
Kunzenweg 21, 79117 Freiburg, Tel. 0761 – 682 App. 423, 353

Ansprechpartner: Akademischer Oberrat Dipl.-Päd. Adolf Messer
Öffnungszeiten: Montag u. Dienstag: 16.00 – 18.00 Uhr; Freitag: 8.00 – 12.00 Uhr;
weitere Öffnungszeiten sind dem Aushang vor dem Grundschulzentrum zu entnehmen.
Inhaltliche Schwerpunktsetzung:
- Das Grundschulzentrum ist eine fächerübergreifende und -verbindende Einrichtung für das Lehramt an Grundschulen;
- es bietet in einer Präsenzbibliothek ein umfangreiches Angebot an grundschulspezifischen Lehr- und Lernmitteln zu den Lernbereichen Deutsch, Mathematik, Heimat- und Sachunterricht, Ästhetische Erziehung sowie Zeitschriften und Unterrichtsaufzeichnungen an;
- es ist Forschungs- und Verbindungsstelle für Erziehungswissenschaft und grundschulrelevante Fachdidaktik.

Zielgruppen: Das Grundschulzentrum ist ein Fachraum und Lernort, eine Begegnungsstelle für Pädagogen und Didaktiker, Forscher und Kinder, Studierende und Dozenten, LehrerInnen, VertreterInnen der Schulaufsicht und -verwaltung.

Didaktische Werkstatt Sachunterricht
an der Pädagogische Hochschule Heidelberg
Im Neuenheimer Feld 561, 69120 Heidelberg, Tel. 06221 – 477246

Ansprechpartner: Dr. C. Walter, H. Weidmann
Öffnungszeiten: Montag – Freitag: 12.00 – 14.00 Uhr; Mittwoch: 8.00 – 10.00 Uhr;
Donnerstag: 16.00 – 18.00 Uhr; Freitag: 9.00 – 11.00 Uhr.
Inhaltliche Schwerpunkte:
- Beschaffung, Bereitstellung,Herstellung und Archivierung von Arbeitsmaterialien für einen schüler- und handlungsorientierten Sachunterricht;
- Umsetzung eines ganzheitlichen Konzepts des Sachunterrichts durch Zusammenarbeit

mit dem Schulgarten der PH in Form von Teamplanungen, Arbeiten an der Werkbank, Buchbindemaschine und Schulküche.

Zielgruppen: Studierende des Gegenstandsbereiches Sachunterrricht, Studierende und Lehrende, die auf Ideen- und Materialsuche für Sachkundeunterricht sind.

Lernwerkstatt am Grundschulpädagogischen Arbeitsbereich der PH Heidelberg
Keplerstr. 87 , 69120 Heidelberg, Tel. 06221– 477-147/160

Ansprechpartnerin: Barbara Müller-Naendrup
Öffnungszeiten: Nach Vereinbarung. Es gibt noch keine festen Öffnungszeiten.
Inhaltliche Schwerpunktsetzung:
- Unterstützung von und Orientierung an innovativen Ansätzen der Grundschulpädagogik (Öffnung von Schule und Unterricht);
- Schaffung von Möglichkeiten der Kooperation und des Erfahrungsaustausches von Studierenden der 1. Phase und KollegInnen der Schulen;
- Pädagogisierung der Aus-und Fortbildung.

Zielgruppen: LehrerInnen, Studierende der Hochschule, DozentInnen und evtl. Kindergruppen

Didaktische Werkstatt der Pädagogischen Hochschule Karlsruhe
Bismarckstr. 10, 76133 Karlsruhe 1, Tel. 0721 – 23991 App.214/226

Ansprechpartner: Dr. Rolf Siller
Öffnungszeiten: Während der Semester von 12.00 - 14.00 Uhr. In der vorlesungsfreien Zeit nach Vereinbarung.
Inhaltliche Schwerpunkte:
- Regionale Vernetzung von an pädagogischer Innovation Interessierten durch die Ermöglichung von Kooperation schulischer und außerschulischer Einrichtungen;
- Durchführung und Begleitung von Projekten, Schreibwerkstätten und Fortbildungen nach freier Vereinbarung;
- Herausgabe der regionalen Kinderzeitung «Wurzel».

Zielgruppen: Kinder der Region Karlsruhe, StudentInnen, LehrerInnen, DozentInnen der Hochschule

Schuldruckzentrum der Pädagogische Hochschule Ludwigsburg
Reuteallee 46, 71634 Ludwigsburg, Tel. 07141 – 140400

Ansprechpartner: Dieter Adrion
Öffnungszeiten: Montag bis Freitag von 9.00 – 16.00 Uhr.
Inhaltliche Schwerpunkte:
- LehrerInnenfortbildung zu pädagogischen und fachdidaktischen Fragen der Schuldruckerei;
- Schulberatung zu Fragen der Einrichtung und Ausstattung einer Schuldruckerei;
- Materialservice und Leihdruckerei;
- Dokumentation.

Zielgruppe: LehrerInnen

Lernwerkstatt in der Römerschule
Römerstr. 15, 78628 Rottweil, Tel. 0741 – 23756

Ansprechpartner: Ernst-August Witte-Löffler
Öffnungszeiten: Mittwoch: 14.30 – 16.30 Uhr.
Inhaltliche Schwerpunkte:
- Die Lernwerkstatt ist ein regionaler Treffpunkt für den Austausch von Erfahrungen aus der Arbeit mit freien Unterrichtsformen;
- Formen geöffneten Unterrichts.

Zielgruppe: LehrerInnen, die auf der Suche nach neuen Ideen für die Veränderung ihrer Arbeit sind.

Grundschulzentrum/Montessori-Studio
der Pädagogischen Hochschule Schwäbisch-Gmünd
Oberbettinger Str, 200, 73525 Schwäbisch-Gmünd, Tel. 07171 – 606276

Ansprechpartner: Prof. Dr. W. Knörzer, Prof. Dr. A. Heller, K. Grass
Öffnungszeiten: Nach Vereinbarung.
Inhaltliche Schwerpunkte:
- Angebote für Studierende, die sich auf Unterrichtsstunden vorbereiten möchten;
- Vorstellung von Materialien für die freie Arbeit.

Zielgruppen: Studierende, LehrerInnen

Lernwerkstatt Grundschulzentrum
an der Pädagogischen Hochschule Weingarten
Kirchplatz 2, 88250 Weingarten, Tel. 0751 – 501-202 / 205

AnsprechpartnerInnen: Alois Irmler (Leiter), Helga Hecker
Öffnungszeiten: Montag und Donnerstag: ganztägig; im Bedarfsfall nach Absprache.
Inhaltliche Schwerpunkte:
- Das Grundschulzentrum strebt die Organisation einer adäquaten Lernumgebung zur Vorbereitung von Unterricht an;
- stellt einschlägige Anregungspotentiale für handlungsorientiertes Studieren und Lernen bereit;
- entwickelt und erprobt didaktisches Material für den Grundschulbereich;
- sammelt Materialien, Modelle und Medien und macht sie Interessierten zugänglich;
- betreibt praxisbezogene Forschung und berät Lehrende und Lernende;
- bietet die Möglichkeit sachbezogener Kommunikation.

Zielgruppen: Studierende, Lehrende, LehrerInnen

Lernwerkstätten in Bayern

Gudrun Schönknecht

Länderbericht

Lernwerkstätten sind in Bayern eine relativ junge und nicht sehr häufige Erscheinung. Zur Zeit gibt es zwei Einrichtungen. Deshalb scheint es etwas verfrüht, schon von einer Werkstatt«bewegung» zu sprechen. Beide Projekte, die Lernwerkstatt in Augsburg und in Regensburg, sind von Universitäten ins Leben gerufen worden. Ob es Zufall oder begründbar ist, daß alle Lernwerkstattinitiativen in Bayern an Universitäten angebunden sind – auch an der Ludwigs–Maximilian–Universität in München ist eine Lernwerkstatt in Planung –, kann erst beurteilt werden, wenn eine größere Anzahl von Werkstätten vorhanden ist. Vielleicht wird sich dann diese Tendenz als typisch für Süddeutschland bestätigen, da sich auch in Baden-Württemberg fast alle Lernwerkstätten an Hochschulen befinden.

Die beiden Konzeptionen in Augsburg und Regensburg haben wichtige Impulse aus der Lernwerkstatt Kassel erhalten, in ihrer Arbeit aber unterschiedliche Schwerpunkte gesetzt. Während sich in Regensburg das Projekt ausgehend von der Schuldruckerei und von handlungsorientierten Seminaren entwickelte und sich weitere Bereiche anschlossen, lag in Augsburg der Schwerpunkt beim offenen Lernen für Erwachsene, der Kooperation aller drei Phasen der Lehrerbildung sowie der Einbeziehung der Sekundarstufe.

Die Lernwerkstatt Grundschule am Lehrstuhl für Didaktik der Grundschule der Universität Regensburg

Entstehungsgeschichte

Seit Anfang 1990 gab es in Regensburg Vorarbeiten zum Aufbau der Lernwerkstatt. Wie bei vielen anderen Lernwerkstattinitiativen wurde auch hier die Arbeit von MitarbeiterInnen und StudentInnen zusätzlich bzw. freiwillig geleistet, da keine Mittel zur Verfügung standen. Von der Universität wurde dem Lehrstuhl ein Seminarraum zur Ausgestaltung überlassen. Mit privaten Möbelbeständen und viel freiwilliger Mithilfe von StudentInnen wurde ein Raumkonzept erarbeitet und der Raum ausgestaltet. Besuche bestehender Lernwerkstätten in Berlin, Kassel und Heidelberg gaben wichtige Anregungen für die konzeptionelle Entwicklung.

Räumlichkeiten

Seit Sommersemester 1990 steht dem Lehrstuhl für Grundschuldidaktik für die Lernwerkstatt ein Seminarraum (60 m^2) zur Verfügung, der allerdings weiterhin für den regulären Seminarbetrieb mitgenutzt werden muß. Auf Grund der Doppelnutzung müssen immer Tische und Stühle für ca. 40 Personen bereitstehen. Dieses Problem wurde durch geschickte Anordnung der Stühle und Tische gelöst, der Raum kann so in kürzester Zeit zur Lernwerkstatt und Druckerei umgebaut werden. Mit Regalen und Schränken wurden Funktionsecken eingerichtet. Neben einer Literaturecke mit aktueller pädagogischer Fachliteratur, einer Ecke mit Lernmaterialien zum Schriftspracherwerb und Sachunterricht, zur Mathematik und aus der Montes-

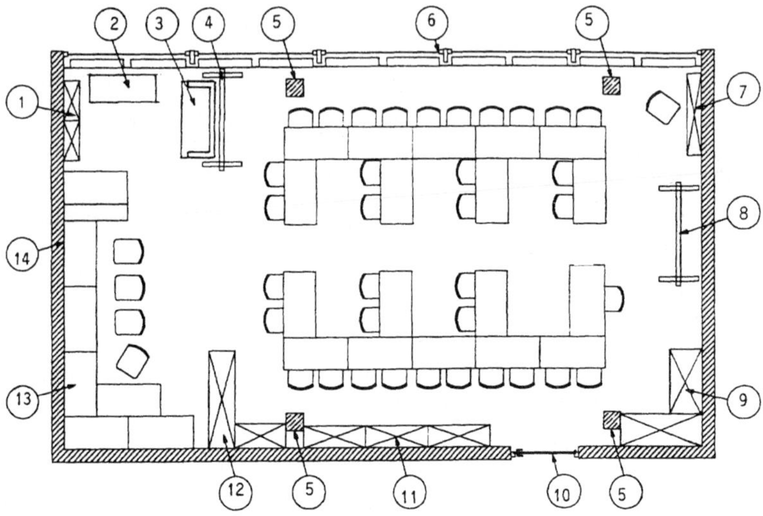

1 Regale mit Sprachmaterial
2 Tisch mit Sachunterrichtsmaterialien
3 Sitzecke mit Sofa
4 Ausstellungsfläche als Raumteiler
5 Betonsäulen als Ausstellungsflächen genützt
6 Fensterfront mit Heizkörpern
7 Regal mit Zeitschriften und Büchern zur Freiarbeit in der Grundschule
8 Wandtafel
9 Deckenhohes Regal mit Materialien zur Montessoripädagogik und zum Mathematikunterricht
10 Tür als Ausstellungsfläche genutzt
11 Schränke mit Fibeln, Arbeitsbüchern, Karten, Spielen etc.
12 Offenes deckenhohes Regal mit Materialien für das Drucken
13 Tische mit Buchstabensätzen zum Drucken
14 an der Wand: Beispiele /Buchstabenformen / Magnettafel

Grundriß der Lernwerkstatt in Regensburg

soripädagogik, einer Schulbuchsammlung mit Fibeln und Sachunterrichtsbüchern, einer Arbeitszone für das Drucken (incl. einer kompletten Schuldruckerei mit verschiedenen Möglichkeiten zum Stempeln und Drukken) befindet sich im Raum auch eine Kaffee- und Sitzecke.

Zielsetzungen/Konzept

Die Lernwerkstatt Regensburg sieht sich als wichtiges, ergänzendes Element im Kontext der traditionellen Lehrerausbildung. Sie will Hilfen zur praktischen Öffnung des Unterrichts geben. Durch die Möglichkeit, selbst offen zu arbeiten, sollen StudentInnen zur Öffnung des Unterrichts kommen. Die Erfahrung, sich mit dem eigenen Lernweg auseinanderzusetzen und ihn zu reflektieren, soll auch das Lernen der Erwachsenen verändern, öffnen und bereichern. Für die Studierenden kann die Lernwerkstatt auch ein Ort sein, an dem im Gegensatz zum sonstigen Studium kooperatives Arbeiten möglich und erwünscht ist. Vielleicht wird diese «erlebte» Kooperation auch in den späteren Berufsalltag mitgenommen und dort weiter verwirklicht. Der Praxisbezug der Hochschule soll durch Lernwerkstattarbeit intensiviert werden. In Kooperation mit LehrerInnen wird versucht, die Öffnung des Unterrichts über die Lernwerkstatt an die Schulpraxis weiterzugeben. Im didaktischen Bereich steht die Entwicklung und Erprobung didaktischer Materialien für Sachunterricht und Schriftspracherwerb im Mittelpunkt.

Angebote

In der Lernwerkstatt finden handlungsorientierte Seminare zu den Bereichen Schriftspracherwerb (Fibelanalysen und Lernmaterialien, Stempeln und Drukken), Sachunterricht (Entdeckendes Lernen, Modelle, Arbeit mit dem Sandkasten) und Erziehung und Unterricht (z. B. Einführung in Montessoripädagogik und -materialien) statt. Da in diesen Seminaren, die auch auf Prüfungen vorbereiten, neben handlungsorientiertem Lernen die Vermittlung von Theoriewissen eine wichtige Rolle spielt, werden ergänzend Workshops angeboten, in denen handlungsorientiertes Lernen und die Beschäftigung mit dem eigenen Lernweg im Vordergrund stehen.

In der Schuldruckerei arbeiten StudentInnen im Rahmen ihrer semesterbegleitenden Praktika mit Schulklassen, die zum Drucken kleinerer Bücher über Projekte o. ä. in die Lernwerkstatt kommen. Auch außerhalb der Praktika haben Schulklassen in der Lernwerkstatt Gelegenheit zu drucken. Es können auch Materialien für die Arbeit in Schulklassen ausgeliehen werden. Zwei Stunden in der Woche wird ein offener Nachmittag angeboten, den StudentInnen und LehrerInnen wahrnehmen können. Um den Kontakt mit LehrerInnen aus der Umgebung auszuweiten, gibt es seit kurzem auch

die Möglichkeit, daß Arbeitskreise im Rahmen der Lehrerfortbildung in der Lernwerkstatt tagen.

MitarbeiterInnen/ Finanzierung

Der gesamte Aufbau der Lernwerkstatt sowie die Betreuung wird von einem Mitarbeiter des Lehrstuhls, der seit 1992 von einer studentischen Hilfskraft unterstützt wird, neben dem regulären Ausbildungsangebot geleistet. Die Finanzierung erfolgt ausschließlich über den Lehrstuhletat, der dadurch natürlich über Gebühr strapaziert wird. Einige Materialien für die Erstausstattung wurden von Verlagen gespendet.

Ausblick

Nach drei Jahren steht die Lernwerkstatt noch immer im Aufbaustadium, vieles ist noch provisorisch. Die Resonanz auf das Projekt ist aber durchweg positiv. Die MitarbeiterInnen am Lehrstuhl empfinden, ebenso wie die StudentInnen, die Möglichkeit handelnden Lernens innerhalb der Universität als bereichernd. Die Lernwerkstatt wird auch von GrundschullehrerInnen mit ihren Klassen gerne angenommen. Um sie aber zu institutionalisieren und längerfristig auch Forschungsvorhaben zu realisieren, müßte eine räumliche und personelle Erweiterung erfolgen.

Die Lernwerkstatt am Lehrstuhl für Schulpädagogik der Universität Augsburg

Entstehungsgeschichte

Seit 1992 gibt es am Lehrstuhl für Schulpädagogik der Universität Augsburg das Projekt Lernwerkstatt, das mit einer Ausstellung über Offenen Unterricht in Augsburger Grund- und Hauptschulen und einer Fortbildung für PraktikumslehrerInnen ins Leben gerufen wurde. Nach etwa einem Jahr konzeptioneller und organisatorischer Vorarbeit – die Teilnahme am Lernwerkstättentreffen 1992 in Bredbeck und dort geknüpfte Kontakte gaben wichtige Impulse für die Entwicklung der Konzeption – eröffnete die Lernwerkstatt im Juni 1993 mit einer sechswöchigen ersten Arbeitsphase mit verschiedenen Angeboten (Workshops, offene Nachmittage, Schnuppertage). Seit Herbst 1993 bietet die Lernwerkstatt regelmäßig offene Nachmittage und semesterweise bzw. schulhalbjahresweise thematisch wechselnde Workshops im Bereich «Offenes Lernen für Erwachsene» an.

Räumlichkeiten

Als größte organisatorische Schwierigkeit erwies sich die Beschaffung geeigneter Räume. In der Universität konnte wegen allgemeiner Raumnot kein geeigneter Raum zur Verfügung gestellt werden. Da das Projekt aber von Anfang an auf die schon vorher vorhandenen guten Kooperationserfahrungen mit dem Staatlichen Schulamt aufbauen konnte, wurde ein Klassenzimmer mit Gruppenraum in einer universitätsnahen Grundschule für zwei Jahre von der Stadt zur Verfügung gestellt (insgesamt ca. 120 m^2). So ist die Lernwerkstatt von der Universität aus gut zu erreichen, und es bieten sich durch die Lage in einem Grund- und Hauptschulzentrum Möglichkeiten eines engen Bezugs zu Kindern und LehrerInnen. Im größeren der beiden Räume befindet sich ein Schreibtisch, der für Organisatorisches als Büro genutzt

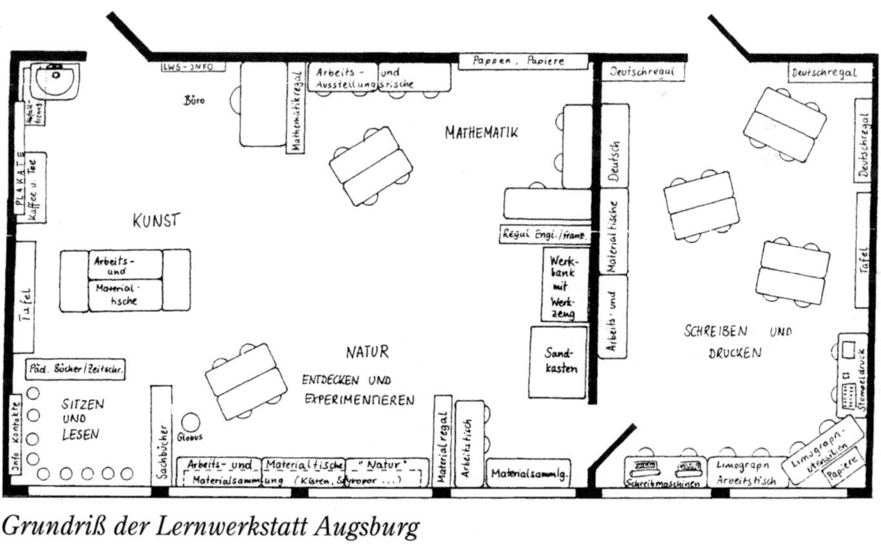

Grundriß der Lernwerkstatt Augsburg

wird, eine Leseecke mit einer kleinen Bibliothek, die Möglichkeit, Kaffee und Tee zu kochen, eine Werkbank, ein Sandkasten, der Naßbereich, eine Sammlung von Alltags- und Bastelmaterialien und die Werkstattbereiche «Künstlerisches», «Natur», «Mathematik» und «Fremdsprachen». Der angrenzende Gruppenraum wird ganz für den Bereich «Sprache» genutzt. Leider stehen hier noch keine Schuldruckerei, aber immerhin ein Limograph, verschiedene Stempelsets und Schreibmaschinen zur Verfügung. Den jeweiligen Bereichen sind Arbeits-, Material- und Ausstellungstische sowie Regale mit Literatur und Materialiensammlungen zugeordnet. Die didaktische Sammlung bzw. das «didaktische Kabinett» (eine ausgewählte Sammlung von selbsterstellten Arbeitsmitteln für alle Lernbereiche und Altersstufen, vgl. HAGSTEDT 1993) befindet sich im Aufbau. Zusätzlich stehen variabel einsetzbare weitere Arbeitstische zur Verfügung.

Zielsetzungen/Konzept

Im Gegensatz zu den meisten anderen Lernwerkstätten, die entweder der Lehrerausbildung an den Hochschulen oder der Lehrerfortbildung zugeordnet sind, versucht die Lernwerkstatt Augsburg, alle drei Phasen der Lehrerbildung einzubeziehen, und versteht sich als Kooperationsmodell über institutionelle Grenzen hinweg. In ihr treffen sich in Veranstaltungen, Workshops und an offenen Nachmittagen StudentInnen, LehramtsanwärterInnen und LehrerInnen verschiedener Schularten. Durch die Anbindung an den Lehrstuhl für Schulpädagogik ist die Lernwerkstatt keine reine Grundschulwerkstatt, sondern bezieht den Sekundarbereich aller Schularten mit ein. Die reformorientierten Ideen, die es im Grundschulbereich ja schon lange gibt, sollen so auch in den Bereich der Haupt-, Realschulen und Gymnasien eingebracht und übertragen werden. In Workshops im Bereich «Offenes Lernen für Erwachsene» wird eine neue Qualität des Lernens für Erwachsene, die einen Gegenentwurf zur herkömmlichen Praxis darstellt, in der Lernlandschaft Lernwerkstatt realisiert. Einen weiteren konzeptionellen Schwerpunkt bildet der Aufbau des oben bereits erwähnten didaktischen Kabinetts.

Angebote

Die Konzeption realisiert sich in verschiedenen Angeboten. In jeder Arbeitsphase (ein Schulhalbjahr bzw. Semester) wird ein thematisches Workshopangebot von dem Trägerkreis der Lernwerkstatt (ein Team von engagierten und interessierten MitarbeiterInnen aus den Bereichen Schule und Hochschule) erarbeitet, in dem «Offenes Lernen für Erwachsene» realisiert werden kann. Die Workshops werden dann von den in den jeweiligen Bereichen der Lehrerbildung tätigen (LehrerInnen, SeminarleiterInnen und LehrstuhlmitarbeiterInnen) betreut.

An zwei offenen Nachmittagen in der Woche, die von der Universität und vom Schulamt abwechselnd betreut werden, können LehrerInnen und StudentInnen in der Lernwerkstatt Materialien erstellen und sich vom didaktischen Kabinett und thematisch wechselnden Ausstellungen, vor allem selbstentwickelter und selbsterstellter Materialien, anregen lassen. Arbeitsgruppen von LehrerInnen, StudentInnen und LehramtsanwärterInnen können Termine in der Lernwerkstatt belegen. Von den MitarbeiterInnen des Lehrstuhls für Schulpädagogik wird die Lernwerkstatt für praxisorientierte Seminare mit StudentInnen aller Lehrämter genutzt. Diese Möglichkeit haben natürlich auch andere Fächer und Fachdidaktiken der Universität, die an Kooperation mit der Lernwerkstatt interessiert sind. Bisher hat der Lehrstuhl für Deutschdidaktik dieses Angebot wahrgenommen.

Zusätzlich finden reformorientierte Veranstaltungen, die Mitglieder des Trägerkreises anbieten, in der Lernwerkstatt statt. Ob sich auch künftig Lernwerkstatt-Tage wie zur Eröffnung realisieren lassen, hängt von der personellen Situation ab.

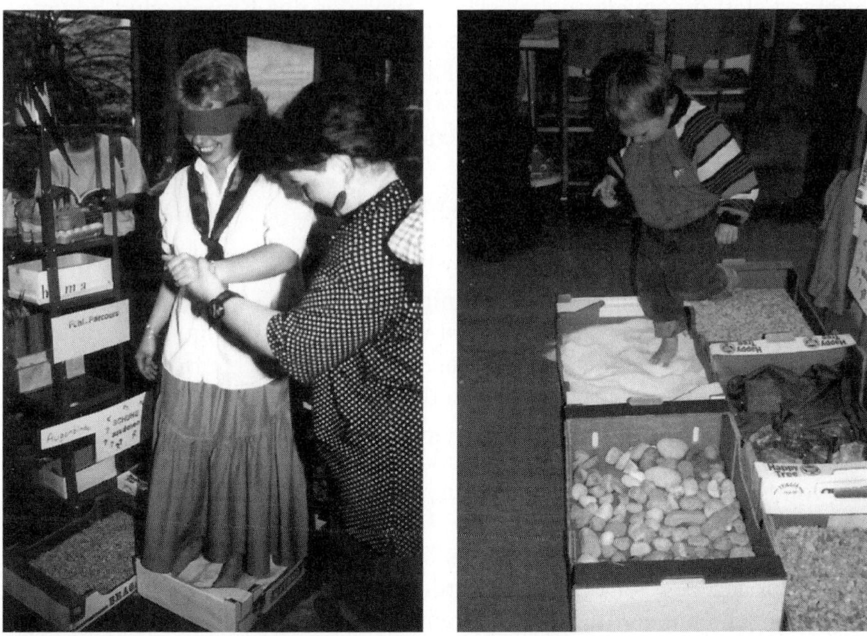

Fühl-Parcours in der Lernwerkstatt Augsburg: Kinder und Erwachsene machen ähnliche Erfahrungen

MitarbeiterInnen/Finanzierung

Die Arbeit wurde bisher hauptsächlich von den MitarbeiterInnen des Lehrstuhls (eine wissenschaftliche Mitarbeiterin, Stipendiatinnen und studentische Hilfskräfte) getragen, wobei diese Aufgaben längerfristig nur mit zusätzlichen finanziellen und personellen Mitteln bewältigt werden können. Als «Gründungsetat» für Sachmittel standen Spenden vom Arbeitskreis Grundschule und der Gesellschaft der Freunde der Universität Augsburg in Höhe von insgesamt DM 3000,– zur Verfügung, die nur für das Nötigste sehr schnell aufgebraucht waren. Durch zeitintensive und mühevolle Anfragen nach Sachspenden bei vielen Institutionen und Verlagen konnte der Gründungsetat etwas aufgestockt werden. Eine zumindest den nötigsten Grundbedarf absichernde weitere finanzielle Unterstützung ist für die Weiterführung des Projekts unabdingbar.

Im Moment wird versucht, den inhaltlichen Bereich mit Hilfe des oben erwähnten «Trägerkreises», in dem sich Engagierte und Interessierte aus allen Bereichen der Lehrerbildung, die zusätzlich zu ihren sonstigen Aufgaben in der Lernwerkstatt mitarbeiten, zusammengefunden haben, weiter auszugestalten. Dies entlastet einerseits die MitarbeiterInnen des Lehrstuhls und versucht andererseits, kooperative Elemente auch in die Leitung der Lernwerkstatt miteinzubeziehen. Die Mitglieder des Kreises sind SeminarleiterInnen, Professoren und MitarbeiterInnen der Universität, LehrerInnen, pädagogische AssistentInnen und FachlehrerInnen. Eine Teilabordnung einer Praktikumslehrerin in die Lernwerkstatt für einige Stunden ist bereits beantragt und wird wahrscheinlich genehmigt.

Ausblick

Trotz der schwierigen Situation, eine Einrichtung zu sein, die vom Reformeifer und Engagement einiger Weniger getragen wird und ständig mit finanziellen und organisatorischen Schwierigkeiten zu kämpfen hat, machen die positiven Reaktionen aller Besuchergruppen der Lernwerkstatt Mut, weiterzuarbeiten und die finanzielle und personelle Absicherung des Projekts sowie die Weiterentwicklung der pädagogischen Konzeption voranzutreiben. Die offenen Nachmittage als Treffpunkt, Informations- und Ideenbörse wurden von StudentInnen und LehrerInnen begeistert angenommen, schon im Juni meldeten sich selbstgegründete Arbeitsgruppen für die Herbsttermine an. Ob sich das Modell, mit Hilfe eines Trägerkreises sowohl Angebote für die verschiedenen Bereiche der Lehrerbildung als auch kooperative Veranstaltungen anzubieten, in Augsburg bewährt, wird sich zeigen. Es wird aber von allen Beteiligten als ein sinnvoller Versuch gesehen, die Grenzen der Institutionen für ein gemeinsames Anliegen zu überwinden. Die Lernwerkstatt als zunächst von den MitarbeiterInnen geplante und gestaltete Lernlandschaft wurde in der ersten sechswöchigen Arbeitsphase durch die BesucherInnen und deren Lernspuren gestaltet, verändert und bereichert. Es wird spannend sein, die weitere Ausgestaltung des Lernwerkstattgedankens durch die Menschen, die in ihr arbeiten, mitzuverfolgen und zu begleiten.

Ein Blick in die Zukunft

Die Anbindung der Lernwerkstätten an Universitäten, wie sie in Bayern erfolgte, kann dort wichtige Funktionen erfüllen. Neben der Aufgabe, den Bereich «Reform und Öffnung der Schule und des Unterrichts» in Workshops adäquater zu vermitteln bzw. umzusetzen als in herkömmlichen Seminarformen, ergeben sich neue Möglichkeiten und Impulse für die pädagogische und didaktische Forschung. Im Hinblick auf die gegenwärtig geführte Diskussion um die Reform der Hochschule könnten Lernwerkstätten im hochschuldidaktischen Bereich wichtige Impulse auch für andere Fächer und Fachgebiete geben.

Da die Lernwerkstätten in Bayern noch auf unsicheren institutionellen Beinen stehen und die MitarbeiterInnen ihre Zeit für diese Arbeit mit ihren Hauptaufgaben vereinbaren müssen, bleibt kaum Gelegenheit für Kooperation zwischen den Initiativen, obwohl natürlich Austausch und Kontakte zwischen Augsburg, Regensburg und München, wo eine Lernwerkstatt in Planung ist, bestehen.

Bei beiden Lernwerkstätten in Augsburg und Regensburg leiden die konzeptionelle Arbeit und die Servicemöglichkeiten unter mangelnder personeller und finanzieller Absicherung. Da die Lernwerkstätten Orte der Umsetzung eines neuen Verständnisses von Lernen und der Öffnung von Unterricht sowie Orte der pädagogischen Forschung, aber auch Kontakt-, Ideen- und Materialbörse sein wollen, haben sie ein sehr breit gefächertes Aufgabenspektrum, das sich bisher auf verschiedene Institutionen verteilte bzw. als Angebot gar nicht vorhanden war, wie z.B. die Möglichkeit, sich zu treffen, auszutauschen und Materialien zu erstellen. Viele Aufgaben der Lernwerkstatt werden von anderen Institutionen (universitäre Lehrerausbildung, zweite und dritte Phase der Lehrerausbildung) schon geleistet – wenn auch in einem anderen Verständnis – bzw. sollten von ihnen eigentlich geleistet werden, und es wird deshalb von manchen Seiten keine Notwendigkeit für die Unterstützung dieser neuen Einrichtung gesehen. Da sich Lernwerkstätten als fachlich und institutionell übergreifende Projekte verstehen und nicht eindeutig einem Bereich zuzuordnen sind, erweist sich ihre Verankerung innerhalb bestehender Institutionen der Lehrerbildung als ein sehr schwieriges Unterfangen. Die Finanzierung der Einrichtung einer Lernwerkstatt in einem Forschungsantrag als Voraussetzung für innovative pädagogische Forschung ist für an herkömmliche pädagogische Forschung gewöhnte Gremien nicht leicht nachzuvollziehen und wurde an einer Hochschule abgelehnt. Lernwerkstätten sitzen so «zwischen allen Stühlen», was ihre Arbeit nicht unbedingt erleichtert. Vor allem in personeller Hinsicht wären hauptamtliche und längerfristige Stellen nötig, um die Kontinuität der konzeptionellen und inhaltlichen Arbeit zu gewährleisten.

Wenn Lernwerkstätten an Universitäten den Status zentraler Einrichtungen bekämen (z. B. wie Sportzentren und Videolabore, die, wie viele Lernwerkstätten, neben Lehr- und Forschungsaufgaben eine Dienstleistungsfunktion haben und mit eigenem Etat außerhalb der Fakultäten angesiedelt sind), könnten sie eng angebunden an Pädagogiklehrstühle im Bereich der Lehrerbildung allen Fächern und Fachdidaktiken wichtige Impulse geben. Als Orte ganzheitlichen, experimentierenden Charakters und als Gegenentwurf zu herkömmlichem, referentenorientiertem Arbeiten und Lernen hätten Lernwerkstätten auch die Möglichkeit, im Bereich der Hochschuldidaktik einiges anzustoßen und einen Schonraum zu bieten, in dem sich das neue, andere Lernen von Erwachsenen entwickeln kann. Wichtig bleibt aber die Verbindung zur Schule nicht nur über Forschung, sondern auch als permanente Rückkoppelung durch den Besuch von Schulklassen in der Lernwerkstatt und Kontakte mit Schulen und LehrerInnen.

An der durchweg positiven Reaktion der BesucherInnen der Lernwerkstätten wird die Reformbedürftigkeit der Lehreraus- und -fortbildung deutlich. LehrerInnen, StudentInnen und Kinder schätzen das neue Lernen in und die Angebote der Lernwerkstätten. Die Lernwerkstätten sollten ihre Chance, die institutionellen Grenzen der dreiphasigen Lehrerbildung zu überschreiten, unbedingt nutzen und weiterhin die Reform der Schule und der Lehrerbildung auf ihrem eigenen, besonderen Weg vorantreiben und verwirklichen.

Literatur

Fölling-Albers, Maria/Götzfried, Wolfgang und Hitzler,Rudolf: Lernwerkstätten in der Lehrerbildung. Aufgaben, Anfänge, Anregungen. In: Grundschule 6/1992, S. 20–22.

Götzfried, Wolfgang/Hitzler, Rudolf und Fölling-Albers, Maria: Handelndes Lernen in der Lernwerkstatt. Am Beispiel des Grundschulstudiums an der Universität Regensburg. In: Pädagogische Welt 1/93, S. 40–43.

Hagstedt, Herbert: Brauchen Lernwerkstätten ein didaktisches Kabinett? In: Lernwerkstätten als Orte der Reform von Lehren und Lernen. Dokumentation der 5. bundesweiten Fachtagung der Lernwerkstätten vom 31. August bis 4. September 1992 in der Jugendbildungsstätte Bredbeck/Bremen, herausgegeben von ANGELA BOLLAND, Wuppertal 1993

Adressen und Kurzporträts

Lernwerkstatt Augsburg, Lehrstuhl für Schulpädagogik, Universität Augsburg
Universitätsstr. 10, 86159 Augsburg, Tel. 0821 – 598-5566

Ansprechpartnerin: Gudrun Schönknecht
Öffnungszeiten: Während der Schul- und Semsterzeiten Dienstag und Donnerstag: 14.00 – 17.00 Uhr; ansonsten nach Vereinbarung.
Inhaltliche Schwerpunkte:
- Offene Lernsituationen für Erwachsene;
- Ausstellung vor allem selbsterstellter Unterrichtsmaterialien;
- Ergänzung des Lehrstuhlangebotes durch «praktische» Arbeit in der Lernwerkstatt (Sichtung, Analyse und Herstellung von Materialien);
- Ermöglichung einer enge Kooperation aller 3 Phasen der Lehrerbildung;
- Workshop-Angebote für LehrerInnen im Bereich «entdeckendes Lernen»;
- «Offener Unterricht», v. a. auch im Sekundar-I-Bereich und der Sonderschule;
- didaktische Forschung.

Zielgruppen: StudentInnen aller Lehrämter, LehramtanwärterInnen und LehrerInnen

Lernwerkstatt-Initiative am Lehrstuhl für Grundschuldidaktik, Universität München
Leopoldstr. 13, 80802 München, Tel. 089 – 2180-5100/6203

AnsprechpartnerInnen: Dr. Angelika Speck-Hamdan, E. Inckemann
Die Lernwerkstatt befindet sich noch in der Planungs- und Aufbauphase.

«Grundschulraum» am Lehrstuhl Didaktik der Grundschule
Universität Regensburg
Universitätsstr. 31, 93053 Regensburg, Tel. 0941 – 943-3385/3418

Ansprechpartner: Andreas Hartinger, Wolfgang Götzfried
Öffnungszeiten: Öffnungszeiten ändern sich jeweils pro Semester. In der Woche ist die Werkstatt ca. 3 Stunden geöffnet. Öffnungszeiten sind den Aushängen zu entnehmen. Ansonsten nach Vereinbarung.
Inhaltliche Schwerpunkte:
- Als Lernwerkstatt in der Lehrerausbildung: Handelndes und Entdeckendes Lernen, Workshop-Arbeit, Kooperation mit Schulklassen, Entwicklung und Herstellung von Materialien zur Gestaltung freier Arbeit;
- als Lernwerkstatt in der Lehrerfortbildung: Freie Arbeit, Entwicklung von Materialien für die freie Arbeit.

Zielgruppen: Schulklassen, Studierende, LehrerInnen

Lernwerkstätten in Berlin

Karin Ernst

Länderbericht

Im Mai 1981 lud eine neue Einrichtung zu einer Woche «Information, Diskussion und Mitarbeit über Offenes Lernen in Hochschule und Schule» ein – die «Lernwerkstatt» im Institut für Erziehung, Unterricht und Ausbildung der TU Berlin. Jeden Tag stand ein konkretes Arbeitsvorhaben im Mittelpunkt – z. B. «Schreiben und Drucken», «Wolle, spinnen, färben», «Elektronisches» – außerdem wurden Informationen, Ausstellungen und Filme zu Offenem Unterricht und Freinet-Pädagogik, «Fliegen», «Musikinstrumente erfinden» usw. angeboten. Trotz musikalischer Begleitung – «We don't need no education!» – war die Resonanz spärlich. Einige Kolleginnen und Kollegen des Fachbereichs schauten vorbei und bekundeten ihre Sympathie, aber weder Studierende noch LehrerInnen fanden in der erwarteten großen Zahl in die beiden kleinen Räume im Büroflur der ehemaligen Pädagogischen Hochschule. Die Eröffnung der ersten Lernwerkstatt in Deutschland erfolgte unspektakulär und ohne eine Vorahnung der heutigen Dimension der Lernwerkstatt-Bewegung.

Zur Erfindung dieser Einrichtung hatten eine Reihe von Umständen und Erfahrungen beigetragen, die hier nur kurz skizziert werden können: Das Interesse an alternativen Lern- und Schulformen bei Studierenden und Lehrenden der damaligen Pädagogischen Hochschule, das immer wieder in dem Dilemma stecken blieb, über alternatives Lernen in traditionellen Formen zu lehren; erste Mini-Workshop-Erfahrungen mit dänischen und englischen LehrerInnen auf dem Sonnenberg 1976; Unterstützung der Folgeaktivitäten des «Tempelhofer Projekts», d. h. der ersten Berliner Schulklassen, in denen mit offeneren Lernformen gearbeitet wurde; einzelne Workshops und Workshop-Reihen mit Studierenden, in denen offene Lernformen erfahrbar wurden; der Wunsch von PH-MitarbeiterInnen, eine Freinet-Druckerei so aufzustellen, daß sie immer zugänglich war; die Notwendigkeit, für die in den Workshops angefangenen Projekte eine ständige Materialbasis einzurichten, weil der Transport von Materialkartons in leere Seminarräume allmählich lästig wurde; ein überzähliger Büroraum, der im Zuge der sich über einen längeren Zeitraum hinziehenden räumlichen Integration der PH in die aufnehmenden Hochschulen frei wurde ... Kurz und gut – einige konzeptionelle Überlegungen und viele kleine pragmatische Gründe.

TU-Lernwerkstatt vor 13 Jahren

Kennzeichnend für die weitere Entwicklung blieb jedoch vor allem ein Schlüsselerlebnis aus der Anfangszeit: Im Sommer 1978 luden die ehemaligen MitarbeiterInnen aus dem «Tempelhofer Projekt» eine Reihe von Hochschulangehörigen, die Interesse am Offenen Unterricht zeigten, zu einem Wochenend-Workshop nach englischem Muster ein. Solche Workshops waren während der Projektzeit gelegentlich an der Schule veranstaltet worden, um einen neuen Themenbereich für aktive Unterrichtsangebote zu erschließen. An diesem Wochenende sollte es nun darum gehen, den Werkstoff «Papier» zu erkunden und mit ihm zu gestalten und dabei eigenen Ideen in einem Lernarrangement zu folgen, das dem des Offenen Unterrichts an der Schule glich. Sowohl die konkreten Arbeitsergebnisse als auch die Lernerfahrungen wurden dabei immer wieder vorgestellt und diskutiert.

Diese Grundkonstellation – sich als erwachsener Mensch selbst aktiv in Lernsituationen zu begeben wie man sie dann mit Kindern herbeiführen wollte – blieb kennzeichend für die Entwicklung der ersten und der meisten weiteren Berliner Werkstätten und prägt heute in verfeinerter, kenntnisreicherer Form auch die jährlichen Bundesfachtagungen der Lernwerkstätten.

Der Schritt vom «Workshop» mit begrenztem Themen- und Materialspektrum zum Lernraum, der einem Offenen Klassenzimmer ähnelte, war anfangs zwar nicht mitgedacht, jedoch aufgrund der sich ansammelnden Materialfülle und des Vorbilds realer Klassenzimmer zwangsläufig. Gleichzeitig bewirkte er einen konzeptionellen Sprung: Die in diesem Raum möglichen

Lernprozesse entwickelten sich mehr und mehr weg von einer lehrer- und inhaltsorientierten, wenn auch differenzierten Angebotsstruktur und hin zu entdeckenden, kreativen, von den Interessen der Lernenden getragenen Prozessen. Zu diesem Zeitpunkt begann die aktive Erfindung und Erarbeitung des Lernverständnisses, das die Arbeit der Lernwerkstatt an der TU Berlin bis heute weithin geprägt hat.

Die Erarbeitung der Grundorientierung mit dem Arbeitstitel «Entdeckendes Lernen» geschah aus dem Zusammenwirken von eigener Praxis, die immer wieder neue Fragen und Experimente hervorbrachte, und der umfassenden Unterstützung, die wir durch Lillian Weber, Hubert Dyasi, Stanley Chu und die anderen MitarbeiterInnen des New Yorker Workshop Centers erfuhren, zu dem die ersten Lernwerkstatt-GründerInnen 1981, unterstützt von Helene Buschbeck aus dem ehemaligen «Tempelhofer Projekt», Kontakt aufnahmen. Mitarbeit der BerlinerInnen in New Yorker «Summer Institutes» zum Entdeckenden Lernen (1983, 1985, 1986) und Vorträge und Workshops der New Yorker in Berlin (1983, 1986, 1987) waren dabei eine große Hilfe. Sie eröffneten uns nicht nur einen unübersehbaren Schatz an Erfahrungen, Literatur und Diskussion zu schulischen Innovationen und Lernwerkstatt-Arbeit, sondern gaben uns die Hoffnung, daß unsere sich über lange Zeit im Experimentierstadium befindende Lernwerkstatt sich als eine anerkannte Einrichtung etablieren ließe.

Workshop «Schalen und Häute»

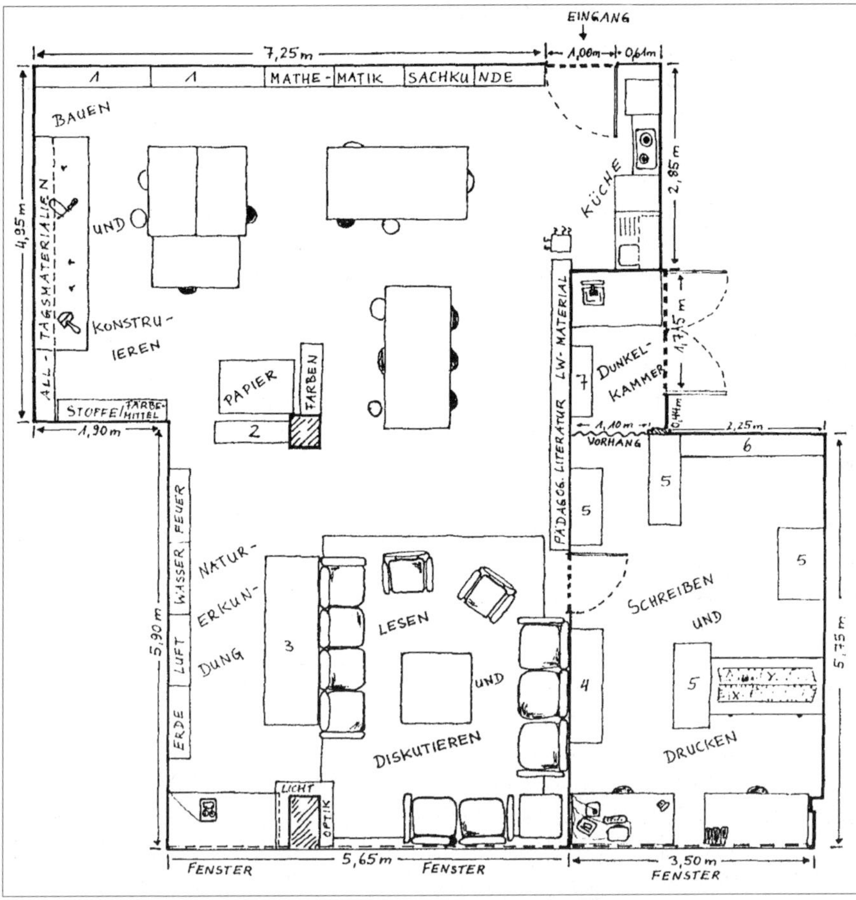

Die TU-Lernwerkstatt heute

Es gab weitere wichtige Einflüsse auf die Entwicklung der Berliner Werkstätten, die hier nur kurz angedeutet werden sollen, z. B.

- *ein komplexes Spannungsverhältnis zwischen «Offenem Unterricht» und «Freinet-Pädagogik»:*

An der Hochschule führten wir teilweise heftige Auseinandersetzungen darüber, welche Richtung politisch «richtiger», innovativer, realisierbarer, relevanter sei, während gleichzeitig die in Berliner Schulen arbeitenden Freinet-LehrerInnen den Theoretikern an der Hochschule gegenüber überhaupt skeptisch blieben und auf die Selbstorganisation der Praktiker untereinander setzten. Dies änderte sich weitgehend, als die Freinet-Pädagogin Jenny Wieneke-Kranz die Leitung der TU-Lernwerkstatt übernahm und mit dem alten, allmählich in neue Arbeitszusammenhänge wechselnden Werkstatt-Team für eine problemorientierte, über die Grenzen der Traditionslinien hinausgehende Arbeit sorgte.

● *ein nicht minder komplexes Spannungsverhältnis zwischen Theorie und Praxis allgemein:*

Erste Vorschläge zur Unterrichtsveränderung, die von Lernwerkstatt-MitarbeiterInnen an LehrerInnen herangetragen wurden, die ihren Unterricht öffnen wollten, wurden zu Recht als praxisfern abgelehnt, und erst über viele Jahre hinweg entwickelten wir gegenüber und zusammen mit PraktikerInnen ein akzeptables Beratungsverhalten. Entscheidend für das Entstehen einer gemeinsamen Gesprächsbasis waren einerseits die Arbeit von LehrerInnen als Lernwerkstatt-MitarbeiterInnen und andererseits die immer besser werdende Praxis offenen Lernens selbst, von der die unterschiedlichen Veranstaltungen der Werkstätten geprägt waren.

● *das Interesse an der Gründung weiterer Lernwerkstätten, das entstand, als unsere Arbeit bekannt gemacht wurde:*

Hier mußten wir nach Möglichkeiten suchen, unsere Praxis so aufzuarbeiten, daß wesentliche Erfahrungen in komprimierter Form an andere weitergegeben werden konnten – wichtige Schritte auf dem Weg zu Dokumentation und theoretischer Arbeit.

Während die erste Lernwerkstatt noch experimentierte, entstanden in Berlin nach und nach weitere Lernwerkstätten. Interessant für die Berliner Entwicklung ist hierbei die enge Vernetzung der verschiedenen Einrichtungen miteinander aufgrund der schlichten Tatsache, daß neue Werkstätten meist von Personen gegründet wurden, die in einer anderen Werkstatt bereits gearbeitet hatten. Hier ein Abriß der Entwicklung:

1982 erfolgte die räumliche Integration der ehemaligen Pädagogischen Hochschule in die Technische Universität, die Freie Universität und die Hochschule der Künste. An der HdK entstand der Wunsch, ebenfalls eine Lernwerkstatt einzurichten, da die erste Einrichtung institutionell bereits der TU angehörte und 1982 auch ins TU-Gelände umzog. Die Werkstatt an der HdK sollte im Hinblick auf die besonderen Möglichkeiten einer Kunsthochschule vor allem mit einer Druck- und Textwerkstatt verbunden werden, um die Möglichkeit der Gestaltung eigener Druckerzeugnisse, z. B. einer Kinderzeitung, zu schaffen. Als Gesamtkomplex umfaßt diese Werkstatt 4 Räume, von denen jedoch nur ein Seminarraum groß genug ist, um für werkstattorientierte Arbeit wirklich benutzt zu werden. Hier müssen bis heute fast alle Seminare der Grundschulpädagogik stattfinden, die jedoch auf den ihnen materiell gebotenen Rahmen nur selten zurückkommen. Für Werkstattarbeit ist also zeitlich und räumlich kaum Platz – eine Konstellation, die sich auch an manchen Hochschulen im Bundesgebiet wiederfindet.

An der HdK bildete sich zunächst ein Schwerpunkt «Lesenlernen – Arbeit mit Texten – Drucken» heraus, dem verschiedene hochschuldidaktische Experimente im Bereich der Musisch-ästhetischen Erziehung folgten (Verbindung zu Schulspiel und Musik). Als Brigitte Fleck, vorher über lange Jahre Lehrerin an der Paul-Klee-Schule aus dem «Tempelhofer Projekt», als Wissenschaftliche Mitarbeiterin die Leitung der HdK-Werkstatt übernahm, führte sie Workshop-Arbeit und Offene Beratungstermine ein, engagierte sich in der Fortbildung für Binnendifferenzierten Unterricht und erreichte eine intensive Zusammenarbeit mit den anderen Berliner Werkstätten. Inzwischen ist ihr Vertrag ausgelaufen. Wie in der HdK-Werkstatt weitergearbeitet wird, ist zur Zeit unbekannt. Brigitte Fleck arbeitet nun am Aufbau einer Werkstatt für den Bezirk Tempelhof an der Paul-Klee-Schule.

Von **1980–85** wurde im Berliner Bezirk Kreuzberg der Modellversuch «Sozialisationshilfen für ausländische Kinder in der Grundschule» durchgeführt, dessen Ziele die Erarbeitung situationsorientierter Curricula und die Öffnung der Schule nach innen und außen waren. Aufgrund der personellen Zusammensetzung des Teams der Wissenschaftlichen Begleitung kam es schnell zur Zusammenarbeit mit der Lernwerkstatt an der TU und dem New Yorker Workshop Center. Auf dieser Grundlage wurde 1984 der Planungsentwurf für ein «Kreuzberger Lehrerzentrum» erarbeitet und den Bezirks-

In der pädagogischen Werkstatt Kreuzberg – Materialsammlung

gremien und dem Senat vorgestellt. Als Konzept vom Bezirk befürwortet und vom Senat abgelehnt, blieb dieses Zentrum in der Praxis für viele Jahre unrealisiert, während das Planungspapier schnell verbreitet wurde und viele weitere Projekte im Bundesgebiet beeinflußt hat.

Während der kurzen Regierungszeit der rot-grünen Koalition in Berlin konnte **1990** die Etablierung einer entsprechenden Einrichtung als «Pädagogische Werkstatt Kreuzberg» erreicht werden. Mehr denn je unterstützt vom Bezirk Kreuzberg und räumlich großzügig im oberen Stockwerk eines alten Schulgebäudes untergebracht (Aula, drei Klassenräume, Flure) kann diese Werkstatt die im Planungsentwurf von 1984 gesetzten Ziele, insbesondere der Langzeit-Beratung von Kollegien, dennoch nicht realisieren: Es fehlt vor allem an Personal. Auch die materielle Ausstattung ist angesichts knapp gewordener Kassen alles andere als großzügig. Trotzdem entwickelt sich die PWK langsam zum gern genutzten Treffpunkt Kreuzberger Lehrerinnen und Lehrer, ist offen für viele Projektideen und Benutzergruppen und zeigt in der Praxis, wie mit wenigen Mitteln, aber viel Engagement und Ideenreichtum Veränderungen erreicht werden können.

Als sich der Planungsentwurf für das Kreuzberger Lehrerzentrum vorerst nicht realisieren ließ, entstand **1986** aus Restbeständen des Modellversuchs und neu eingeworbenen Mitteln für eine Grundausstattung an der Freien Universität die «Pädagogische Werkstatt» als dritte Berliner Lernwerkstatt. Nach wechselvoller Geschichte ist diese Werkstatt nun u. a. Treffpunkt von selbstorganisierten studentischen Seminaren und unterstützt verschiedene Schulen bei der Ausbildung eines eigenen pädagogischen Profils insbesondere im Hinblick auf Gemeinwesenorientierung. Workshops zum Entdeckenden Lernen und Projektseminare, in denen Studierende und LehrerInnen gemeinsam an Ideen für einen veränderten Unterricht arbeiten, finden regelmäßig statt. Die Pädagogische Werkstatt der FU ist offizielle Kooperationspartnerin der Pädagogischen Werkstatt Kreuzberg.

Eine weitere potentielle Kooperationspartnerin der PWK ist die Lernwerkstatt des Kindertagesstätten-Beraterteams des Bezirks. Diese Werkstatt hat sich **seit dem Ende der 80er Jahre** relativ unabhängig von den anderen Berliner Werkstätten entwickelt. In ihr bieten ABM-Mitarbeiterinnen praktische Fortbildungen und Projektbegleitung vor Ort für Erzieherinnen in Kreuzberger Kindertagesstätten an. Besondere Impulse erhielt diese Werkstatt durch die Reggio-Pädagogik, deren Spuren in den Ausstellungsobjekten und -arrangements der Werkstatt deutlich zu sehen sind. Zu einer wirklichen Zusammenarbeit mit der Pädagogischen Werkstatt kam es bisher, trotz zeitweiser Unterbringung im gleichen Gebäude, nicht.

Ebenfalls am Rande der Berliner Werkstatt-Szene war bisher die Didaktische Werkstatt im Institut für Sonderpädagogik der Freien Universität angesiedelt. Gegründet **1986** von den Professoren Hans Eberwein und Renate Valtin, umfaßt sie eine Materialsammlung und ein kindertherapeutisch eingerichtetes Spielzimmer mit Beobachtungsmöglichkeiten durch einen Einweg-Spiegel. Frühere wissenschaftliche MitarbeiterInnen suchten die Zusammenarbeit mit den anderen Berliner Werkstätten, konnten sie aber aufgrund ihrer zeitlich sehr begrenzten Perspektive nicht intensivieren. Neue Kooperationsbemühungen bestehen seit 1993.

Die «Wende» in der DDR und die deutsche Vereinigung haben in Berlin auch zur kurzen Blüte einer Werkstatt geführt, die inzwischen schon nicht mehr besteht – die «Pädagogische Werkstatt Hohenschönhausen». Bereits **1988** gab es am damaligen Institut für Lehrerbildung ein «Pädagogisches Kabinett», in dem das in der DDR verpönte «Spielende Lernen» gepflegt wurde. Dieser Raum war wegen der von Heidemarie Dammenhayn angebotenen Unterweisung in den Umgang mit selbsthergestellten Unterrichtsmaterialien für den Anfangsunterricht ein beliebter Treffpunkt und Arbeitsraum für Studierende und Lehrende. Nach der Wende wurde er schnell zum Zentrum für eine eigenständige Auseinandersetzung von Unterstufenlehrerinnen mit der «Öffnung» von Schule und Unterricht. Die **seit dem Sommer 1990** bestehende Projektgruppe «Wege zum Offenen Unterricht» bemühte sich, selbst lernend, um eine langfristige und kleinschrittige Unterstützung von Lehrerinnen, die neue Wege gehen wollten. Sie wurde auch zur Anlaufstelle über den Berliner Rahmen hinaus – mehrere tausend

Erster Workshop in der Grundschulwerkstatt der Humboldt-Universität

Künstlerisches Gestalten in der FIPP-Lernwerkstatt

Besucherinnen und Besucher wandten sich in den zwei Jahren bis zur «Abwicklung» der Pädagogischen Werkstatt ratsuchend an das engagierte Dreierteam. Trotz Unterstützung durch alle Berliner Parteien gelang es nicht, die Werkstatt über die Abwicklung des Instituts für Lehrerbildung hinaus als eigenständige Einrichtung zu retten. Ein Neuaufbau, zunächst personell und materiell reduziert, hat an der Humboldt-Universität begonnen.

Im Jahre **1992** wurden die beiden letzten der schon bestehenden Berliner Lernwerkstätten – die «Lernwerkstatt des Beratungs- und Förderzentrums Wilmersdorf» in der Grundschule am Rüdesheimer Platz und die «Grundstufen-Lernwerkstatt» der Walter-Gropius-Schule in Berlin-Neukölln eröffnet. Beide Werkstätten sind an Schulen beheimatet und der TU-Werkstatt ideell eng verwandt, trotzdem aber in ihrer Ausgestaltung und ihren Arbeitsmöglichkeiten sehr unterschiedlich. Die Wilmersdorfer Werkstatt, aufgebaut durch Jenny Wieneke-Kranz, verfügt über einen kleinen Pavillon auf dem Schulgelände und ist personell zwar gering, aber immerhin so weit abgesichert, daß den KollegInnen des Bezirks Offene Beratungstermine und Fortbildungen insbesondere im Hinblick auf Integrationspädagogik angeboten werden können. Die Werkstatt ist dem Kollegium jederzeit zugänglich und wird gelegentlich im Rahmen des Förderunterrichts genutzt. Die in der Werkstatt ausgestellten Ideen und Arbeitsergebnisse «sickern» in den Unterricht der Schule ein.

Die «Grundstufen-Lernwerkstatt» der Walter-Gropius-Schule ist immer noch eine Werkstatt ohne Betreuung. Von Christian Frahm aufgrund seiner Zusammenarbeit mit der TU-Werkstatt aus dem Sachunterrichts-Fachraum heraus entwickelt, ermöglicht diese Werkstatt sowohl Entdeckendes Lernen mit Kindern – allerdings aufgrund der räumlichen Enge eher mit Teilungsgruppen – als auch kollegiumsinterne Fortbildung. Diese Chancen werden faktisch jedoch wenig genutzt. Andere Lernformen werden eher – und wohl auch sinnvoller – in den jeweiligen Klassen mit Anleihen beim Werkstatt-Material erprobt. Das Interesse innerhalb des Kollegiums an einer Veränderung des Unterrichts könnte wirksamer unterstützt werden, gäbe es ein Stundendeputat für derartige Aufgaben.

Schließlich gibt es in Berlin zur Zeit noch folgende im Aufbau befindlichen Projekte: Die «Lernwerkstatt des Fortbildungsinstituts für die Pädagogische Praxis» (FIPP) hat mit künstlerisch orientierten Fortbildungen für ErzieherInnen im Bereich «Kinder und Stadt» begonnen, in einer «Öko-Kita-Lernwerkstatt» sollen ökologisch orientierte Raumgestaltungen und Materialangebote entwickelt und erprobt werden. In weiteren Projekten wird über eine Adaption von Lernwerkstatt-Ideen für die Arbeit mit verhaltensauffälligen Kindern nachgedacht.

In Berlin gibt es nach fünfzehnjähriger Entwicklungsarbeit für alle wichtigen pädagogischen Felder Lernwerkstätten:

- In der Lehrerausbildung bieten sie engagierten Studierenden, die bereit sind, sich auf ungewöhnliche Seminarformen einzulassen, einen Einstieg in offene Lernformen und Zugänge zur entsprechenden Schulpraxis. Ein zunehmendes Interesse von SeminarleiterInnen aus der 2. Phase der Lehrerbildung zeigt, daß die Lernwerkstätten auch hier akzeptiert werden.
- Alle Berliner Lernwerkstätten machen in unterschiedlichem Maße Fortbildungs- und Beratungsangebote – als Teil von Lehre und Forschung an den Hochschulen oder aber für InteressentInnen aus dem Stadtteil oder dem eigenen Kollegium. Sie sind jedoch bis heute nicht als offizielle Fortbildungseinrichtungen anerkannt, da der Berliner Senat an einer Dezentralisierung von Fortbildung nicht interessiert ist.
- Die Werkstätten richten sich, sieht man sie in ihrer Gesamtheit, an alle Zielgruppen des Bildungswesens: LehrerInnen und Schulverwaltungsbeamte, ErzieherInnen und SozialpädagogInnen, Studierende, Lehrende in Hochschule und Fortbildung, Kinder und – wenn auch selten – Eltern. Sie arbeiten im Hinblick auf die Reform der Grundschule, der Sekundarstufe und der außerschulischen Betreuungseinrichtungen.
- Gemeinsam decken sie ein großes Spektrum an reformpädagogischer

Orientierung ab – Freinet-, Reggio-, Montessori-Pädagogik, Offener Unterricht, Entdeckendes Lernen – und sind Ansprechpartner für die aktuellen Bereiche schulischer Innovationen (Integration, Stadtteilorientierung).

Und alle Lernwerkstätten teilen gemeinsame Probleme:

- jede einzelne Werkstatt ist personell unzureichend ausgestattet und langfristig nicht abgesichert,
- jede einzelne Werkstatt kämpft in ihrer Bezugsinstitution immer wieder um ihre Existenz – unter anderem auch deshalb, weil sie häufig unter dem Erwartungsdruck steht, schnelle Erfolge bewirken zu sollen, statt Verständnis dafür zu finden, wenn einzelne «Umlern»prozesse in all ihrer Langsamkeit, Langfristigkeit, Intensität und Nachdenklichkeit unterstützt werden,
- jede einzelne Werkstatt könnte vor Ort mehr erreichen, wäre sie personell so gut ausgestattet, daß sie der großen Nachfrage nach ihren Angeboten kontinuierlich und nicht nur punktuell gerecht werden könnte.

Was die Berliner Werkstätten trotz allem stärkt, ist die bei aller standortbedingten Unterschiedlichkeit gemeinsame pädagogische Basis, die gute Kenntnis anderer Werkstätten aus der institutsübergreifenden Kooperation heraus und die Resonanz, die ihre Bemühungen finden.

Seit dem Sommer 1993 haben die Berliner Lernwerkstätten endlich auch einen gemeinsamen monatlichen Jour fixe.

Adressen und Kurzporträts

Technische Universität Berlin
Lernwerkstatt im Institut für Erziehung, Unterricht und Ausbildung (WE 0230),
Fachbereich 02, Sekr. FR 4–3, Raum 4001/4002
Franklinstr. 28/29, 10587 Berlin, Tel. 030 – 314-73422

Ansprechpartnerinnen: Dr. Karin Ernst, Ilka Wentzcke, Sabine Wiedicke
Öffnungszeiten: Dienstag bis Donnerstag: 13.00 – 16.00 Uhr und nach Vereinbarung.
Inhaltliche Schwerpunkte:
- Entdeckendes Lernen und Offener Unterricht;
- Workshop-Ansatz und neue Lernformen in Aus- und Fortbildung;
- Materialien aus England, USA, Afrika, Frankreich, Italien.

Zielgruppen: Studierende (Lehramt, Magister, Diplom), LehrerInnen, WissenschaftlerInnen, FortbildnerInnen

Lernwerkstatt-Initiative Paul-Klee-Schule
Konradinstr. 15–17, 12105 Berlin

Ansprechpartnerin: Brigitte Fleck

Hochschule der Künste Berlin
Grundschulpädagogische Lernwerkstatt, FB 10/ WE 3, Raum BU 41
Bundesallee 1–12, 10719 Berlin

Freie Universität Berlin
Pädagogische Werkstatt, Raum L 24/27
Habelschwerdter Allee 45 , 14195 Berlin, Tel. 030 – 838-6366/3318

AnsprechpartnerInnen: Tom HG Opitz, Susanne Zipperling, Susanne Penno
Öffnungszeiten: Montag, Mittwoch, Donnerstag: 12.00 – 14.00 Uhr;
Dienstag: 10.00 – 16.00 Uhr; Freitag: Workshop-Angebote auf Anfrage.
Inhaltliche Schwerpunkte:
- Öffnung des Unterrichts und Öffnung von Schule;
- entdeckendes, handelndes Lernen in Schule und Unterricht;
- studentische Selbstorganisation für das eigene Lernen ;
- Studienlaufbahnberatung.

Zielgruppe: Studierende, LehrerInnen

Freie Universität Berlin
Didaktische Werkstatt am Institut für Sonderpädagogik,
Arbeitsstelle Integration, Raum 18
Königin-Luise-Str. 24–26, 14195 Berlin, Tel. 030 – 838-6446

Ansprechpartnerin: Katja Müller

Humboldt Universität zu Berlin
Fachbereich Erziehungswissenschaften, Institut für Schulpädagogik,
Abt. Grundschulpädagogik
Grundschulwerkstatt
Geschwister-Scholl-Str. 6, 10099 Berlin, Tel. 030 – 2093-3147

AnsprechpartnerInnen: Dr. Hartmut Wedekind, Dr. Elke Mirwald, Peter Sonnenburg
Öffnungszeiten: Montag: 14.00 – 16.00 Uhr; Mittwoch: 8.00 – 12.00 Uhr;
in der vorlesungsfreien Zeit nach Vereinbarung.
Inhaltliche Schwerpunkte:
- Ausbildung mit der Schwerpunktsetzung auf Freie Arbeit, freies Schreiben, projektorientierten, fächerübergreifenden Unterricht, Spiel, entdeckendes Lernen;
- Durchführung von theoriebegleitenden und theoriegeleiteten Praxisveranstaltungen;
- Begleitung bzw. Betreuung von Schulprojekten (z.B. Auf- und Ausbau Ganzer Halbtagsschulen) und von GrundschullehrerInnen, die ihre Arbeit verändern möchten;
- Entwicklung und Erprobung von Unterrichtsmaterialien für freie Arbeit;
- Aufbau einer umfassenden Material- und Infobörse zu Fragen der Veränderung von Grundschule.

Zielgruppen: StudentInnen, Grundschulkinder, GrundschullehrerInnen

Pädagogische Werkstatt Kreuzberg
Fraenkelufer 18, 10999 Berlin, Tel. 030 – 2588-8477/8475

AnsprechpartnerInnen: Frank-Ulrich Hoehn, Maria Jung, Gabi Langel-Carossa
Öffnungszeiten: Montag – Mittwoch: 14.30 – 16.00 Uhr; Donnerstag: 13.00 – 15.00 Uhr; Freitag nach Absprache.
Inhaltliche Schwerpunkte:
- Beratung und Fortbildung am Arbeitsplatz, Gestalten von Studientagen in der Lernwerkstatt, Supervisionsangebote;
- Durchführung von Seminaren zur Montessori-Pädagogik;
- Gesprächskreise zum Thema «Integration»;
- Durchführungen von Seminaren zum Entdeckenden Lernen und Unterstützung bei der Suche nach Umsetzungsmöglichkeiten im Schulalltag;
- Fortbildungen in Musik und Rhythmik.

Zielgruppen: LehrerInnen aller Schularten, Studierende

FIPP-Lernwerkstatt am Fortbildungsinstitut für die Pädagogische Praxis
Wollinerstr. 18/19, 10435 Berlin, Tel. 030 – 2823337

Ansprechpartnerin: Marlis Funke-Senf
Öffnungszeiten: Nach Vereinbarung.
Inhaltliche Schwerpunkte:
- Die Schwerpunkte der Lernwerkstatt liegen im künstlerisch-handwerklichen Bereich, wobei die inhaltliche Verbindung von Musik, Kunst, Optik und Natur wichtiger Bestandteil der Workshop-Arbeit ist;
- Fortbildung von BetreuerInnen, die v.a. in Kinderfreizeiteinrichtungen des FIPP in Ostberliner Stadtbezirken im Projekt «Schulkinder und Stadt» arbeiten.

Zielgruppen: FortbildnerInnen, SozialpädagogInnen, ErzieherInnen

Grundstufenlernwerkstatt Walter-Gropius-Schule
Fritz-Erler-Allee 86–96, 12351 Berlin

Ansprechpartner: Christian Frahm
Öffnungszeiten: nach Stundenplan
Inhaltliche Schwerpunkte:
- Nach Lernwerkstattprinzipien aufgebauter Fachraum für Sachunterricht;
- geeignet für Entdeckendes Lernen mit Kindern und Erwachsenen;
- kollegiumsinterne Fortbildung.

Zielgruppen:
Kinder, LehrerInnen, Eltern der Walter-Gropius-Schule und andere Interessierte

Lernwerkstatt des Beratungs- und Förderzentrums Wilmersdorf
in der Grundschule am Rüdesheimer Platz
Rüdesheimer Str. 30, 14197 Berlin, Tel. 030 – 8641-2804

Ansprechpartnerin: Jenny Wieneke-Kranz
Öffnungszeiten: Donnerstags von 13.00 – 15.00 Uhr und nach telefonischer Absprache.

Inhaltliche Schwerpunkte:
- Die Lernwerkstatt ist ein Arbeitsraum für PädagogInnen, die sich qualifizieren und gegenseitig unterstützen wollen hinsichtlich:
  - des Ausprobierens und Erfahrens entdeckenden,»suchenden», handelnden Lernens,
  - ganzheitlicher Ansätze im Unterricht, offener Lernformen, veränderter Unterrichts organisation und Lehrerrolle,
  - Förderung individueller Lernwege aller Kinder.

Zielgruppe: LehrerInnen, Kinder

Lernwerkstatt für Kindertagesstätten
Gitschinerstr. 14, 10969 Berlin, Tel. 030 – 2588-5422/5421/5426

Ansprechpartnerin: Karin Berthold
Öffnungszeiten: Bürozeiten Montag – Freitag 9.00 – 16.00 Uhr. Termine für Gruppen und Kinder aus Kreuzberg nach Vereinbarung, Besuche nach telefonischer Absprache.
Inhaltliche Schwerpunkte:
- Vermittlung von Schwerpunkten ästhetischer Erziehung und Wahrnehmungspädagogik, «Reggiopädagogik»;
- Förderung der Projektarbeit in der Kita-Erziehung.

Zielgruppen: ErzieherInnen aus Kreuzberger Kitas, Kleingruppen von Kindern aus dem Krippen- bzw. Hortbereich

Lernwerkstatt «Öko-Kita»-Initiative
der Umweltberatungsstelle Berlin e.V.
Nikolsburger Platz 6, 10717 Berlin, Tel. 030 – 8618778

Ansprechpartnerinnen: Bärbel Braunagel, Waltraut Kreutzer, Brigitte Keller

Modellversuch zur Förderung verhaltensgestörter Kinder und
Jugendlicher im Schulalter in Kooperation von Schule und Jugendhilfe
in der 8. Grundschule Lichtenberg
Rosenfelder Ring 63, 10315 Berlin, Tel. 030 – 5560275

AnsprechpartnerInnen: Helmut Meschenmoser, Rosemarie Mölle
Öffnungszeiten: Montags – freitags von 8.00 – 16.30 Uhr. Terminliche Absprache ist notwendig, da vormittags in den Räumen Unterricht stattfindet.
Inhaltliche Schwerpunkte:
- Beratung und Fortbildung von GrundschullehrerInnen zur binnendifferenzierenden und individualisierenden Unterrichtsgestaltung;
- Unterricht mit verhaltensauffälligen SchülerInnen.

Zielgruppen: Kinder, Jugendliche, LehrerInnen

Didaktische Werkstatt für musisch-ästhetisches Lernen
Wustrowerstr. 14, 13051 Berlin, Tel. 030 – 8687277

Ansprechpartnerin: Dr. Angelika Tischer

Lernwerkstätten in Brandenburg

Denise Sommer, Elvira Waldmann

Länderbericht

Ausgehend von ersten Initiativen zur Errichtung von Lernwerkstätten als Stätten der Kommunikation und Begegnung an Schulreform interessierter Lehrerinnen und Lehrer Mitte 1991, haben sich derzeit 14 Lernwerkstätten bzw. Initiativen zum Aufbau von Lernwerkstätten im Land Brandenburg gebildet. Entsprechend ihrer inhaltlichen Ausrichtung und ihrer konkreten Arbeitsbedingungen sind Werkstätten unterschiedlichster Prägung an Schulen, an der Universität Potsdam und am Pädagogischen Landesinstitut (PLIB) einschließlich dessen Außenstellen entstanden.

Einen wesentlichen Beitrag zur Verbreitung der Idee der Lernwerkstätten im Land Brandenburg leisteten das Grundschulkabinett im Hause der PLIB-Außenstelle in Frankfurt/Oder unter Leitung von Eveline Kretschmer, die die Lernwerkstatt von Juli 1991 bis August 1993 im Rahmen einer ABM-Stelle leitete, sowie die Grundschulwerkstatt an der Gesamtschule mit integrierter Grundschule in Passow, die seit Mai 1992 unter Leitung von Cornelia Piller arbeitet. Beide Werkstätten sind in ihren Regionen zu festen Bestandteilen einer wohnortnahen und praxisorientierten Fortbildung, alle Fragen und Probleme eines kindgerechten Grundschulunterrichts betreffend, geworden.

Sowohl beide entstandenen Lernwerkstätten, als auch sich entwikkelnde Initiativen in Angermünde und anderen Regionen des Landes ließen die Idee einer zentralen Beratungs- und Anlaufstelle für an Lernwerkstätten interessierte Schulen, Kolleginnen und Kollegen sowie Institutionen entstehen.

Auf Initiative von Ursula Drews (bis 1992 Referentin im PLIB) wurden 1991 erste Kontakte zu Lernwerkstätten in den alten Bundesländern und in Brandenburg geknüpft sowie Überlegungen zur Errichtung einer Lernwerkstatt am Pädagogischen Landesinstitut in Ludwigsfelde angestellt.

Heike Noll und Denise Sommer (abgeordnete Grundschullehrerinnen) erarbeiteten von Februar bis September 1992 einen konzeptionellen Vorschlag zur Unterstützung bereits bestehender Lernwerkstätten und sich gründender Initiativen für das Land Brandenburg, um gezielte Kontakte und eine mögliche Vernetzung interessierter Werkstätten zu initiieren. Gleichzeitig wurde die Einrichtung einer Lernwerkstatt am Pädagogischen Landesinstitut in Ludwigsfelde in Angriff genommen.

Die Lernwerkstatt des PLIB betrachtet sich nicht als die «Zentrale» aller Werkstätten in Brandenburg, sondern versucht mit einem Teil ihrer inhaltlichen Ausrichtung andere Initiativen und bereits bestehende Lernwerkstätten sowie Interessierte zu informieren, zu beraten und zu unterstützen.

Durch Kontakte mit der Grundschulwerkstatt in Angermünde, die seit dem Schuljahr 1991/1992 unter Leitung von Marita Deszpot arbeitet, durch Gespräche mit Kolleginnen und Kollegen aus Mahlow, Potsdam, Brück, Oranienburg und Königs Wusterhausen 1992 und 1993 wurde der Bedarf nach einer Anlaufstelle, die die Lernwerkstattarbeit in den einzelnen Regionen Brandenburgs beratend und unterstützend begleitet, deutlich.

Im September 1992 reichten die Grundschule der Stadt Brück und die Außenstelle des PLIB in Oranienburg eine Konzeption zur Errichtung einer Lernwerkstatt mit der Bitte um materielle und personelle Unterstützung ein. Dieses Anliegen wurde im Januar 1993 durch die Konzeption der Grundschule in Mahlow, im Februar 1993 durch das Konzept der Lernwerkstatt Potsdam/Babelsberg und durch das im März 1993 eingereichte Konzept der Grundschule Demerthin ergänzt. Im August 1993 bat die Grundschule Neuenhagen mit ihrer Konzeption ebenfalls um finanzielle Unterstützung.

Um möglichst viele in den Schulen Brandenburgs entstandene und bereits mit Fortbildung von Lehrerinnen/Lehrern für Lehrerinnen/Lehrer tätige Lernwerkstätten sowie sich bildende Initiativen nicht nur durch Informationen und Erfahrungsaustausch unterstützen zu können, strebte das PLIB eine Kooperation mit dem Ministerium für Bildung, Jugend und Sport an.

Unter Leitung von Elvira Waldmann (Pädagogische Referentin Grundschule) wurde im Januar 1993 ein aktualisierter Konzeptentwurf an das Ministerium weitergeleitet, um Möglichkeiten der personellen und finanziellen Unterstützung zu finden.

Im Juli 1993 erarbeiteten das Ministerium und das PLIB eine gemeinsame Konzeption für Lernwerkstätten in Brandenburg unter dem Aspekt des Erhalts kleiner Grundschulen und deren inhaltlicher Ausgestaltung.

Da in den kommenden Jahren erheblich weniger Kinder in den Grundschulen des Landes Brandenburg sein werden, könnten Lernwerkstätten als wohnortnahe Begegnungs- und Fortbildungsstätten dazu beitragen, die pädagogische Handlungskompetenz von Lehrerinnen und Lehrern zu stärken, den Prozeß der Profilbildung von Schulen zu unterstützen und kleine Grundschulen zu erhalten. Im Rahmen der Fortbildung in Lernwerkstätten können Lehrerinnen und Lehrer auf veränderte Organisations- und Unterrichtsformen sowie auf die damit veränderten Anforderungen an das Leben und Lernen in kleinen Grundschulen vorbereitet werden.

Gegenwärtig befinden sich die Abstimmungsrunden zur finanziellen und personellen Ausstattung von Lernwerkstätten in der Phase der abschließenden Diskussion, so daß noch keine Aussagen über den Umfang der Unterstützung getroffen werden können.

In Kooperation mit den acht Außenstellen des PLIB konnten jedoch Anfang des Jahres 1993 die Lernwerkstätten in Oranienburg, Angermünde, Passow, Potsdam, Brück, Cottbus, Frankfurt/Oder, Demerthin und Elsterwerda mit Literatur, Unterrichtsmaterialien, Spielen und Sachmitteln durch das Pädagogische Landesinstitut und das Ministerium für Bildung, Jugend und Sport materiell unterstützt werden.

Die Lernwerkstätten in Frankfurt/Oder, Passow und Angermünde veranstalten neben Konsultationen mit Lehrerinnen/Lehrern und Eltern Tage der

offenen Tür, feste Öffnungszeiten und themenbezogene Fortbildungen zu Fragen der Öffnung von Schule und Unterricht, des Lebens und Lernens in der Schule, zu verbaler Entwicklungseinschätzung u. v. m. Außerdem können Arbeitskreise und Schülergruppen die Werkstatt nutzen.

Diese mit viel Engagement und Eigeninitiative praktizierten Formen des Arbeitens in einer Lernwerkstatt zeigen nicht nur das Bedürfnis Brandenburger Pädagoginnen und Pädagogen nach praxisorientierter Fortbildung, die auf Selbsthilfe basiert, sondern verdeutlichen den Stellenwert, den Lernwerkstätten einnehmen können, um Schule zu verändern.

Selbstverständlich sind dies die Anfänge auf dem Weg der Lernwerkstattarbeit in ihrer Breite. Das Prinzip des Entdeckenden Lernens selbst zu erfahren und zu verstehen, um daraus dem kindgerechten Lernen in unseren Schulen besser gerecht werden zu können, sind die großen Anforderungen, denen sich Lernwerkstätten in einem Prozeß stellen müssen, der Geduld, Kompetenz und Engagement erfordert. Die Brandenburger Lehrerinnen und Lehrer haben den ersten Schritt gewagt.

Adressen und Kurzpoträts

Grundschulwerkstatt der Grundschule «Gustav Bruhn»
Rudolf-Harbig-Straße 12, 16278 Angermünde, Tel. 32644

Ansprechpartnerin: Marita Deszpot
Öffnungszeiten: Jeden 1. Mittwoch im Monat, ansonsten nach persönlicher Absprache.
Inhaltliche Schwerpunkte:
- Arbeit mit Kindern in der Werkstatt (Integrationsunterricht – Förderunterricht);
- Fortbildungsangebote (ganzjährig) zu Fragen des veränderten Unterrichtens in der Grundschule;
- Diskussionsabende mit Eltern.

Zielgruppen: SchülerInnen, LehrerInnen, Eltern

Lernwerkstatt an der Grundschule Brück
Friedrich-Ludwig-Jahn-Straße 1, 14822 Brück, Tel. 033844 – 343

AnsprechpartnerInnen: Heike Noll, Linda Sporleder, Lothar Garpow
Öffnungszeiten: Nach Absprache.

Pädagogische Werkstatt Cottbus
Hölderlinstraße 26/27, 03050 Cottbus, Tel. 0355 – 523650

AnsprechpartnerInnen: Prof. Dr. Klaus-Dieter Mende, Dr. Susanne Spahn
Öffnungszeiten: Montag: 14.00 – 17.00 Uhr; Donnerstag: 16.00 – 18.00 Uhr.

Inhaltliche Schwerpunkte:
- die Werkstatt soll Kommunikations- und Erfahrungsort für Pädagogen aller Schulstufen, Eltern und SchülerInnen werden;
- Durchführung von Veranstaltungen zu Fragen der Öffnung des Unterrichts mit LehrerInnen und StudentInnen;
- Beratungen in Arbeitskreisen (Klasse 1–4, Spielpädagogik, Montessori-Pädagogik);
- Durchführung von Verhaltenstraining für LehrerInnen und Familientraining für Eltern.

Zielgruppen: StudentInnen, LehrerInnen und Eltern

Lernwerkstatt an der Grundschule Demerthin
Lindenallee 2, 16866 Demerthin, Tel. 033977 – 301

Ansprechpartnerin: Birgit Menzel
Öffnungszeiten: An den festgelegten Terminen für Fortbildungsveranstaltungen der PLIB-Außenstelle Neuruppin und nach Absprache.
Inhaltliche Schwerpunkte:
- Öffnung des Unterricht in der Grundschule;
- Freie Arbeit, Tagesplan- und Wochenplanarbeit;
- projektorientierter Unterricht;
- Information zu Freiarbeitsmaterialien und deren Einsatz im Unterricht.

Zielgruppe: GrundschullehrerInnen

Lernwerkstatt in der Grundschule am Schloßpark Elsterwerda
Am Schloßpark 1, 04910 Elsterwerda, Tel. 03533 – 2224

Ansprechpartnerinnen: Dagmar Galle, Marina Kirchner
Öffnungszeiten: Am 1. Mittwoch im Monat und nach Anmeldung.
Inhaltliche Schwerpunkte:
- In Gesprächs- und Arbeitskreisen werden zunächst ausgehend vom Sachbezug Möglichkeiten offener und aktivierender Unterrichtsgestaltung besprochen;
- Sammeln und Herstellen von Unterrichtsmaterialien für einen handlungsbezogenen Unterricht;
- Organisieren eines Erfahrungsaustausches mit KollegInnen, die bereits ihren Unterricht geöffnet haben.

Zielgruppe: LehrerInnen

Grundschulwerkstatt im Haus der PLIB-Außenstelle Frankfurt/Oder
Wieckestraße 1, 15230 Frankfurt/Oder, Tel. 0335 – 23212

Ansprechpartnerin: Martina Scholz
Öffnungszeiten: Mittwoch: 13.30 – 16.00 Uhr, an anderen Tagen nach Vereinbarung.
Inhaltliche Schwerpunkte:
- Beratung beim Erschließen neuer Ideen, Konzepte, Arbeitsmittel für einen kindgerechten, differenzierenden Unterricht;
- Angebote zur Kommunikation, Begegnung und zum anregenden Gedanken- und Erfahrungsaustausch zur Gestaltung von Offenem Unterricht.

Zielgruppe: LehrerInnen

Pädagogisches Landesinstitut Brandenburg (PLIB), Lernwerkstatt
Struveshof, 14974 Ludwigsfelde, Tel. 03378 –821-114/151

Ansprechpartnerinnen: Denise Sommer, Dr. Elvira Waldmann
Öffnungszeiten: Mittwoch: 14.00 – 17.00 Uhr, ansonsten nach Vereinbarung.
Inhaltliche Schwerpunkte:
- Beratung, Unterstützung und Koordination der Lernwerkstätten im Land Brandenburg;
- Aufbau eines Materialangebotes zum Kennenlernen, Prüfen, Ausprobieren und als Anregung zum Selbstherstellen;
- Organisation und Durchführung von Workshops zu inhaltlichen und organisatorischen Aspekten der Arbeit von Lernwerkstätten nach dem Prinzip des entdeckenden Lernens;
- Organisation und Durchführung von Fortbildungsveranstaltungen für LehrerInnen und Kollegien, für FachmoderatorInnen im Rahmen ihrer ModeratorInnenfortbildung und für KollegInnen, die an Fortbildungsseminaren im PLIB teilnehmen.

Zielgruppe: LehrerInnen, FachmoderatorInnen

Lernwerkstatt «Integration» an der Grundschule 2 Mahlow
Schulstraße 1, 15831 Mahlow, Tel. Mahlow 2225

Ansprechpartnerinnen: Frau G. Heide, Frau Liebsch
Öffnungszeiten: Nach Absprache und Bedarf.
Inhaltliche Schwerpunkte:
- Organisation von Fortbildungsveranstaltungen für GrundschullehrerInnen, besonders im Hinblick auf Integration;
- Herstellung von Unterrichtsmitteln für die differenzierende Arbeit im Unterricht (Lernhilfen, Spiele u. ä.).

Zielgruppe: LehrerInnen

Lernwerkstatt (im Aufbau) an der Grundschule Neuenhagen
Oderbergstraße, 16259 Neuenhagen, Tel. Oderberg 213

Ansprechpartnerinnen: Karola Janke, Marianne Haak, Bärbel Jäger, Angelika Henze, Ursula Wolf
Öffnungszeiten: Jeden 1. Montag und 3. Mittwoch des Monats: 13.00 – 16.00 Uhr. Nach Absprache täglich auch vormittags.
Inhaltliche Schwerpunkte:
- Aktives und entdeckendes Lernen für SchülerInnen und LehrerInnen;
- Veränderungen im Klassenzimmer forschend und entwickelnd angehen;
- Formen Offenen Unterrichts (Ideenbrücke zwischen LehrerInnen);
- Lehr- und Lernmittelausleihe für offene Lernformen;
- pädagogisch-psychologische Beratungstätigkeit;
- Fortbildung für alle interessierten LehrerInnen.

Zielgruppen: LehrerInnen, Eltern, SchülerInnen

Lernwerkstatt für den Grund- und Förderschulbereich in der
Comenius-Grundschule, PLIB-Außenstelle Oranienburg
Germendorfer Allee 17, 16515 Oranienburg, Tel. 03301 – 801016

Ansprechpartnerin: Frau Harstorff

Grundschulwerkstatt an der Gesamtschule mit integrierter Grundschule Passow
Schulstraße 27, 16306 Passow, Tel. 033336 – 55714

Ansprechpartnerinnen: Cornelia Piller, Frau Szabo
Öffnungszeiten: Jeden 1. Mittwoch im Monat: 15.00 – 17.00 Uhr.
Inhaltliche Schwerpunkte:
- Fortbildung für LehrerInnen zu Fragen des geöffneten Unterrichts;
- Organisation von Erfahrungsaustausch unter KollegInnen;
- Beratungen zu Fragen des Förderunterrichts;
- Ausleihe von Unterrichtsmitteln für die freie Arbeit;
- Durchführung von fakultativem Unterricht in der Werkstatt;
- Durchführung von Elternsprechstunden, Elternversammlungen in der Werkstatt.

Zielgruppe: LehrerInnen

Lernwerkstatt Potsdam an der Grundschule 24
Dortustraße 23, 14467 Potsdam, Tel. 0331 – 821515

Ansprechpartnerinnen: Silke Paul, Gabriele Hohlbein

Universität Potsdam, Fachbereich Primarstufe, Pädagogische Lernwerkstatt
Karl-Liebknecht-Str.24 – 25, 14476 Potsdam/Golm, Tel. 0331 – 9762490

Ansprechpartner: Dietmar Merhout
Öffnungszeiten: Montag und Mittwoch: 8.00 – 12.00 Uhr / 13.00 – 15.00 Uhr, sonst nach Vereinbarung.
Inhaltliche Schwerpunkte (geplant):
- Verbesserung der Verbindung von Theorie und Praxis in der Ausbildung;
- Realisierung von Projektvorhaben;
- Durchführung von handlungsorientierten Seminaren und Übungen (Bauen, Drucken, Experimentieren).

Zielgruppen: StudentInnen der Primar- und Sekundarstufen-I-Ausbildung, später auch LehrerInnen und SchülerInnen.

Lernwerkstatt (im Aufbau) an der Grundschule «Havelland»
Hospitalstraße 1, 16792 Zehdenick

Ansprechpartnerinnen: Frau Kresak, Frau Telchow

Lernwerkstätten in Bremen

Wilfried Meyer-Schlegel

Länderbericht

Lernwerkstätten und Initiativen im Bundesland Bremen und umzu (wie der Bremer sagt)

Überblick

In Bremen arbeiten zur Zeit mehrere Lernwerkstätten und Initiativen mit unterschiedlichen Schwerpunkten und unterschiedlichen Ansätzen. Die Lernwerkstatt e. V. «Büffelstübchen» in Stuhr-Brinkum, direkt vor der Tür Bremens, kann mittlerweile auf eine über sechsjährige Tätigkeit zurückblicken. Auf Initiative einer ehemaligen Mitarbeiterin des «Büffelstübchens», die eine Stelle im Bremer Schuldienst erhielt, gründete sich im Oktober 1990 an der Schule Halmerweg im Bremer Westen eine weitere «Lernwerkstatt Bremer Westen». Seit 1992 existiert an einer weiteren Grundschule in Bremen «Ide(e)fix», Arbeitsstelle für pädagogische Förderung, an der Schule Paul-Singer-Straße beheimatet und initiiert durch Herrn Prof. Kretschmann von der Bremer Universität. Auch an der Universität bemühen sich seit einigen Monaten StudentInnen, unterstützt von einigen ProfessorInnen, um die Veränderung der Grundschullehrerausbildung und gründeten die «Grundschulwerkstatt Uni Bremen» am Fachbereich 12. Es gibt ebenfalls Bemühungen in der Lehrerbildung des Landes Bremen, Veränderungen vorzunehmen und der veränderten Situation an heutigen Grundschulen gerecht zu werden. Sowohl das Wissenschaftliche Institut für Schulpraxis (WIS)in Bremen als auch das Institut für Lehrerfortbildung (LFI) in Bremerhaven versuchen Bedingungen zu schaffen, die Referendaren Möglichkeiten bieten sollen, Erfahrungen in Richtung «Öffnung von Unterricht» und alternative Unterrichtsformen zu sammeln. Das WIS hat einen Raum eingerichtet, der von verschiedenen Fachleitern betreut wird und der sich «Zentrum für kindgemäßes Lernen» nennt.

MitarbeiterInnen vom «Büffelstübchen», der «Lernwerkstatt Bremer Westen» und von «Ide(e)fix» haben über mehrere Jahre an den überregionalen Lernwerkstättentreffen teilgenommen. Das «Büffelstübchen» mit Unterstützung der «Lernwerkstatt Bremer Westen» bereitete 1992 das Treffen der Lernwerkstätten in Bredbeck bei Bremen vor und begleitete dieses.

«Büffelstübchen»

Getragen von einem gemeinnützigen Verein, entstand es aus einem Projekt der Universität Bremen «Kinder auf dem Weg zur Schrift». Dahinter stand die Idee, Praxis und Theorie zu verbinden, Lehrerfortbildung selbst zu organisieren, pädagogische Kompetenz für arbeitslose PädagogInnen über den Ausbildungszeitraum hinweg zu erhalten. Der Verein «Lernwerkstatt e. V. für Kinder, Eltern und LehrerInnen» mit seinen über 100 Mitgliedern ist auch heute noch der Rückhalt des «Büffelstübchens». Das Angebot umfaßt

- Fördergruppen für Grundschulkinder mit Problemen beim Lesen- und Schreibenlernen und im Mathebereich;
- Möglichkeiten zur Entwicklung pädagogischer Ideen, zur Ableistung von Unterrichtspraktika und zur Herstellung von Verbindungen zu LehrerInnen als Angebot für StudentInnen der Uni Bremen;
- ein von Herrn Prof. Brügelmann geleitetes Forschungskolloquium als Möglichkeit, neue Forschung zu diskutieren und sich an ihr zu beteiligen;
- Unterstützung für ReferendarInnen, offene Unterrichtsformen selbst auszuprobieren und in der Schule durchzuführen (auch Seminare werden im «Büffelstübchen» für verschiedene Ausbildungsrichtungen durchgeführt);
- Beratungen und «Klönschnacks» (Gesprächsrunden) für KollegInnen an Schulen.

«Büffelstübchen»

Getragen wird das «Büffelstübchen» unter anderem von der Robert-Bosch-Stiftung, die eine 3/4 Stelle finanziert. Diese Finanzierung läuft jetzt aus und wird sehr wahrscheinlich nicht verlängert. Unsicherheit im Hinblick auf die Zukunft des «Büffelstübchens» gibt es auch, weil drei Mitarbeiter, deren Arbeit sehr viel zum Aufbau und Bestand des «Büffelstübchens» beigetragen hat, in Zukunft nicht mehr oder nur sporadisch zur Verfügung stehen werden. Sie werden an einer Universität in Westdeutschland weiterarbeiten. Da nicht sicher ist, ob das Land Niedersachsen Lehrer abordnen kann und will, zumindest mit einigen Stunden, sieht die Zukunft im Moment nicht rosig aus. Aber Schwierigkeiten hat es in der langen Geschichte schon öfter gegeben.

Skizze «Büffelstübchen»
– einer von vier Räumen –

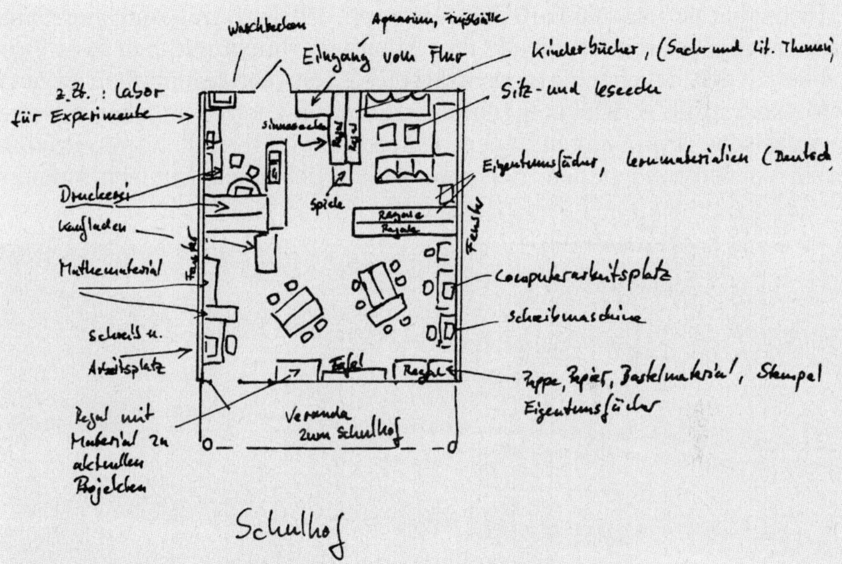

«Lernwerkstatt Bremer Westen»

Die «Lernwerkstatt Bremer Westen» wurde im Oktober 1990 durch eine Kollegin gegründet, die das «Büffelstübchen» mit aufbaute und 1989 eine Stelle im Bremer Schuldienst erhielt. Diese Lernwerkstatt existiert im Rahmen des Stadtteilprojektes West, ein Projekt des Bremer Senators für Bildung und Wissenschaft. Dieses Projekt läuft seit 1988 und dient «der Erhöhung der

Bildungsbeteiligung im Bremer Westen». Die «Lernwerkstatt Bremer Westen» befindet sich in einer Grundschule in Bremen-Gröpelingen. Betreut wird die Lernwerkstatt inzwischen von drei KollegInnen, die jeweils mit 5 Unterrichtsstunden für die Arbeit abgeordnet sind. Weitere 5 Stunden stehen zur Verfügung für das Betreiben einer Freinet-Druckerei, die seit fast einem Jahr für Kinder dieser Grundschule und anderer umliegender Schulen angeschafft wurde.

Räumlich etwas eingeengt – es steht ein Klassenraum zur Verfügung, und dieser wird zum Teil noch für Fördergruppen benötigt – ist die Lernwerkstatt an jedem Donnerstagnachmittag geöffnet, findet inzwischen zumindest bei einem festen «Fankreis» von KollegInnen guten Anklang und wird von vielen auch regelmäßig besucht.

Schwerpunkt ist die Beratung und Unterstützung von LehrerInnen zur Öffnung von Unterricht, die Information über und praktische Anschauung von Materialien für diesen Unterricht und zur Individualisierung von Lernprozessen in der Freiarbeit, bei Wochenplanarbeit u. s. w.

Bisher hat sich als sehr vorteilhaft erwiesen, daß der Bezug zur Unterrichtspraxis allgegenwärtig ist, da alle drei MitarbeiterInnen mit dem Rest ihrer Stunden in der täglichen Unterrichtsarbeit stehen. Durchschnittlich zweimal im Monat werden Veranstaltungen zu festgelegten Themen angeboten, wobei die praktische Erprobung in Experimenten und die Herstellung von Produkten im Vordergrund stehen. Beispiele: Mathe-1x1-Spiele, Deutsch Anfangs-

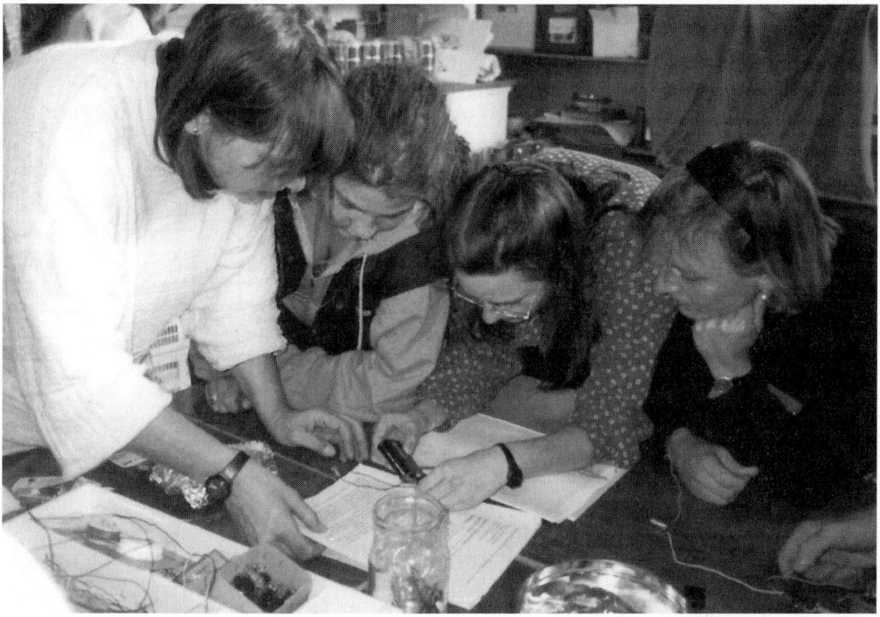

unterricht, Kleine Tiere, Dinos, Kunsttherapie, Umgang mit Farben, Papierrecycling etc. Bei größeren Veranstaltungen, wie z. B. «Fachtagen» im Wissenschaftlichen Institut für Schulpraxis und der Schulanfangstagung des Senators für Bildung und Wissenschaft, ist die «Lernwerkstatt Bremer Westen» mit Ausstellungswänden und eigenen Seminaren vertreten.

In letzter Zeit gab es auch einige Veranstaltungen mit ReferendarInnen und deren SeminarleiterInnen. Es wurden Miniworkshops über einige Stunden durchgeführt und von der Lernwerkstatt begleitet (z. B. «Strom» oder «Herstellung eigener Musikinstrumente»).

Einmal in der Woche wird vormittags mit Kindern in der Freinet-Druckerei gearbeitet. Kinder drucken ihre Geschichten, manchmal auch für Veröffentlichungen in Schülerzeitungen. LehrerInnen kommen, um sich in diese Druckerei einzuarbeiten, bevor sie selbst mit ihren Kindern drucken. Einmal im Monat finden Arbeitsgruppen statt für verschiedene Altersstufen der Grundschule. Eine Erste-Klasse-Gruppe trifft sich ebenso wie eine Dritte-Klasse-Gruppe.

Probleme sehen die LernwerkstattbetreiberInnen in der schwierigen finanziellen Situation des Landes Bremen, denn in allen Bereichen werden rigorose Kürzungen durchgeführt. Die Stunden für die MitarbeiterInnen müssen für jedes Schuljahr neu beantragt werden, die Sachmittel sind sehr spärlich. Vieles wird auf eigene Kosten gekauft oder z. T. auch nachgebaut.

Jede größere Anschaffung muß im Antrag genau begründet werden. Es steht z. B. nicht einmal ein Kopierer zur Verfügung. Und nicht zuletzt: Die ziemliche Überalterung der Kollegien – durch permanenten Einstellungsstop über ein Jahrzehnt bewirkt – weckt nicht die Hoffnung auf große Innovationsschübe in und durch die Bremer Lehrerschaft.

Tendenziell soll die Miniworkshop-Arbeit in Richtung auf mehr Selbständigkeit im Entdeckenden Lernen ausgeweitet werden. Zur Zeit wird der Raum in dieser Hinsicht umgestaltet.

Grundschulwerkstatt Uni Bremen

Mitte 1992 besetzte eine kleine Gruppe von StudentInnen einen Raum in der Uni, um der steigenden Anonymität und der schlechten Begleitung des Studiums durch die Hochschule etwas entgegenzusetzen. Der Raum wurde als Kommunikationszentrum und Treffpunkt eingerichtet. Als Ergänzung zum Hochschulunterricht entstanden eine Reihe von Tutorien, die durch Selbstorganisation und Eigenaktivität, Erfahrungsorientierung und -austausch gekennzeichnet sind. Es sollte Innovationsbestrebungen an den Grundschulen entsprochen werden. Dies brachte die StudentInnen auf den Weg zu Lernwerkstättenarbeit. Die aktive Teilnahme am Treffen in Bredbeck nährte Ideen und Bedürfnisse. Dort und im «Büffelstübchen» holten sie sich viele Anregungen und Visionen einer menschengerechteren Lernlandschaft. Im Januar 1993 lag ein Konzept bei der Hochschulleitung vor, finanzielle Unterstützung wurde zugesichert.

Zur Zeit gibt es eine Kerngruppe von 5 bis 6 StudentInnen, die von Herrn Prof. Brügelmann unterstützt wird. Diese Gruppe trifft sich wöchentlich, um Organisatorisches zu besprechen und weitere Bestrebungen Richtung Lernwerkstatt zu realisieren. Ein erweitertes Konzept wurde im Mai 93 vorgelegt, der Gruppe wurden größere Summen versprochen. Von einem Erstbetrag von 3000 DM wurde Material gekauft, welches zur Ausleihe und Ansicht bereitsteht. Andere Mittel sind bis jetzt nicht angekommen. Gut wäre für die Zukunft eine bezahlte Koordinationshilfe für alle Aktivitäten; die Mitarbeiter möchten Seminare zur Einführung in Lernwerkstattarbeit geben und würden sich gern handlungsorientiert in qualifiziert geleiteten Workshops auseinandersetzen. Das erscheint aber im Moment mit Blick auf die Finanzierung unerreichbar.

Für das Wintersemester 1993 wurden Heide Bambach und Heidrun Deichsel als Referentinnen gewonnen, um StudentInnen mit Bausteinen eigenverantwortlichen Lernens, Offenem Unterricht etc. vertraut zu machen. Einige StudentInnen arbeiten an Grundschulen mit LehrerInnen zusammen, die Unterricht öffnen wollen. Ergebnisse aus Tutorien wie «Kinderbücher selbermachen», «Ich mache – also bin ich», «Englisch als Fremdsprache in der GS» verbleiben in der Grundschulwerkstatt.

Ide(e)fix

«Die Ide(e)fix», die Arbeitsstelle für pädagogische Förderung, ist eine Ausbildungseinrichtung des Studiengangs Behindertenpädagogik der Universität Bremen. Die Ausbildungsangebote sollen die Tatsache berücksichtigen, daß in Zukunft immer weniger SonderpädagogInnen als KlassenlehrerInnen in Sonderschulen tätig sein werden, da viele als AmbulanzlehrerInnen in Regelschulen eingesetzt werden. In der Arbeitsstelle sollen Studierende auf diese Tätigkeit vorbereitet werden, indem sie unter Anleitung lernen,

- Einzel- und Kleingruppenförderung durchzuführen;
- als Stützpädagoginnen und Stützpädagogen in der Grundschule zu unterrichten;
- den Förderungsbedarf von Kindern diagnostisch zu ermitteln.

Es war eine bewußte Entscheidung, die Arbeitsstelle in einer Grundschule anzusiedeln, weil dies die beste Voraussetzung dafür ist, die Bedingungen späterer Berufspraxis kennenzulernen. Die Arbeitsstelle wird geleitet von Prof. Rudolf Kretschmann aus dem Studiengang Behindertenpädagogik. Die Förderungs- und Ausbildungsaufgaben in der Arbeitsstelle werden wahrgenommen von Maria-Anna Reinarz, Sonderschullehrerin, und Gudrun Leuschner, Diplompsychologin.

Die Mitarbeiterinnen sind für die Tätigkeit in der Arbeitsstelle vom Senator für Bildung jeweils mit halber Stelle freigestellt worden. Für die Arbeitsstelle steht in der Grundschule Paul-Singer-Straße ein ehemaliger Klassenraum zur Verfügung. Es ist eine Grundausstattung von Förder- und Diagnosematerialien vorhanden.

Die Mitarbeiterinnen der Arbeitsstelle übernehmen Förderaufgaben bei Kindern, die von den Lehrerinnen und Lehrern der Grundschule als förderungsbedürftig benannt worden sind. In diese Förderarbeit beziehen sie Studierende mit ein oder übertragen ihnen Teilaufgaben. Förderungstermine für Studierende werden den pädagogischen Erfordernissen der Kinder entsprechend individuell vereinbart. Für die Studierenden besteht die Möglichkeit, ihre Tätigkeit mit den Mitarbeiterinnen oder dem Leiter der Arbeitsstelle vor- und nachzubereiten. Ein Supervisionscolloquium (gegenwärtig Di. 15.00 – 17.00 Uhr) dient der kollektiven Bearbeitung der psychologisch-pädagogischen Fragestellungen. Studierende, die das Ausbildungsangebot wahrnehmen, verpflichten sich, für die Dauer eines Jahres in der Arbeitsstelle kontinuierlich (d. h. auch in den Semesterferien) mitzuarbeiten. Es ist vorgesehen, Ausbildungsangebote für jeweils 12 Studierende bereitzuhalten. Nach einem rotierenden System nehmen pro Semester jeweils sechs Studierende ihre Arbeit auf, während sechs nach einjähriger Mitarbeit ausscheiden. Die Arbeitsstelle ist an vier von fünf Tagen in der Woche jeweils von 8.00 bis 16.00 Uhr (außer in den Schulferien) besetzt. Geplant: Erweiterung der Kooperation mit der Grundschule durch: Workshops für Studierende und LehrerInnen der Grundschule, Supervisionssitzungen für LehrerInnen, Druck-AG-Mitarbeit für Studierende. Darüber hinaus versteht sich die Arbeitsstelle als Kooperationspartnerin bei Umgestaltungsprozessen in der Schule, etwa der Entwicklung zur Ganzen Halbtagsschule, Gestaltung der Schule als Lebensraum, Einrichtung von Nachmittagsangeboten, Öffnung zum Stadtteil.

Die Kooperation zwischen den verschiedenen Werkstätten und Initiativen erfolgte bis jetzt fast ausschließlich über persönliche Kontakte und über sporadische Besuche in jeweils anderen Werkstätten. «Büffelstübchen» und «Lernwerkstatt Bremer Westen» haben die Bredbeck-Tagung der Lernwerkstätten vorbereitet. Sicher hängt die mangelnde Kooperation auch mit den verschiedenen Schwerpunktsetzungen zusammen; es gibt deshalb nur wenige Parallelitäten, die zu Absprachen führen müßten. Neben dem weiteren Aufbau eigener Profile ist eine zukünftige Zusammenarbeit dennoch wünschenswert und auch geplant. Es hat eine erste Zusammenkunft im März 1993 gegeben, in der Zielperspektiven diskutiert und unter anderem Vorstellungen der Bremer Schulbehörde über Möglichkeiten der Unterstützung ausgelotet wurden. Interessen, die einzelnen Tätigkeiten der Werkstätten zu koordinieren, sind vorhanden. Zur Zeit kommt es z. B. zu Überschneidungen von Veranstaltungen mit ähnlichen Themen, bzw. es finden für LehrerInnen interessante Angebote an selben Tag statt.

Abzuwarten bleibt die Ernsthaftigkeit von Erklärungen des Bremer Senats in Richtung auf «Innovationen in der Grundschule», denn diese und auch Verbesserungen in der Lehrerausbildung wird es nicht zum Nulltarif geben. Veränderungen der Grundschule können nur unter entsprechenden Bedingungen stattfinden. Ob Bremen im Zuge der rigorosen Sparpolitik den Finanzsenator die Bildungspolitik machen läßt, bleibt offen.

Adressen und Kurzporträts

Universität Bremen
Fachbereich 12
Grundschulwerkstatt
Bibliothekstraße, 28359 Bremen

Ansprechpartnerinnen: Judith Sommer, Margit Friese
Öffnungszeiten: Vorauss. Dienstag: 12.00 – 15.00 Uhr
Inhaltliche Schwerpunkte:
- Erweiterung der traditionellen universitären Ausbildung durch Angebote für handlungsorientiertes Lernen zu Fragen des offenen Unterrichts, der Projektarbeit.

Zielgruppe: StudentInnen

Lernwerkstatt Bremer Westen
an der Schule Halmerweg
Halmer Weg 71, 28237 Bremen, Tel. 0421 – 361 9174

AnsprechpartnerInnen: Renate Hegelin, Angela Heidrich, Wilfried Meyer-Schlegel
Öffnungszeiten: Druckwerkstatt: Dienstag: 9.00 – 12.00 Uhr; Lernwerkstatt: Dienstag: 12.00 – 13.30 Uhr; Donnerstag: 13.00 – 16.00 Uhr bzw. bei Veranstaltungen 13.00 –17.00 Uhr; ansonsten nach Vereinbarung.
Inhaltliche Schwerpunkte:
- Unterstützung von LehrerInnen, ReferendarInnen für jegliche Formen von Öffnung des Unterrichts;
- Begleitung von KollegInnen beim Sammeln von eigenen Lernerfahrungen in Miniworkshops zum «Entdeckenden Lernen»;
- Druckwerkstatt für Grundschülergruppen (Freinet);
- Ausrichtung von Veranstaltungen zu schulpaktischen Themen mit geladenen ReferentInnen.

Zielgruppen: Kinder, ReferendarInnen, LehrerInnen

«Büffelstübchen»
Lernwerkstatt für Kinder, Eltern und LehrerInnen e.V.
Feldstraße 15, 28816 Stuhr 1, Tel. 0421 – 801514

Ansprechpartnerinnen: Dr. Sigrun Richter, Cornelia Wichmann, Miriam Weiß
Öffnungszeiten: Feste Kindergruppen täglich von 14.00 – 17.30 Uhr
Lehrerklönschnak mittwochs von 16.00 – 18.00 Uhr
Offene Tür jeden 4. Mittwoch im Monat von 16.00 – 18.00 Uhr und nach Vereinbarung
Inhaltliche Schwerpunkte:
- Öffnung von Schule (Hinweis: Lernwerkstatt ist mehr «Dosenöffner» als «Durchlauferhitzer», ALBRECHT BOHNENKAMP,1993);
- Entdeckendes Lernen für LehrerInnen, StudentInnen und Kinder;
- Schriftspracherwerb.

Zielgruppen: Kinder, StudentInnen, LehrerInnen

IDE(E)FIX – Arbeitsstelle für pädagogische Förderung der Universität Bremen, Fachbereich 11 an der Grundschule Paul-Singer-Straße Paul-Singer-Straße 160, 28205 Bremen, Tel. 0421 – 36159873

AnsprechpartnerInnen: Prof. Dr. Rudolf Kretschmann, Maria-Anna Reinarz
Öffnungszeiten: Montag – Donnerstag: 9.00 – 16.00 Uhr
Inhaltliche Schwerpunkte:
- Pädagogische Förderung von Kindern mit emotionalen bzw. Lernstörungen und Entwicklung entsprechender Förderkonzepte;
- theoretisch-praktische Qualifizierung von Studierenden der Behindertenpädagogik in Einzel- und Kleingruppenförderung.

Zielgruppen: Kinder, Studierende

Zentrum für kindgemäßes Lernen am Wissenschaftlichen Institut für Schulpraxis Am Weidendamm 20, 28215 Bremen, Tel. 0421 – 3506-131

Ansprechpartnerin: Karin Szaif
Öffnungszeiten: Donnerstag: 12.00 – 15.00 Uhr und nach Vereinbarung
Inhaltliche Schwerpunkte:
- Beratungsstelle für Pädagogen, die ihren Unterricht verändern wollen und nach neuen Ideen, Konzepten und Materialhilfen suchen in einer «didaktisch vorbereiteten Lernumgebung»;
- Durchführung von Lehreraus-, fort- und weiterbildungsveranstaltungen zur Thematik Schulanfang/Anfangsunterricht;
- Beratung zur Gestaltung und Ausstattung von Klassenräumen.

Zielgruppen: Kinder, LehrerInnen, ReferendarInnen, Eltern

Lernwerkstatt-Initiative Bremerhaven Schule am Leher Markt, 27580 Bremerhaven

Ansprechpartnerin: Ingrid Heidtmann

Weitere wichtige Adresse:
Pädagogik-Kooperative e.V. Verein bundesdeutscher Freinet-PädagogInnen Goebenstraße 8, 28209 Bremen, Tel. 0421 – 344929

Ansprechpartnerinnen: Gesa Dirks, Annette Münter, Beate Schmitz
Öffnungszeiten: Montag – Freitag : 10.00 – 15.00 Uhr, Donnerstag: 10.00 – 18.00 Uhr, Ansonsten nach Vereinbarung
Inhaltliche Schwerpunkte:
- Materialvertrieb des Vereins;
- Ausstellung zu Karteien, Büchern und Druckereien;
- Fortbildung zur Freinet-Pädagogik;
- Durchführung von Druckworkshops.

Zielgruppe: LehrerInnen

Lernwerkstätten in Hamburg

Lotte Busch

Länderbericht

Lernwerkstatt Hamburg

Die Hamburger Lernwerkstatt besteht seit sechs Jahren, genau seit August 1987. Angegliedert als Außenstelle an das Institut für Lehrerfortbildung, hat sie ihren Sitz an der Grundschule Wegenkamp, an der ich viele Jahre unterrichtet und Erfahrungen mit offenem Unterricht gemacht habe. Nach wie vor ist die Schule für die Lernwerkstatt wichtig: Sie dient sowohl dem Austausch von Ideen- und Erfahrungen als auch der Bereitstellung von Klassenräumen, von Aula und Musikraum, wenn unsere Veranstaltungen unseren eigenen (Klassen-)Raum sprengen.

Träger der Lernwerkstatt ist die Schulbehörde der Freien Hansestadt Hamburg. Sie hat die Einrichtung der Lernwerkstatt zum Hauptteil finanziert (den Rest taten Spenden) und bewilligt einen Jahresetat, der uns einigermaßen absichert. Die größte Leistung besteht aber in der Finanzierung von zwei ganzen Lehrerstellen für die Lernwerkstatt, wozu wir bei Bedarf noch eine Reihe Honorarstunden nutzen können. Die eine der beiden Stellen ist inzwischen auf mich festgeschrieben, die andere wird zur Zeit gedrittelt. Alle MitarbeiterInnen bei uns haben jahrelange eigene Erfahrungen mit Offenem Unterricht.

Unsere Aufgaben sind vielfältig. In erster Linie sind wir unserer Anbindung entsprechend in der Lehrerfortbildung tätig. Da offener Unterricht in Hamburg nach einer Entwicklung von etwa 20 Jahren etabliert und offiziell erwünscht ist und sich ständig mehr ausbreitet, ist das Bedürfnis nach Fortbildung auf diesem Gebiet groß. Außer in der Lehrerfortbildung haben wir Aufgaben in der Lehrerausbildung der ersten und zweiten Stufe, das heißt, wir betreuen Gruppen aus der Universität und dem Studienseminar.

Inhaltlich steht die Lernwerkstatt auf mehreren Beinen. Sie fühlt sich dem Ansatz von Celestin Freinet und damit dem konsequent Offenen Unterricht verpflichtet, der sich nach dem Motto «den Kindern das Wort geben» kleinschrittiger Lehrgänge enthält und der Selbststeuerung, der Selbsttätigkeit, dem Lernwillen und -instinkt des Kindes weitgehend vertraut. Da der Leselehrgang von Jürgen Reichen «Lesen durch Schreiben» so konkurrenzlos zu dieser Haltung paßt, hat es sich ergeben, daß wir einen großen Teil unserer Kraft zu dessen Verbreitung einsetzen. Vorbereitende und das erste Schuljahr begleitende Seminare dazu sind jedes Jahr ausgebucht. Für ein einwöchiges Ferienseminar mit Reichen selbst müssen wir seit drei Jahren die Aula «pachten».

Die Arbeit mit «Lesen durch Schreiben» im ersten Schuljahr ist für viele KollegInnen der Durchbruch zu einem veränderten Unterricht, nach dem Motto Reichens: «Aufrichten statt unterrichten».

Weil die notwendige Veränderung der Lehrerrolle im Offenen Unterricht viele KollegInnen verunsichert und sie an unerwartete Grenzen führt, hat es sich als Glücksfall erwiesen, daß wir zunächst durch Bernd Kessel und nach dessen Ausscheiden durch Andrea Bode-Köhn Supervisionsangebote machen können. Beide haben neben ihrer psychologischen Ausbildung profunde Kenntnisse im Offenen Unterricht. Wir bieten zwei Supervisionsgruppen an, für die es immer eine Warteliste gibt.

Das Wichtigste aber sind die Workshops «Entdeckendes Lernen», die wir erst anzubieten gewagt haben, nachdem wir selbst bei Karin Ernst mehrmals als TeilnehmerInnen Erfahrungen sammeln konnten. Wir bieten sie zweimal im Jahr über fünf Tage an (die Unterrichtsbefreiung der KollegInnen ist immer ein Kampf). Die Prozesse, die in diesen Tagen bei allen Beteiligten ablaufen, die Einsichten in die Strukturen persönlichen Lernens und deren Verhinderung durch die normale Schule, sind durch kein anderes Fortbildungsangebot zu ersetzen.

Die Erfahrungen dieser Workshops schaffen die Grundlage für ein neues Verständnis für die Bedürfnisse des lernenden Kindes. Wir würden am liebsten nur mit diesen Workshops arbeiten – allein, die Verhältnisse, die sind nicht so. Wir versuchen, während unserer «Ateliertage», die am Wochenende laufen und keine Unterrichtsbefreiung erfordern, mit Miniworkshops zumindest Teilerfahrungen dieser Art zu ermöglichen. Außerdem versucht Michael Böss in Nachmittagsseminaren sowie auf Ganztagskonferenzen die Idee eines «anderen» Sachunterrichts zu vermitteln, bei dem das Entdeckende Lernen im Vordergrund steht. Nach aufregenden Erfahrun-

Grundriß der Lernwerkstatt Hamburg

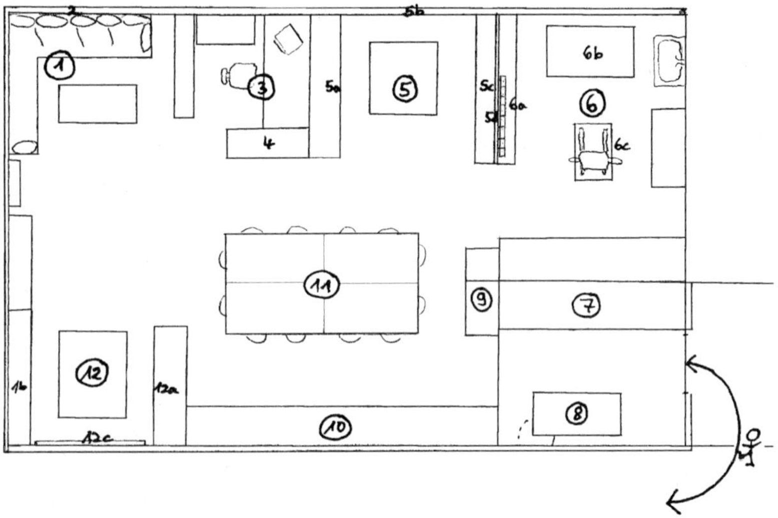

Der Raum

1 Der Platz für die kreative Pause
2 Schönes Licht mit Steinen
3 Die computergestützte Verwaltung
4 Alles zum Schreiben, Malen, Gestalten
5 Die Mathe-Ecke: ganz viel zum Ausprobieren
6 Die Druckerei
7 Die Küche (mit Kaffeemaschine!!)
8 Der Kopierer (oft verflucht)
9 Der musikalisch-künstlerische Teil
10 Bücher, Karteien und vieles mehr zum Lernen für Kinder und Erwachsene
11 Arbeitsplätze
12 Die Forscherecke
13 Die Wand der Ergebnisse
14 Gasheizung, macht von Schulheizung unabhängig
15 M für Mädchen – Grund für Verwechslungen
16 Viel Papier und Pappe

gen in ihrer eigenen Klasse und intensivem Austausch mit anderen mathematisch interessierten Freinet-LehrerInnen zeigt Gudrun Maaser in ihren Fortbildungen immer entschiedener, daß dasselbe auch für die Mathematik gilt.

Fortbildung zur Gestaltung eines qualifizierten Offenen Unterrichts ist schwierig, weil es nicht darum gehen kann, Rezepte zu verkaufen. Wir wissen, daß jede/r ihren/seinen eigenen Weg der Öffnung gehen muß, ohne daß sich die Prozesse beliebig verkürzen lassen. Unsere Lernwerkstatt will dabei jede mögliche Unterstützung und Ermutigung geben ...

Inzwischen sind wir in Hamburg nicht mehr ganz alleine. Seit einiger Zeit arbeitet neben uns die «Lehrerwerkstatt Hartsprung», die die Veränderung des Unterrichts in der Sekundarstufe I unterstützt.

In Planung sind die «Lernwerkstatt des Staatlichen Studienseminars», die «ein Ort der handlungsorientierten Lehrerausbildung für entdeckendes und produktbezogenes Lernen» werden soll, und die «Mathematikwerkstatt», deren Intention sich auf die Innovation im Mathematikunterricht aller Schulformen richtet, auch und besonders am Gymnasium.

Adressen und Kurzportäts

Lernwerkstatt Hamburg
Außenstelle des Instituts für Lehrerfortbildung
Wegenkamp 9, 22527 Hamburg, Tel. 040 – 540 74 66

AnsprechpartnerInnen: Lotte Busch, Michael Böss, Andrea Bode-Köhn, Gudrun Maaser, Ulrich Brosch, Martin Kunstreich
Öffnungszeiten: Offene Tür – jeden 1. – 3. Montag im Monat von 14.00 – 17.00 Uhr, sonst nach Vereinbarung.
Inhaltliche Schwerpunkte: – siehe Länderbericht.
Zielgruppen: LehrerInnen, Studierende, ReferendarInnen

Lehrerwerkstatt Hartsprung
Troplowitzstraße 17, 20254 Hamburg, Tel. 040 – 4212 652

Ansprechpartner: Tilman Kressel

Lernwerkstatt des Staatlichen Studienseminars
Hohe Weide 14, 20259 Hamburg, Tel. 040 – 4212 784

Ansprechpartner: Michael Töpel, Thomas Unruh

Mathematikwerkstatt am Institut für Lehrerfortbildung
Felix-Dahn-Straße 3, 20259 Hamburg, Tel. 040 – 4212 2843

Ansprechpartner: Dr. Wolfgang Löding

Lernwerkstätten in Hessen

Marianne Wiedenmann

Länderbericht

Auf der 6. Bundesfachtagung der Lernwerkstätten im September 1993 in Malente wurde ich um einen Bericht über die Situation in Hessen gebeten. Daraufhin habe ich alle Adressen angeschrieben, die in der Dokumentation zur 5. Fachtagung in Bredbeck/Bremen aufgeführt waren und um aktuelle Informationen gebeten. Mein Bericht stützt sich auf diese – spärlich eingegangenen – Mitteilungen, auf Besuche in Lernwerkstätten und informelle Kontakte.

Ich bin Grund- und Sonderschullehrerin seit 1972, Mitarbeiterin in der zentralen und regionalen Lehrerfortbildung und seit 1991 abgeordnet als pädagogische Mitarbeiterin an die Universität in Frankfurt, wo ich u. a. auch an der Weiterentwicklung der Didaktischen Werkstatt Grundschule zu dem Lernzentrum Grundschule und Sonderpädagogik beteiligt bin.

Wenn ich die Lernwerkstätten-Landschaft Hessens im bundesdeutschen Vergleich betrachte, so zeigt sich hier eine markante Abweichung von dem beobachtbaren Nord-Süd-Gefälle. Während in Schleswig-Holstein Lernwerkstätten «flächendeckend» eingerichtet wurden und strukturell mit der Lehreraus- und -fortbildung verknüpft sind, gibt es in Bayern erst an drei Universitäten Lernwerkstätten. In Hessen hingegen tut sich einiges!

Seit 1988 konnte ich viele der Lernwerkstätten in Hessen direkt kennenlernen: Kassel, Bonbaden, Marburg, Jugenheim, Wiesbaden, Hainburg, Dreieich und die Vogelsberger Lernwerkstatt. Sie entstanden sowohl als Basisinitiativen als auch als Projekte der Schulentwicklungsplanung in Zusammenarbeit mit engagierten KollegInnen.

Als Kristallisationspunkte für Schulreform wirken Lernwerkstätten in verschiedenen Bereichen:

- In der 1. Phase der Lehrerbildung an den Universitäten in Kassel und jetzt auch in Frankfurt;
- *in der 2. Phase im Referendariat – natürlich auch für «fertige» LehrerInnen der Region;*
- in verschiedenen Zusammenhängen der Lehrerfortbildung – in enger Anbindung an Institutionen des Hessischen Instituts für Lehrerfortbildung (HILF);

● und/oder als Einzelinitiativen an Schulen mit verschiedenartigen Akzenten – schulformspezifisch oder -übergreifend, mit fachspezifischen Schwerpunkten oder integrativ. Die Lernwerkstatt-Entwicklung in Hessen wurde und wird von drei prägenden Modellen bestimmt, die unmittelbar mit folgenden Personen verknüpft sind.

Herbert Hagstedt in Kassel und Gerhild Kirschner in Bonbaden boten und bieten in diesem Prozeß wichtige Orientierungspunkte, obwohl oder weil sie sehr unterschiedlich sind. Am Hessischen Institut für Lehrerfortbildung hat der Leiter des Fachbereichs Grundschule, Claus Claussen, viel zur Vernetzung von Initiativen «von unten» in der Lehrerfortbildung beigetragen.

Die beiden «ältesten» Lernwerkstätten in Kassel und Bonbaden gaben wichtige Impulse, die von der Schulentwicklungsplanung aufgenommen wurden und in Konzepte der Hessischen Lehrerfortbildung eingegangen sind.

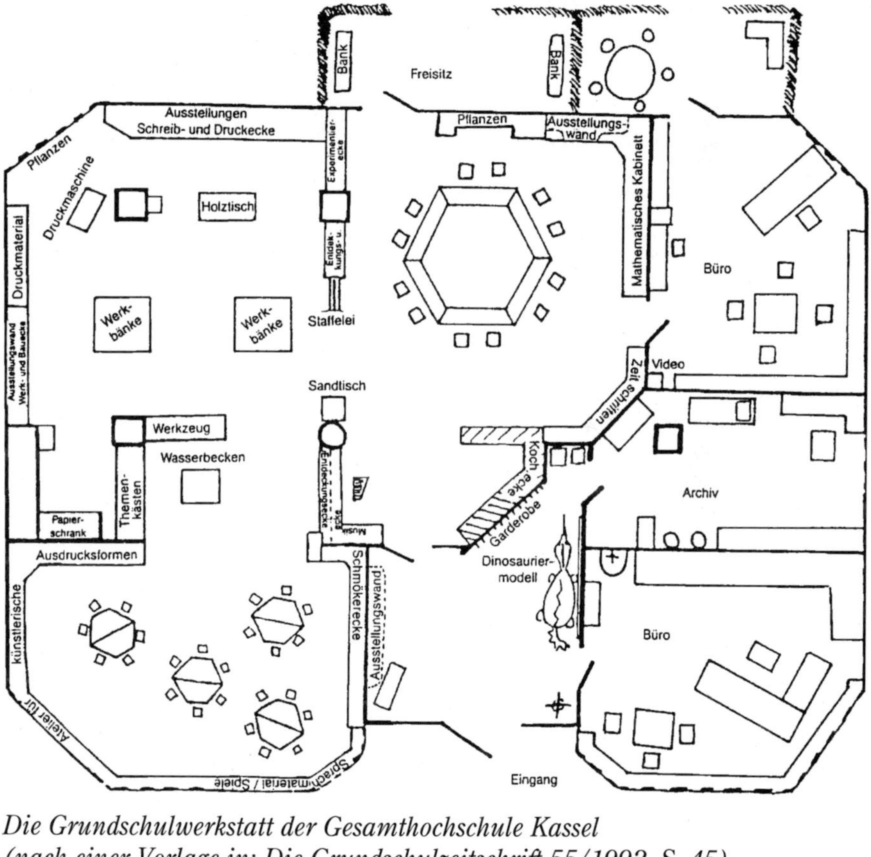

Die Grundschulwerkstatt der Gesamthochschule Kassel
(nach einer Vorlage in: Die Grundschulzeitschrift 55/1992, S. 45)

Die **Grundschulwerkstatt – Pädagogisches Labor der Uni-Gesamthochschule** liegt in der Innenstadt von Kassel, ist geprägt von einer lebendigen universitären Kommunikationskultur und gilt überregional als Modell in vielerlei Hinsicht. Die personelle, materielle und finanzielle Ausstattung ist vergleichsweise großzügig und bietet einen sicheren Rahmen für längerfristige Planungen. So können interdisziplinäre Forschungsprojekte verknüpft werden mit Anfragen und Bedürfnissen von LehrerInnen der Region und alternativen Ausbildungskonzepten für Studierende. Dies wirkt sich auch unmittelbar auf die Lehreraus- und -fortbildung in der 2. und 3. Phase aus. Beim Aufbau der Didaktischen Werkstatt (jetzt Lernzentrum) in Frankfurt konnten wesentliche konzeptionelle Impulse von H. Hagstedt genutzt werden.

Die **Lernwerkstatt Grundschule Bonbaden** wirkt ebenso überregional als Modell, wenn auch in ganz anderer Hinsicht. Diese Werkstatt liegt sehr idyllisch auf dem Land und ist Schnittpunkt für viele Initiativen von «Einzelkämpfern», Lehrergruppen und Organisationen in der Region, die sich für Schulreform engagieren. Obwohl die Lernwerkstatt Grundschule Bonbaden institutionell unabhängig ist von der Hessischen Lehrerfortbildung, ist sie eine viel beachtete und stark frequentierte Einrichtung für LehrerInnen, die teilweise mit ihrem ganzen Kollegium zur schulinternen Fortbildung kommen. Die Werkstatt wird finanziell nicht unterstützt, sondern trägt sich selber durch Spenden, persönliche Aufwendungen und Verkauf von Eigenmaterial. In Bonbaden ist sie nichts Additives, sondern ist lebendige, veränderte Schulwirklichkeit, wie auch die Video-Dokumentation «Zeit für Entwicklung» zeigt. G. Kirschnerist sowohl Schulleiterin als auch Koordinatorin der Lernwerkstatt.

Lernwerkstätten in der Regionalen Lehrerfortbildung werden personell und finanziell durch das Land Hessen in bescheidenem Maße in Form von Entlastungsstunden, Mitteln für Erstausstattung und kostenlose Raumnutzung unterstützt. Sie erheben den Anspruch auf Schulnähe, Praxisnähe, Basisorientierung, Kooperation und Erfahrungsoffenheit, wie es C. Claussen bei seinen konzeptionellen Überlegungen zur Errichtung einer Didaktischen Werkstatt Grundschule an der Außenstelle Jugenheim 1991 in einer Broschüre des HILF formuliert hat. Mittlerweile hat sich die Didaktische Werkstatt Jugenheim zu einem Zentrum in Südhessen entwickelt, das mit einer wachsenden Zahl von Grundschulen in der Region kooperiert. Aus TeilnehmerInnen von Kompaktseminaren zu Themen wie «Hilfe, ich kriege ein erstes Schuljahr!», bilden sich weiterführende Arbeitsgruppen, die oft bis zum 4. Schuljahr zusammenbleiben. So entstand in **Roßdorf die Lernwerkstatt Rehbergschule**. Begeisterte KollegInnen tragen Initiativen weiter, auch über die Landesgrenze nach Baden-Württemberg. Ähnliche Einrichtungen bestehen seit längerem in **Groß-Gerau, Markburg, Hainburg, Trebur, Gießen** und **Frankenberg**, teilweise in den Räumen der Außenstellen oder in Schulen.

Gegenwärtig gibt es in Hessen einige kraftvolle Initiativen, die zu **Neugründungen** geführt haben. So zum Beispiel in Mittelhessen, wo im Oktober die **Vogelsberger Lernwerkstatt** eröffnet werden konnte. Dieses Musterbeispiel für «Schulreform von unten» lebt vom Engagement vieler LehrerInnen, was in den 10 Workshops bei der Eröffnung mit etwa 150 KollegInnen aus der Region zu spüren war. Als nächstes wird voraussichtlich in Limburg eine neue Werkstatt entstehen.

Eine weitere interessante Variante bildet die Wiesbadener Lernwerkstatt. Sie wurde von MitarbeiterInnen der Außenstelle des HILF Wiesbaden und Lehrern der Primar- und Sekundarstufe sorgfältig geplant und als Modell für die «Initiierung der Entwicklung praktischen Lernens durch die regionale Lehrerfortbildung» konzipiert. Die HILF-Lernwerkstatt Grundschule Außenstelle Wiesbaden umfaßt eine Lehrer- und eine Schüler-Lernwerkstatt. Sie kooperiert eng mit einer Gesamtschule (Helene-Lange-Schule), die am Modellversuch Integration Behinderter in der Sekundarstufe beteiligt ist.

Im Zuge der Umgestaltungsdiskussion der Institutionen des HILF wird gegenwärtig darüber nachgedacht, Lernwerkstätten als Modelle offener Lehrerfortbildung und als wesentliches Element der Schulentwicklung von «unten» zu fördern und zu unterstützen. Sowohl an HILF-Außenstellen als

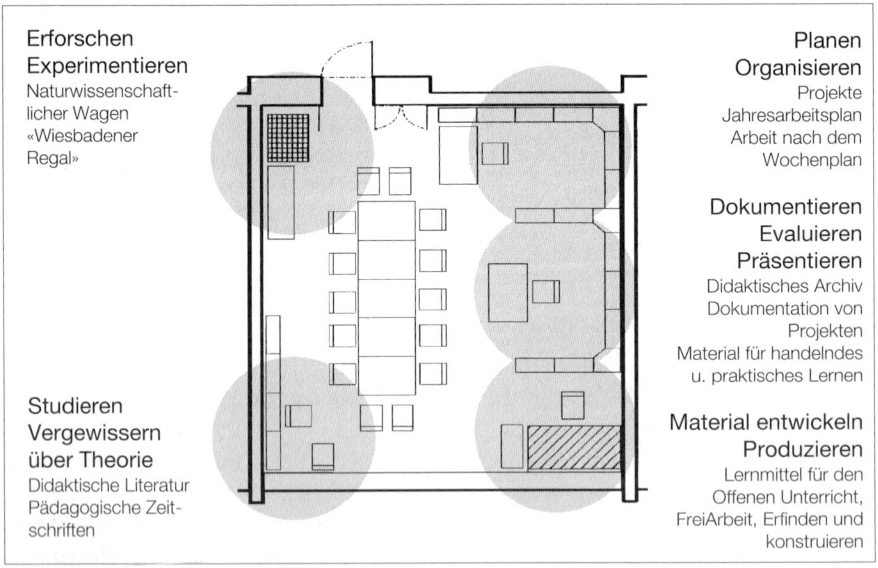

Idealtypische Darstellung der Lehrerlernwerkstatt (Hajo Weber, HILF–Außenstelle Wiesbaden 12/92)

auch an Schulen sollen sich Lernwerkstätten entwickeln, die zu Kristallisationspunkten für schulinterne Fortbildung werden könnten.

Ein wichtiger Bereich könnte auch die 2. Phase der Lehrerausbildung an Studienseminaren werden, wenn es gelänge, die Kluft zwischen Studium und Fortbildung besser zu überbrücken. Es gibt einige engagierte AusbilderInnen, die an verschiedenen Orten eine Öffnung des Unterrichts unterstützen und an alternativen Konzepten der Referendarausbildung arbeiten. So wird 1994 in den Räumen des ehemaligen Studienseminars **Heusenstamm** eine Lernwerkstatt entstehen, die von AusbilderInnen des Studienseminars Offenbach gestaltet werden und besonders die Interessen und Bedürfnisse von Berufsanfängern berücksichtigen soll.

Das Interesse an der Gründung von **schuleigenen Lernwerkstätten** wächst ebenfalls. Im Hinblick darauf konnte ich bei TeilnehmerInnen der AG «Integrative Ansätze in Lernwerkstätten» auf dem «Überregionalen Integrations-Grundschultag» am 10.11.1993 in Hanau großes Informationsbedürfnis und eine hohe Einsatzbereitschaft festellen.

Die **schuleigene Lernwerkstatt der Gerhart-Hauptmann-Schule in Dreieich**, die in der Grundschulzeitschrift 68/1993 vorgestellt wurde, hat sich auf ganz besondere Weise weiterentwickelt. Einige KollegInnen haben sich in der neu gegründeten **5. Grundschule Langen** so engagiert, daß neben einer neuen schuleigenen Lernwerkstatt für Grundschulkinder das Schulkonzept insgesamt in Richtung wohnortnahe Integration Behinderter geöffnet wird.

Der integrative Gedanke ist auch das Leitmotiv bei der Entwicklung des **Lernzentrums an der Universität Frankfurt**. Das Lernzentrum entwickelt sich aus zwei Lernwerkstätten verschiedener Prägung – aus der ehemaligen **Pädagogischen Werkstatt des Instituts für Sonder- und Heilpädagogik** und der ehemaligen **Didaktischen Werkstatt des Instituts für Schulpädagogik und Didaktik der Elementar- und Primarstufe**.

Das Lernzentrum nimmt eine ganze Etage in einem Hochhaus der Universität ein und beseht aus vier verbundenen Räumen, die sich in besonderer Weise für handelndes Lernen eignen: Werkraum, Bewegungs- und Musikraum, Schreibwerkstatt und ein Raum ohne Namen, der wie eine Lernwerkstatt aussieht. Es versteht sich als ein Angebot für alle, die praktische Erfahrungen für einen erfahrungsoffenen, differenzierenden Unterricht sammeln und selbst forschend lernen wollen. Damit konnte es zu einer Koordinierungs- und Anlaufstelle für alle an Innovation interessierten Pädagogen werden.

Es kann durchaus sein, daß es in Hessen weitere Lernwerkstatt-Initiativen gibt, die ich aufgrund der Kurzfristigkeit meiner Recherche nicht erfaßt habe. Ein Überblick über Schulreform-Initiativen wird erst langsam möglich. Vielleicht kann dieser Bericht dazu beitragen.

Adressen und Kurzporträts

Gesamthochschule Kassel, Grundschulwerkstatt-Pädagogisches Labor
Fachbereich 1, Postfach 10 13 80
Henschelstr. 6, 34013 Kassel, Tel. 0561 – 804-3600/3601

AnsprechpartnerInnen: Dr. Herbert Hagstedt, Barbara Konig
Öffnungszeiten: Montag: 14.00 – 18.00 Uhr (Offene Tür)
Dienstag, Mittwoch, Freitag: 9.00 – 12.00 Uhr.
Inhaltliche Schwerpunkte:
- Dokumentation individueller Lernspuren in Form einer aktiven Materialsammlung selbsthergestellter Arbeitsmittel;
- Angebote zum Ausprobieren didaktischer Konzepte des geöffneten, kindorientierten Unterrichtens für Kindergruppen, Schulklassen und LehrerInnen;
- Durchführung von Werkstattwochen in Zusammenarbeit mit Grundschulen zu ausgewählten Themen;
- Gestaltung von Grundschulworkshops, in denen StudentInnen an Unterrichtsprojekten in Schulklassen mitarbeiten.

Zielgruppen: Kinder, StudentInnen des Lehramtes Primarstufe, GrundschullehrerInnen aus der Region, LernwerkerInnen.

Lernzentrum an der Johann-Wolfgang-Goethe-Universität Frankfurt
Senckenberganlage 13-17, 60325 Frankfurt/M. Tel. 069 – 556107

Ansprechpartnerinnen:
Sabine Dietl-Dittmar, Stefanie Rinck, Heide Stiegler, Marianne Wiedenmann
Inhaltliche Schwerpunkte:
- Angebote zum Sammeln von praktischen Erfahrungen für einen erfahrungsoffenen, differenzierenden Unterricht;
- Durchführung von handlungsorientierten Seminaren;
- Herstellung interdisziplinärer Kontakte;
- Angebote zum Selbststudium und Beratung der Studierenden während der offenen Termine in der Mittagszeit;
- Workshop- und Werkstattgesprächsangebote zu ausgewählten Themen mit Studierenden, ReferendarInnen, LehrerInnen und SchülerInnen.

Zielgruppen: Studierende, ReferendarInnen, LehrerInnen, SchülerInnen.

Lernwerkstatt für Grund- und Sonderschulen Marburg
HILF-Außenstelle in der Pestalozzischule
Am Schwanhof 50-52, 35037 Marburg, Tel. 06421 – 13428 /14592

Ansprechpartnerin: Eva Stöppler
Öffnungszeiten: Jeden Mittwoch von 15.00 – 17.30 Uhr und nach Vereinbarung.
Inhaltliche Schwerpunkte:
- Durchführung von Spiel- und Beratungsnachmittagen;
- Gestaltung von Informationsnachmittagen mit dem Titel «Lernen in der Lernwerkstatt»;
- Ausleihe von Unterrichtmaterialien, Druckerei und Bindomatik – Gerät;
- schulinterne Fortbildungsangebote zu Themen wie: offene Unterrichtformen, Differenzierung, Einführung in die Lernwerkstatt;

- Seminarsitzungen des Studienseminars Marburg;
- Arbeitsgruppentreff des HILF.

Zielgruppen: LehrerInnen, ReferendarInnen

Lernwerkstatt Sek I in der Pestalozzischule Marburg
Am Schwanhof 50-52, 35037 Marburg

Ansprechpartner: Siegfried Keck, Karl-Heinz Fuchs

Vogelsberger Lernwerkstatt an der Grundschule Feldatal
36325 Groß-Felda, Tel. 06637 – 481

Ansprechpartnerin: Barbara Kupisch
Öffnungszeiten: Jeden Dienstag von 15.00 – 17.30 Uhr und nach Vereinbarung.
Inhaltliche Schwerpunkte:

- Präsentation von Materialien für differenzierenden Unterricht;
- Sammlung von Ideen für projektorientierten Unterricht;
- Herstellen von Arbeitsmitteln;
- Durchführung von Beratungen und Gesprächen zu ausgewählten pädagogischen Themen;
- Förderung der Zusammenarbeit zwischen Schulformen und -stufen.

Zielgruppe: LehrerInnen der Klassen 1–6 aller Schulformen

Lernwerkstatt Politische Bildung der Außenstelle Jugenheim des HILF
Schloß Heiligenberg, 64342 Seeheim-Jugenheim, Tel. 06257 – 2083

Didaktische Werkstatt Grundschule Außenstelle Jugendheim des HILF
Schloß Heiligenberg, 64342 Seeheim-Jugendheim, Tel. 06257 – 2083

AG Grundschulwerkstatt des Hess. Instituts für Lehrerfortbildung
Außenstelle Groß-Gerau
Gernsheimer Str. 22, 64521 Groß-Gerau

Ansprechpartnerin: Ingrid Zoller

Lernwerkstatt im HILF Groß Gerau
für Primar – und Sekundarstufe
Eisenbahnstraße 11, 63150 Heusenstamm, Tel. 06102 – 22194

Ansprechpartnerin: Sigrun Beck

Grundschulwerkstatt Frankenberg
an der Friedrich-Trost-Schule
Freilingstr. 8, 35066 Frankenberg, Tel. 06451 – 6717

Ansprechpartner: Volker Brase

Lernwerkstatt für den Bereich Gießen an der Limesschule
Pestalozzistr. 10, 35415 Pohlheim

Ansprechpartnerinnen: Doris Peh, Ingrid Schäfer

Lernwerkstatt Grundschule Bonbaden
Am Kreuzberg, 35619 Braunfels, Tel. 06442 – 22 511

Ansprechpartneinr: Gerhild Kirschner
Öffnungszeiten: Jeden 2. und 4. Mittwoch während der Schulzeit ,von 15.00 – 18.00 Uhr und nach Vereinbarung für Gruppen.
Inhaltliche Schwerpunkte:
- Erfahrungsaustausch, Anregungen, Mutmachen für Innovation in der Schule;
- Entdeckungsreisen durch eine gestaltete Schullandschaft;
- Auseinandersetzung mit dem pädagogischen Konzept einer Schule direkt vor Ort durch Anschauen und ins Gespräch darüber kommen;
- Lern- und Lehrmittel ausprobieren und selbstherstellen.

Zielgruppen: Alle an Schule interessierten Menschen

Grundschulwerkstatt Hainburg an der Johannes Gutenberg Schule
Breslauer Straße, 63512 Hainburg

Ansprechpartnerin: Gisela Stobbe

Initiative Didaktisches Zentrum an der Grundschule Trebur
Astheimer Str. 17, 65468 Trebur

Ansprechpartnerin: Elma Weyerhäuser

Schüler- und Lehrer-Lernwerkstatt
HILF Außenstelle Wiesbaden in Kooperation mit der Eichendorffschule
Otto-Reutter-Str. 5, 65201 Wiesbaden, Tel. 0611 – 261330

Ansprechpartnerin: Ingrid Schwerwinsky-Kuhn

Lernwerkstatt an der 5.Grundschule Langen
Zinkeysenstr.2 , 63225 Langen

AnsprechpartnerInnen: Christina Walter, Jürgen Eilers
Öffnungszeiten: Montag bis Freitag: 10.45 – 11.30 Uhr.
Inhaltliche Schwerpunkte:
- Die schuleigene Lernwerkstatt unterstützt das handlungsorientierte Lernen mit Kindern und bietet dafür Möglichkeiten der Arbeit mit der Schuldruckerei, Buchbindemaschine, mit Materialien zur Sinneswahrnehmung und zu sachkundlichen Themen;
- Durchführungen von aktuellen Schul- bzw. Projektpräsentationen.

Zielgruppe: SchülerInnen

Die Lernwerkstatt «Büffelstübchen» in Mecklenburg-Vorpommern

Heide Krahnepuhl

Rostocker Wege

Anziehungspunkt für Groß und Klein, Alt und Jung war sie schon zu früheren Zeiten, die Rostocker Elisabethwiese. Auf ihrem Rasen, nur wenige Minuten südlich von Unterwarnow und Neptunwerft entfernt, schlug damals jedes Jahr der Zirkus sein Zelt auf. Wenn heute viele Kinder der Ostseestadt ihre Schritte mit Freude hierherlenken, mag das manch' einen alten Rostocker verwundern: «Zum Büffeln kommen sie? Gar noch nach Schulende?» «Büffelstübchen» steht denn auch groß und bunt über der Tür im linken oberen

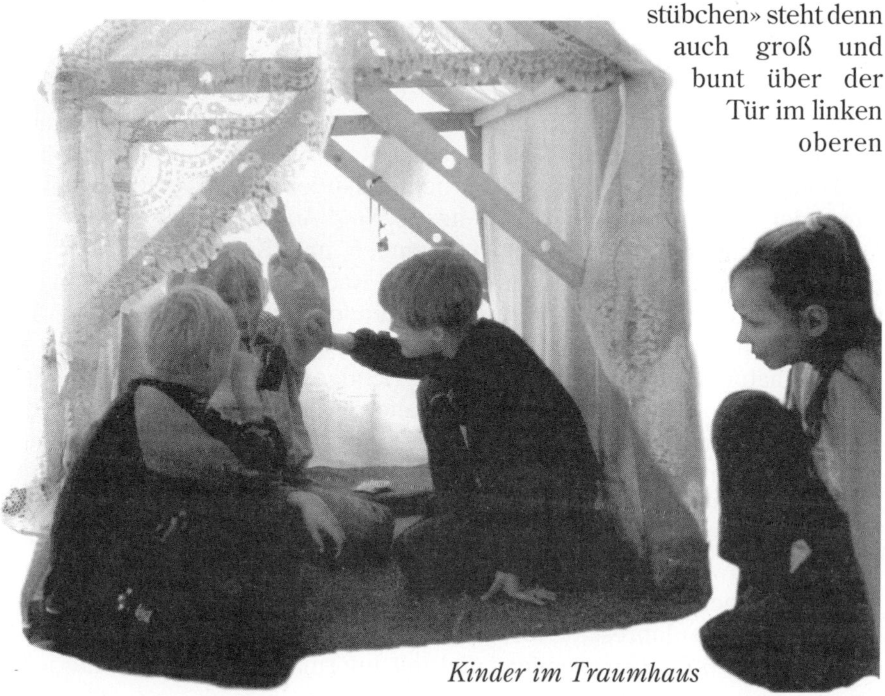

Kinder im Traumhaus

Flügel einer noch jungen Schule. Was erwartet die kleinen Besucher? Wie üblich: Schulbank, Tafel, Lehrertisch? Weit gefehlt! Das lichte, geräumige Zimmer wirkt gemütlich, etwas exotisch und etwas entspannend – kurzum: einladend. Hier oben, unter dem Dach der Grundschule Elisabethwiese, proben wir Rostocker Büffel seit zwei Jahren Neues «von unten».

Kurze Chronik des Büffelstübchens

Genau genommen begann das ganze Ende des Jahres 1989 mit einem Brief von Professor Hans Brügelmann (Universität Bremen). Sein Schreiben fand den Weg an das damalige Institut für Lehrerbildung «Jacques Duclos» in Rostock-Lichtenhagen. Mit der Öffnung der Grenzen stand einer Partnerschaft nichts mehr im Wege. Angeregt von den Schriften Professor Brügelmanns und der Arbeit der Lernwerkstatt Stuhr-Brinkum reifte die Idee, unseren Lehrerstudenten und -studentinnen in einer ähnlichen Einrichtung Praxisbegegnungen zu ermöglichen. Die freundlichen Büffel westlich der Elbe, im Weserland, sollten bald zu echten Freunden und Helfern werden. Sie gaben uns das Beste mit auf den Weg, das wir bekommen konnten: Hilfe zur Selbsthilfe. Unser Name macht aus der Freundschaft keinen Hehl, zumal «Büffelstübchen» so gut paßt. Trägt doch unser Land im Wappen auch so ein gehörntes Urviech. Na und dann kam ja später die Elisabethwiese als Ort dazu, die doch beim Büffeln beste Nahrungsgrundlagen bietet!

Am 26. Februar 1991 gründete sich der «Verein Lernwerkstatt Büffelstübchen für Kinder, Eltern und LehrerInnen Rostock e. V.». Zu seinen Mitgliedern zählten vier IfL-Dozentinnen, vier GrundschullehrerInnen und zwei Studentinnen. Nach den ersten heiß diskutierten Gehversuchen blokkierte der erste große Stein den weiteren Weg: Auflösung des Instituts für Lehrerbildung, Entlassung aller Kolleginnen und Kollegen ... Aber auf halbem Wege umkehren, das war nicht drin! Nach etlichen Behördengängen und dem Engagement der Vereinsvorsitzenden, die Schulleiterin an der Elisabethschule geworden war, fand sich ein geeigneter Raum. Schulamt und Kultursenatorin entschieden, das sei der richtige Weg. Nun ging es an das große Malern, Möblieren und Ausgestalten. Mit Schuljahresbeginn 1991 näherten sich die ersten kleinen Vorbüffel der frisch gegründeten Weidestube. Sie konnte am 23. November offiziell eingeweiht werden. Personell und finanziell sah es mit der Wegzehrung für eine lange Strecke zunächst dürftig aus. Licht am Ende des Tunnels schien mit der Bewilligung einer ABM-Stelle für die Lernwerkstattleiterin. Mit der Eröffnung des 200. Leseclubs im «Büffelstübchen» setzte die Stiftung Lesen einen Meilenstein im ersten Monat des neuen Jahres. Sie förderte uns fortan mit geeigneter Kinder- und Fachliteratur, mit einem Seminar und mit Informationsmaterial. Materielle

Hilfe kam auch von der Robert-Bosch-Stiftung, von Verlagen, von der hiesigen Sparkasse (300 Mark) und kleineren Spendern.

Unsere Lernwerkstatt: Wirkungsfelder und -möglichkeiten

Mit jedem Schritt vorwärts zeichnet sich deutlicher ab, wie nützlich eine Modelleinrichtung wie das «Büffelstübchen» Rostock nach innen und außen sein kann:

Sie **bietet** Kindern mit Problemen beim Schriftspracherwerb und anderen Lernschwierigkeiten individuelle Förderung statt althergebrachter Nachhilfe;
sie **erprobt** Modelle bei der Integration behinderter Kinder in Regelschulklassen;
sie **hilft** LehrerInnen aus ganz Mecklenburg-Vorpommern bei der Gestaltung eines kindorientierten, differenzierenden und lebendigen Unterrichts;
sie **ermöglicht** StudentInnen und ReferendarInnen Praxisbegegnungen;
sie **organisiert** den Gedankenaustausch mit Eltern im Rahmen des Leseclubs, der Leseförderung und Medienerziehung aller Kinder;
sie **betreut** Freizeitangebote im musikalisch-ästhetischen, im bildnerischen wie im darstellenden Bereich; –
kurzum:
sie **wandelt** die gute alte Schule in neuer Art und Weise zum demokratischen Ort der Bildung, Kultur und Kommunikation.

Natürlich liegt unser Hauptaugenmerk auf den Kindern, Eltern, LehrerInnen und dem pädagogischen Nachwuchs.

Lernvoraussetzungen und Motive

Am Tisch hinter dem großen Fenster der Werkstatt sitzen Anett, Isabell, Stefan und Erik. Vor ihnen Reagenzkolben und Fläschchen mit schmalem Hals, Trichter verschiedener Größen, Wasserkannen, ein handliches Tablett mit Sand, Gläser randvoll mit Sonnenblumenkernen, andere ohne Inhalt. Ich lade die Kinder ein, mit mir «in die Stille zu gehen» und erzähle ihnen von der italienischen Ärztin und Kinderpsychologin Maria Montessori (1870-1952), die sich unter anderem Gedanken machte, wie man Konzentration und Aufmerksamkeit verbessern könne – wichtige Lernvoraussetzungen gerade beim eigenständigen Lernen in der Freiarbeit! Gelingt es Anett, das Wasser in den engen Hals des Kolbens zu gießen, ohne etwas zu verschütten? Nicht weniger Umsicht und Geduld braucht Erik beim Transport der Sonnenblumenkerne mit dem Löffel in das leere Glas. Klack! Schon purzelt einer herunter. Inzwischen schreibt Stefan mit einem Federkiel Wörter in den Seesand auf dem Tablett. Vorsichtig schüttelt er die Oberfläche wieder glatt. Sorgfalt muß auch er walten lassen. Allzu leicht könnte etwas über den flachen Rand rutschen ... Drei von unendlich vielen Möglichkeiten, Aufregung, ja, mitunter hyperaktiven Bewegungsdrang abzubauen. Ausdauer, Merkfähigkeit und Konsequenz in der Arbeitshaltung bessern sich. Schritt für Schritt werden die Büffelkinder nicht nur geschickter in der Handhabung von Dingen, sondern auch gelöster, empfänglicher und sensibler für Nuancen. Gute Ausgangsbedingungen für die eigenaktive Freiarbeit, für das selbsttätige (Er)Lernen. Der Leser sollte die Beispiele bitte keineswegs als Patentrezepte verstehen. Erstens wechseln wir ständig die Varianten der **Konzentrationsspiele**, und zweitens gilt auch hier der Grundsatz, das Geschehen aus den Kindern heraus entwickeln, ihre Interessen, ihre Ideen, ihre Wünsche produktiv Wirklichkeit werden zu lassen. Den einen Weg gibt es auch dabei nicht. Aber beim Gehen stellen sich Freude, intellektuelle Neugier, Kommunikations-, Kooperations- und Denkfähigkeit ein. Ich orientiere mich an Wegkreuzungen mit der «didaktischen Landkarte», der Kurzfassung einer ausführlichen Darstellung, die Hans Brügelmann in seinem Buch «Kinder auf dem Weg zur Schrift» (Brügelmann 1983, S. 215 ff.; ders. 1984, S. 64/65 u. S. 59 ff.) entwickelt und begründet hat. Entscheidend sind dabei Analyse, Verbesserung und Stabilisierung der Motivstruktur. Eine Fachärztin für Neurologie/Psychatrie und eine Lehrerin von der Sprachheilschule (beide Mitglied im Büffelstübchen-Verein) helfen, psychische und biologische Besonderheiten einzelner Kinder zu verstehen und sensibel zu interpretieren.

Alltag im Rostocker «Büffelstübchen»

Auf einem Fensterbrett, im Regal und neben der Couch stehen rotfarbene Telefone. Die kleine Sibylle nimmt einen der Hörer ab, wählt eine Nummer und ruft: «Jaaa, hallo du, ich hab Kummer!». Am «anderen Ende» (gleich hinter dem Regal) hört Thomas zu und tröstet ein wenig. Oft fühlen sich Kinder im Alltag alleingelassen inmitten von Ehekrisen, Arbeitsplatzsorgen oder Karrierestreß der Eltern. Wenn man darüber reden kann, fällt es leichter, mit den psychologischen oder sozialen Problemen fertig zu werden. Für schwierige Fälle hängen am Bücherregal «Zaubersteine», die dem Träger Kraft und Mut verleihen. Nicht weniger geheimnisvoll ist die Schatzkiste, die ich ab und an mitbringe. Sie steckt voller Erzählanlässe: Ein himmelblauer

Schmetterling, die Raupe Fridolin, eine Südseemuschel, ein nußgroßer Bernstein, ein Porzellanscherbenstück, eine Zwergenfidel lassen die Phantasie der kleinen Büffel erblühen. In der **Leseecke** mit Kinderbibliothek steht ein Märchenschloß und auf den Balken des Regals thronen die von den Kindern am «Hexentag» selbst gefertigten Korkenhexlein. Dazu entstanden sagenhafte Hexenrezepte und Kochbüchlein. Begegnung mit Kinderliteratur funktioniert auch in der Begegnung mit Autoren im Rahmen des Norddeutschen Bücherfrühlings, beim abenteuerlichen Licht/Schatten-, Fingerpuppen oder Verkleidungsspiel oder etwa beim Hörspiel.

Der Zauber der Wörter stachelt an, neue Zusammenhänge und Assoziationen zu finden: semantische Doppelbedeutungen, Palindrome oder Anagramme zum Beispiel. Er reizt auch zum eigenen Reimen und Produzieren kleiner Gedichte in unserer «**Dichterecke**» mit Blick über die Dächer und natürlich mit Schreibmaschine.

Den Zugang zur Schrift erleichtern verschiedenste Schreibutensilien und vielfältige Schreibgelegenheiten in der **Schreibwerkstatt**. Wir ritzen auf Wachstafeln wie zu Cäsars Zeiten, mit dem original-chinesischen Tuschpinsel zeichnen wir Schriftzeichen aus dem Fernen Osten, wir entdecken Hieroglyphen der Priester im alten Ägypten, verschlüsseln selbsterdachte Geheimschriften, kratzen Runen auf Baumrinde wie die Germanen und Normannen, malen Geschichten auf eine Büffelhaut wie die Indianer Amerikas oder folgen dem Duktus von Feder und Tintenfaß wie im Mittelalter.

Hühnergötter (Zaubersteine)

> «Bei allen Völkern ist das Wort und die Schrift etwas Heiliges und Magisches, das Benennen sowie das Schreiben sind ursprünglich magische Handlungen, magische Besitzergreifungen der Natur durch den Geist, und überall ist die Gabe der Schrift als göttliche Herkunft gepriesen worden.»
>
> *Hermann Hesse in «Magie des Buches» (Hesse 1978, S. 182)*

Nicht weniger Spaß als das Stöbern in der Schriftgeschichte macht das Modellieren der Buchstaben aus Knetmasse oder Ton, das Ausschneiden verschiedenster Formen des gleichen Buchstabens aus Zeitschriften, Katalogen oder ähnlichem. Wichtige Akzente ihrer Form und Beschaffenheit speichern sich im Gedächtnis. Das Ausmalen mit Farbe, etwa das B in blau, das R in rot oder das O in orange ruft die Erinnerung an den Lautgehalt wach. Den gleichen Zweck erfüllt ein ganzer «Buchstabierlaut-Schrank» mit Schubläden von A bis Z, in denen Tiere und verschiedenste Gegenstände mit dem jeweiligen Anfangsbuchstaben liegen.

Angst vor dem gedruckten Wort nehmen die Freinet-Druckerei oder das aus Dänemark stammende Ricto-Set, mit denen in der **Druckwerkstatt** der «Schwarzen Kunst» gefrönt werden kann. Illustriert mit Buntstift, Klebe und Schere verlegen wir so kleine Spaßbüchlein, Leporellos oder gestalten unsere Büffel-Zeitung mit persönlich bedeutsamen Wörtern und Texten. «Das Gestalten der Fläche, die Anordnung der Schrift, die Auswahl der Druckfarbe und des Papiers reizen zum Ausprobieren, zum spielerischen Umgehen mit den selbstgeschaffenen Buchstabenwörtern» (Vöge 1991).

Mit allen Sinnen

Buchstabe für Buchstabe, Wort für Wort erarbeiten sich die Kinder ihren Grundwortschatz selbst. Und zwar mit allen Sinnen. Das Ertasten versteckter Holzbuchstaben im «Fühlbecher» schärft den taktilen Sinn. Duft und Geschmack von Gewürzen und Speisen lassen eigene Rezeptbüchlein entstehen. An manchen Tagen wächst ein Blumenklanggarten aus dem Boden. Jedes Büffelkind erhält eine große Blüte und stellt dann den anderen vor, welcher Instrumentenklang wohl am besten zu dieser Blume passen könnte. Triangel, Schellen, Glocken, Klanghölzer, Rasseln, Klappern, ein Xylophon und eine Flöte vereinen sich zu einem kleinen Wiesenorchester. Wenn die Blätter sich im Herbst färben und das Laub zu fallen beginnt, sammeln und pressen wir Pflanzenteile. Nicht nur Baumarten lassen sich wiedererkennen. Auch das Geflüster des Waldes läßt sich in Worte fassen.

Ein wichtiges Utensil für unsere Freiarbeit möchte ich noch nennen: die große Sanduhr. Auf ganz unkonventionelle, praktische Weise vermittelt sie ein Gefühl für Zeit, für den Ablauf von Zeitspannen, das stetige Rinnen der Zeit im wahrsten Sinne des Wortes.

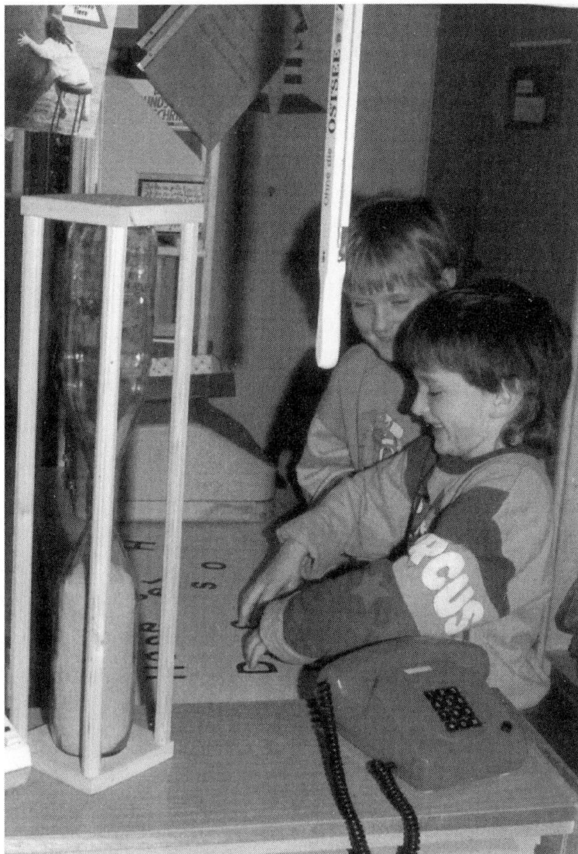

Wie werden Wörter aus den Buchstaben?

Modellwirkung nach innen und außen

Eigentlich haben StudentInnen im August Semesterferien. Um so mehr freute ich mich, als schon zu unserer ersten Büffelrunde des neuen Schuljahres 1993/94 eine Rostokker Studentin stieß und bei der Besprechung der Arbeitsvorhaben spontan meinte: «Ich könnte eine Veranstaltung ‚Chemie in der Grundschule' vorbereiten.» Das fand ich einfach toll! Damit wären wir also beim Schwerpunkt Fortbildung und Qualifizierung angelangt, der jeden Dienstag auf der Tagesordnung steht. Montags halten wir die Büffelhaustür offen für Information, Koordination, Fachgespräche und Fragen. Viele Kolleginnen und Kollegen finden im Rahmen der Schulinternen Fortbildung (SCHILF) auch an anderen Tagen zu uns. DozentInnen von Ausbildungseinrichtungen bringen ihre StudentInnen mit, die dann selbständig wiederkehren. Etwa eintausend angehende und gestandene PädagogInnen und Erzieherinnen nutzen bereits die fächerübergreifenden oder -spezifischen Seminare, Workshops, Expertenvorträge und Klönschnacks im Büffelstübchen. Beim Blättern im Gästebuch lese ich immer wieder, daß sie gern wiederkommen möchten. Ideen werden entwickelt und gleich kreativ ausprobiert, Erfahrungen ausgetauscht, Probleme diskutiert. Themen wie die folgenden standen dabei im Mittelpunkt:

- Gestaltung eines binnendifferenzierten Unterrichts in geöffneten Phasen
- Lautgebärdensprache
- Arbeit nach der didaktischen Landkarte
- Diagnosemöglichkeiten für den Unterrichtsalltag
- Wochenplan- und Freiarbeit
- Regeln und Rituale in der Schule
- Arbeit mit der Schülerdruckerei
- Musikalische Spiele und Rhythmik
- Lesewelt Schule
- Schreiben – ein Abenteuer!

Auf erste Tagungen des Arbeitskreises «Integration körperbehinderter Kinder in der Regelschule» dürfen wir ebenso zurückschauen wie auf den Besuch der ersten fünfzehn Referendare und Referendarinnen von Sonderschulen (eine Kooperation zwischen der Universität Rostock und dem Landesinstitut für Schule und Ausbildung L. I. S. A.). Praxisbegegnung und Begegnungspraxis sind hier bedeutungsvolle Stichworte. Eine Zusammenarbeit in Sachen Integration bahnt sich an mit dem Behindertenverband der Hansestadt. Fruchtbringend können Gespräche sein, die zwischen MitarbeiterInnen der Erwachsenen-Alphabetisierung und GrundschuldidaktikerInnen geführt werden. Für beide Seiten! Unser Modell Lernwerkstatt wirkt nach innen und außen auf Öffnung und Differenzierung hin. Und das weit über die Stadtgrenzen hinaus. Auf dem

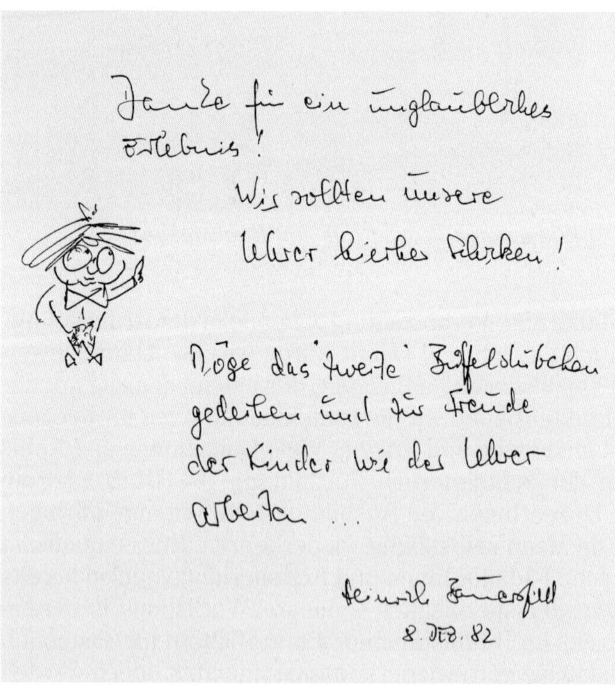
Danke für ein unglaubliches Erlebnis!
Wir sollten unsere Lehrer hierher schicken!
Möge das 'zweite' Büffelstübchen gedeihen und zur Freude der Kinder wie der Lehrer arbeiten ...
Heinrich [illegible]
8. DEZ. 82

Grundschultag, auf Messen, in den Medien präsentieren wir unser Anliegen. Stetig wächst die Zahl der eingeschriebenen Vereinsmitglieder (derzeit 41 – hinzu kommen weitere fördernde Mitglieder). Letzten Endes wird der Küstenwind unsere Büffelgrassamen schneller verbreiten, als uns unsere Beine tragen. Bleibt zu hoffen, daß er auf fruchtbaren Ackerboden trifft. Auf daß die Herde der Büffel größer werde, sich ausbreite und gedeihe.

Literatur

Das pädagogische Hauptwerk von MARIA MONTESSORI «Selbsttätige Erziehung im frühen Kindesalter» erschien in der deutschen Übersetzung erstmals 1913.

BRÜGELMANN, H.: Kinder auf dem Weg zur Schrift. Faude: Konstanz, 1983.

BRÜGELMANN, H.: Die Schrift entdecken. Faude: Konstanz, 1984.

HESSE, H.: Über Literatur. Aufbau: Berlin und Weimar, 1978

VÖGE, P.: Praktische Hinweise zur Einrichtung einer Schuldruckerei (Hrsg.: Pädagogik-Kooperative Bremen), 1991.

Adressen und Kurzporträts

Büffelstübchen Lernwerkstatt für Kinder, Eltern und LehrerInnen e.V.
in der Grundschule 2
Elisabethstr.27, 18057 Rostock, Tel. 0381 – 23 688

Ansprechpartnerin: Heide Krahnepuhl
Öffnungszeiten: Montags von 15.00 – 17.00 Uhr;
alle 14 Tage freitags Werkstattarbeit mit Klassen aus dem Stadtgebiet von 8.00 – 12.00 Uhr;
Fördergruppen montags : 11.00 – 13.30 Uhr; mittwochs: 11.00 – 15.30 Uhr.
Inhaltliche Schwerpunkte:
- Unterstützt und hilft LehrerInnen bei der Gestaltung eines kindorientierten Unterrichts;
- hilft Kindern mit Problemen im Schriftspracherwerb;
- ermöglicht StudentInnen Praxisbegegnung und führt Seminare mit ReferendarInnen durch;
- organisiert Gedankenaustausch mit Eltern;
- macht Freizeitangebote im literarischen und musisch-ästhetischen Bereich.

Zielgruppen: Kinder, StudentInnen, ReferendarInnen, Eltern, LehrerInnen

Lernwerkstätten in Niedersachsen

Hermann Schulze

Länderbericht

Mit Ausnahme des über die Landesgrenzen hinaus bekannten «Büffelstübchens» sind die Lernwerkstätten in Niedersachsen erst in jüngster Zeit entstanden. Sie orientieren sich weitestgehend an der folgenden konzeptionellen Grundlage:

Niedersächsische Lernwerkstätten sind Räumlichkeiten, «die voller Material stecken und in denen sich Erwachsene, manchmal auch Kinder, treffen, um sich mit diesen Materialien auseinanderzusetzen durch eigenes Tun und aktive Nutzung all dessen, was in den Räumen vorhanden ist, durch Sichten des Materials für eine spätere Verwendung in anderen Lernzusammenhängen oder durch Gespräche über pädagogische Fragen in Arbeits- bzw. Beratungssituationen» (Karin Ernst, 1990).

Der didaktische Schwerpunkt der niedersächsischen Lernwerkstätten liegt überwiegend auf der Entwicklung von Konzepten und Materialien für die Veränderung des Unterrichts durch offenere Lernformen. Wochenplan, Differenzierungsmaterialien, Individualisierung von Lernprozessen, freies Arbeiten sind Schlagworte, die in die Lernwerkstätten mitgebracht werden. Hilfen bei der Bewältigung dieser Reformansätze im Unterrichtsalltag überwiegen gegenüber einem didaktischen Ansatz, der Lernwerkstätten als Lernorte für Lehrerinnen und Lehrer definiert, in denen am eigenen Körper erfahren werden kann, «welche Bedingungen z. B. ‚selbstgesteuertes Lernen' an das ‚lernende Subjekt' stellt» (vgl. u. a.: W. Wittenbruch, 1992).

Mit einigen Ausnahmen sind niedersächsische Lernwerkstätten als Selbsthilfeeinrichtungen von engagierten Lehrerinnen und Lehrern überwiegend an Grundschulen eingerichtet worden. Daneben gibt es einige freie Initiativen, die entweder feste Räumlichkeiten angemietet haben oder «mobil» arbeiten und sich mit ihren Angeboten auch an Lehrerinnen und Lehrer des Sekundarbereichs I wenden. In einigen Fortbildungsangeboten des Landesinstituts für Lehrerfortbildung, Lehrerweiterbildung und Unterrichtsforschung (NLI) werden vorhandene Lernwerkstätten einbezogen oder eine werkstattorientierte Seminararbeit verwirklicht. Vor allem im Rahmen der regionalen

Lehrerfortbildung wurden Lernwerkstätten-Kurse in die Programme einbezogen. Gegenwärtig gibt es weder an den Universitäten noch an den Ausbildungs- und Studienseminaren entsprechende Einrichtungen, wie z. B. in Schleswig-Holstein.

Zur Zeit liegen dem niedersächsischen Kultusministerium im Rahmen der Bestandsaufnahme «Lernwerkstätten in Niedersachsen» Informationen über ca. 20 Lernwerkstätten, Initiativen und ähnliche Konzepte vor. Erfreulich ist die Tatsache, daß sich die Zahl ständig vergrößert. Allen gemeinsam ist das Ziel, den Unterrichtsalltag durch die Entwicklung offenerer Unterrichtsformen zu verändern und Lernwerkstätten als notwendige Konsequenz für die Schulen und die Lehrerfortbildung einzurichten. Einig sind sich aber auch alle im Ruf nach personeller und finanzieller Unterstützung durch das Land Niedersachsen.

Hier lassen sich nur einige Schwerpunkte der niedersächsischen «Lernwerkstatt–Landschaft» darstellen. Eine detailliertere Übersicht wird zur Zeit vom niedersächsischen Kultusministerium vorbereitet und soll im März 1994 in der Zeitschrift «Beispiele» veröffentlicht werden.

Aus der Fülle des Materials einige Blitzlichter:

Das «Büffelstübchen» e. V., 1987 als Verein gegründet, ist die älteste niedersächsische Lernwerkstatt. (Siehe auch Länderbericht «Bremen» in diesem Buch.) Im Gegensatz zu fast allen anderen niedersächsischen Lernwerkstätten ist das «Büffelstübchen» nicht als Bestandteil eines schulischen Reformkonzepts entstanden, sondern als freie Initiative reformorientierter Lehrkräfte sowie Studentinnen und Studenten der Universität Bremen. Neben dem Fortbildungsschwerpunkt «Öffnung von Unterricht» und «Schriftspracherwerb» werden Fördermaßnahmen und Projekte mit Kindergruppen durchgeführt. Es besteht eine enge Verbindung zur Universität Bremen. Im Frühjahr 1993 wurde in der nahen Grundschule Kirchweyhe ein «Ableger» des «Büffelstübchens» eröffnet. Ebenfalls als freie Initiative existiert in Braunschweig die Freinet-Lernwerkstatt-Initiative «B.I.F.F.», die seit ca. 1990 als Teilprojekt des 1986 gegründeten Vereins entstanden ist und sich zum Ziel gesetzt hat, Lehrerinnen und Lehrern aus den umliegenden Grund- und Sonderschulen praxisorientierte Erfahrungen mit der Freinet-Pädagogik zu ermöglichen.

Bemerkenswert sind weiterhin zwei «mobile» Lernwerkstätten. Aufgrund fehlender Räumlichkeiten bieten die GEW-Kreisverbände Celle und Soltau-Fallingbostel im Rahmen ihres halbjährlichen Fortbildungsprogramms unter anderem auch werkstattorientierte Veranstaltungen zur Öffnung des Unterrichts an, die «mobil» an den Schulen in den beiden Kreisen durchgeführt werden. Die «mobile» Lernwerkstatt des Kulturzentrums Wilde Rose e. V. in Altenmelle bietet ebenfalls Kurse an, in denen Lehrerinnen und Lehrer das

Lernen in offenen Lernsituationen erfahren und neue Handlungskompetenzen erwerben können.

Im Gegensatz zu den bisher genannten sind die anderen niedersächsischen Lernwerkstätten unmittelbar aus der reformorientierten Veränderung des Lernens der jeweiligen Schulen entstanden. Allen gemeinsam ist die Absicht, durch offenere Lernkonzepte Schule weiterzuentwickeln. Sie sind Teil des pädagogischen Profils ihrer Schule und bieten vor allem ihren eigenen Schülerinnen und Schülern gestaltete Lernräume für verändertes Lernen. Im Rahmen ihrer Möglichkeiten sind die Lehrerinnen und Lehrer bemüht, andere Schulen durch Fortbildungs- und Beratungsangebote zu unterstützen. An einigen Grundschulen, die sich zu Ganzen Halbtagsgrundschulen entwikkelt haben, ist das Lernen in der Lernwerkstatt Teil des pädagogischen Konzepts. Die Ausstattung ist orientiert an den örtlichen Möglichkeiten und dem pädagogischen Konzept der jeweiligen Schule. In einigen Schulen sind erst Teile einer Lernwerkstatt sichtbar oder es werden thematische Schwerpunkte gesetzt (z. B. Umweltwerkstatt, Textwerkstatt, Mathematikwerkstatt). In anderen Fällen ist die gesamte Schule zu einer Lernwerkstatt umgestaltet. Eine Ausnahme bildet die Lernwerkstatt Stade, die aus der reformorientierten Arbeit der Grundschulen entstanden ist, jedoch aufgrund fehlender Möglichkeiten in den Schulen vorläufig im Gebäude des Schulaufsichtsamtes und des Ausbildungsseminars untergebracht wurde. Ähnlich wie in den Grundschulen entstehen gegenwärtig im Rahmen der pädagogischen Profilbildung in den Gesamtschulen Lernwerkstätten, die als gestaltete Servicestationen den Lehrerinnen und Lehrern der Schule bei der Umsetzung offenerer Unterrichtsformen (Wochenplan, Binnendifferenzierung, Freiarbeit, ...) mit Rat und Tat zur Seite stehen. Vorreiterin dieser Entwicklung ist die Lernwerkstatt «Freiarbeit» an der Robert-Bosch-Gesamtschule in Hildesheim. Obwohl auf die eigene Schule ausgerichtet, haben die Nachfragen und Fortbildungswünsche von Kollegien anderer Schulen schnell zugenommen und die Belastbarkeit der in der Lernwerkstatt engagierten Lehrkräfte übertroffen.

Lernwerkstatt an der Grundschule in Rautheim

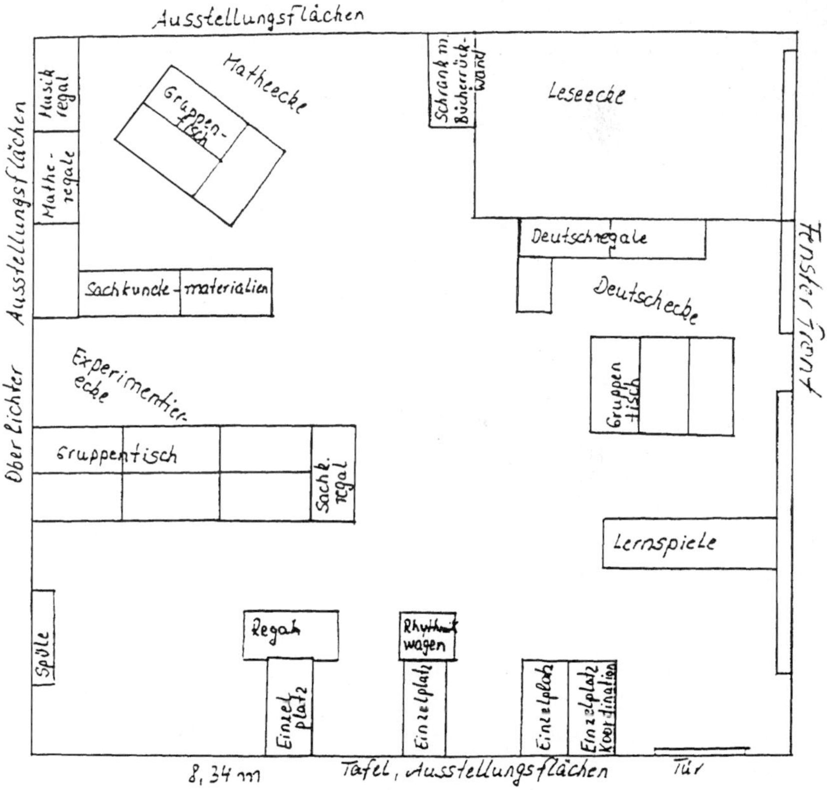

entnommen: Anke Niebuhr 1993, Examensarbeit «Einrichten und Erproben einer Lernwerkstatt», TU Braunschweig, unveröffentlicht

Neben der «Stöberkiste» an der Orientierungsstufe in Leer-Loga, die sich zum Ziel gesetzt hat, Schulen und Lehrkräfte bei der Umsetzung von Freiarbeit und Offenem Unterricht durch Seminare, Materialberatung und offene Gesprächsangebote zu unterstützen, und einem noch nicht verwirklichten Konzept «Regionale Lernbörse» an der Orientierungsstufe Hameln-Süd, bildet das Projekt «Lesebus» der Stiftung Lesen e. V. und des Niedersächsischen Kultusministeriums einen weiteren interessanten Mosaikstein in der Lernwerkstatt-Landschaft. Als gestalteter Lernraum fährt ein Bus durchs Land und unterstützt die Schulen bei der Leseförderung und Umsetzung offener Unterrichtsformen durch ein vielfältiges Materialangebot, das zu handlungsorientiertem Arbeiten anregt. Mit dem «Lesebus» und lernwerkstattorientierten Räumlichkeiten in Hannover wendet sich das «Lesebus-Team» an Schülerinnen und Schüler und mit Fortbildungsangeboten auch an Lehrkräfte aller Schulformen.

Die Entwicklung der niedersächsischen Lernwerkstätten steckt mit einigen schon genannten Ausnahmen noch in den Kinderschuhen. Kooperationsstrukturen sind bisher noch nicht entwickelt worden. Lediglich im Nordwesten des Landes entstand das «Kooperationsnetz Praktisches Lernen und Fortbilden mit Kindern in Grundschulen in der Region Oldenburg-Ostfriesland», das als Teil reformorientierter Projekte an die Universität Oldenburg gebunden ist und vom Kultusministerium unterstützt wird. Im Rahmen dieses Reformprojekts erarbeiten Grundschulen der Region Konzepte zum praktischen Lernen und beziehen die Einrichtung von Lernwerkstätten mit in ihre Entwicklung ein.

Die Mitarbeit in den Lernwerkstätten erfolgt fast ausnahmslos ehrenamtlich. Nur in einigen Fällen stehen Anrechnungsstunden zur Verfügung, die aber nicht an die Einrichtung von Lernwerkstätten gebunden sind, sondern an die Entwicklung pädagogischer Schulprofile oder an andere Innovationen.

Die Finanzierung der Lernwerkstätten erfolgt überwiegend aus Spenden, Mitgliedsbeiträgen, Haushalten der Schulen oder privaten Mitteln. In einigen Fällen erfolgt eine Unterstützung durch die Schulträger. Lediglich das Projekt «Lesebus» wird personell (3 abgeordnete Lehrkräfte) und finanziell vom Land Niedersachsen und der Stiftung Lesen e. V unterstützt.

Perspektiven

Gegenwärtig werden im niedersächsischen Kultusministerium die im Rahmen der Bestandsaufnahme «Lernwerkstätten in Niedersachsen» eingegangenen Berichte ausgewertet und weitere Unterstützungsmaßnahmen erörtert. Im Vordergrund steht dabei die Entwicklung einer dauerhaften Zusammenarbeit auf Landesebene.

Literatur

Ernst, Karin: Lernwerkstätten – Regionale Zentren für die innere Schulreform. In: päd. extra & demokratische erziehung, Mai 1990, S. 6.

Wittenbruch, Wilhelm: Lernwerkstätten: Die Grundschule braucht lernende Lehrerinnen und Lehrer. In: Grundschule 6/1992, S. 15 ff.

Adressen und Kurzporträts

Lernwerkstatt Stade
Bahnhofstraße 5, 21682 Stade

Ansprechpartner: Hans Stäcker
Öffnungszeiten: Mittwoch von 15.00 -17.00 Uhr und nach Vereinbarung.
Inhaltliche Schwerpunkte:
- Vorstellung von Materialien für den geöffneten Grundschulunterricht;
- Herstellung von Materialien;
- monatlich einmal Durchführung einer Fortbildungsverstaltung unter dem Motto:» LehrerInnen lernen von LehrerInnen;
- jeden 1. Mittwoch im Monat Gesprächskreis für KollegInnen, die ihre Erfahrungen im veränderten Unterricht austauschen wollen.

Lernwerkstatt zum offenen Unterricht an der Grundschule Bloherfelde
Schramperweg 35, 26129 Oldenburg

Ansprechpartnerin: Christel Woppg

Lernwerkstatt für ganzheitlich-handelndes Lernen im Bereich Sprache
an der Grundschule Upstalsboom
Zum Huxtumer Feld 4-6, 26605 Aurich

Ansprechpartnerin: Almut Richter
Öffnungszeiten: Montag, Dienstag, Mittwoch und Freitag vormittags.
Inhaltliche Schwerpunkte:
- Schulung von Basisfähigkeiten im Sinnes- und Motorikbereich;
- Aufbau einer Arbeitshaltung und Entwicklung der Fähigkeit, Arbeitsprozesse selbständig zu organisieren und durchzuführen;
- Schriftspracherwerb ohne Bücher.

Zielgruppe: Zweitkläßler mit Lerndefiziten und/oder Verhaltensauffälligkeiten

Lernwerkstatt Universität Braunschweig/Grundschule Rautheim
Schulstraße, 38126 Braunschweig
Anschrift über
Technische Universität Braunschweig, Seminar für Unterrichtswissenschaft
Lernwerkstatt, Bultenweg 74-75, 38106 Braunschweig

Ansprechpartnerin: Anke Niebuhr
Öffnungszeiten: Mittwochs von 15.00 – 17.00 Uhr und nach Vereinbarung.
Inhaltliche Schwerpunkte:
- Herstellen von Arbeitsmaterialien;
- Durchführung pädagogischer Konferenzen;
- Begleitung und Durchführung von Projekten, Workshops;
- Gestaltung von Seminaren in der Lehrerausbildung.

Zielgruppen: Kinder, StudentInnen, LehrerInnen , WissenschaftlerInnen

Lernwerkstatt Grundschule Aurich-Sandhorst
Eheweg, 26607 Aurich

Lernwerkstatt-Initiative Stöberkiste
Orientierungsstufe Möörkenschule
Eichendorffstraße 25, 26789 Leer-Loga

Ansprechpartnerin: Konrektorin Alida Baumann

Lernwerkstatt der IGS Hannover-Linden
Am Lindener Berge 11, 30449 Hannover

Lernwerkstatt «Freiarbeit» Sek. I an der Robert-Bosch-Gesamtschule
Richthofenstraße 37, 31137 Hildesheim

Ansprechpartnerinnen: Anna Dinges, Karin Gragert

Lernwerkstatt-Initiative Grundschule Adensen
Adenoyser Straße 1, 31171 Nordstemmen

Lernwerkstatt-Initiative Halbtagsgrundschule Barnten
Landesstraße 35, 31171 Nordstemmen, Tel. 05066 - 2226

Ansprechpartner: Ernst Baumgarten
Öffnungszeiten: Nach Vereinbarung; offizielle Eröffnung der Werkstatt im Februar 1994.
Inhaltliche Schwerpunkte:
- Umwelterziehung und Schulgarten;
- Sachunterricht;
- Text-, Mathematik-Werkstatt;
- Spiele.

Zielgruppen: Kinder, Eltern, LehrerInnen

Regionale Lernbörse Orientierungsstufe Hameln-Süd
Hermannstraße 9, 31785 Hameln

Mobile Lernwerkstatt GEW Kreisverband Celle und Soltau-Fallingbostel
Freudenthalstraße 18, 29614 Soltau, Tel. 05191 - 4643

AnsprechpartnerInnen: Hermann Schulze, Petra Voigt
Öffnungszeiten: Keine, da keine festen Räumlichkeiten vorhanden sind.
Inhaltliche Schwerpunkte:
- Lehrerfortbildung überwiegend im Rahmen der regionalen Fortbildung , gewerkschaftlicher Seminare und Pädagogischer Klausurtagungen in Schulen mit Themenangeboten zur Veränderung des Unterrichtsalltages (Offener Unterricht, Freiarbeit, «Wie entwickle ich offenere Lernformen?»);
- mobiles Lernwerkstattangebot (Material für Freiarbeit, Wochenplan, Schreibwerkstatt,...)

Zielgruppe: LehrerInnen aller Schulformen

Freinet-Lernwerkstattinitiative im B.I.F.F. e.V. Braunschweig
Borsigstraße 3 W-3300 38126 Braunschweig, Tel. 0531 - 690521

Ansprechpartnerin: Ilonka Schipper

Der Lesebus
Krausenstraße 54, 30171 Hannover, Tel. 0511 - 8091850

Universität Hildesheim
Lernwerkstatt Grundschule (im Aufbau)
Marienburger Platz 22, 31141 Hildesheim,

Ansprechpartner: Prof. Dr. Horst Schaub

weitere wichtige Adressen:

Tagungshaus ‚Wilde Rose' Altenmelle
Borgholzhausener Str. 75, 49324 Melle, Tel. 05422 – 44610

Ansprechpartnerin: Barbara Daiber

Dokumat Universität Hannover
Fachbereich Erziehungswissenschaften I
Bismarckstraße 2 , 30173 Hannover, Tel. 0511 – 807 8315

AnsprechpartnerInnen: Hildegard Segna, Günter Tegtmeyer
Öffnungszeiten: Abhängig von der Semesterplanung. Im Wintersemester 93/94 montags und donnerstag von 13.30 – 17.00 Uhr; dienstags und freitags von 11.00 – 13.00 Uhr.
Inhaltliche Schwerpunkte:
- Bereitstellung von Unterrichtsmaterialien (ca. 10 000 Materialien);
- Organisation und Durchführung von Fortbildungsveranstaltungen (Kompaktseminare, Vorträge/Diskussionsrunden);
- Beratung bei Unterrichtsvorhaben, Projekten, schulinternen Fortbildungen;
- Erstellen von Bibliographien zu ausgewählten Themen.

Zielgruppen: StudentInnen, ReferendarInnen, LehrerInnen

Lernwerkstätten in Nordrhein-Westfalen

Angela Bolland

Länderbericht

Einleitendes

Ein Länderbericht über die Lernwerkstätten in Nordrhein-Westfalen mag auf den ersten Blick den Anschein von Zusammengehörigkeit und Verbindung erwecken – bedauerlicherweise ist dies nicht so.

Von den dreizehn zur Zeit existierenden Lernwerkstätten bzw. Initiativen in Nordrhein-Westfalen sind sieben an Gesamthochschulen bzw. Universitäten angebunden, die anderen sechs sind private Lehrer–Initiativen bzw. Vereine, die an Schulen angesiedelt sind. Eine Lernwerkstatt, die direkt einem Lehrerfortbildungs-Institut angehört, gibt es in Nordrhein-Westfalen nicht.

Nahezu alle der Einrichtungen lassen sich durch ein entferntes Miteinander kennzeichnen; sie verbindet bisher keine gemeinsame Planung oder Strategie.

Dies ist nicht spezifisch für Nordrhein-Westfalen; vielmehr spiegeln sich hier einige der bundesweit und darüberhinaus bekannten Probleme von Lernwerkstätten wider:

● *die fehlende regionale Vernetzung:*
In Nordrhein-Westfalen arbeiten die Lernwerkstätten in der Regel nebeneinander statt miteinander. Vielfach ist sogar die Existenz anderer Lernwerkstätten in umliegenden Städten unbekannt.

● *der gleichzeitige Zerfall und Neuaufbau von Lernwerkstätten in der Region:*
Während die Lernwerkstatt im Fachbereich Physik der Universität Essen im Oktober 1993 die Einstellung ihrer Arbeit bekanntgab, die Lernwerkstätten an der Universität Wuppertal, Bochum und Unna zwar räumlich noch existieren, ihr Fortbestand jedoch fraglich – weil stellenmäßig nicht abgesichert – ist, sollen neue Initiativen gegründet werden: eine sogenannte «Bio-Lernwerkstatt» in Münster und eine Initiative «ELSA» für die zweite Phase der Lehrerausbildung an der Universität-Gesamthochschule Essen.

● *die Überstrapazierung des Mode-Begriffs «Lernwerkstatt»:*
Die geplanten Initiativen in Essen und Münster arbeiten zur Zeit an ihrem Aufbau und einer pädagogischen Konzeption. Die Intention, die hinter ihrer Planung steht, ihre Arbeitsschwerpunkte und was sie mit den bestehenden Lernwerkstätten im Bereich Schulentwicklung verbindet, bleibt ungewiß. Eine Initiative an der Universität Dortmund soll schon seit längerem existieren, doch hat es seit dem ersten Lernwerkstatt-Treffen 1988 keine Rückmeldung aus Dortmund mehr gegeben.

Nicht nur als Bezeichnung für verschiedenste Lernorte der Lehrerbildung wird der Werkstattbegriff verwendet; aufgrund seiner Attraktivität und Werbewirksamkeit finden wir ihn im allgemeinen Erwachsenenbildungsangebot, in VHS-Programmen, Zeitungsannoncen und Frauenveranstaltungskalendern wieder.

● *die geringe Kontaktbereitschaft und die mangelnde inhaltliche Kooperation:*
Gängige Formen der Kontaktaufnahme sind die Zusendung von Programmen, und Telefonate bzw. Einladungen zu außerordentlichen Veranstaltungen. Häufig sind diese *Kontakte von einseitigem Interesse*, z. B. in Form von Anfragen neuer Initiativen in der Orientierungsphase, bei Existenzproblemen oder zwecks Hilfestellung bei der Konzeptionserstellung. In Wuppertal habe ich auf eigene Anfragen in meiner Anfangszeit keine Rückmeldung erhalten, habe jedoch später die Unterstützung neuer Initiativen auch nicht in ausreichendem Maß sicherstellen können, da die geringe Stundenkapazität dies nicht zuließ. Meine Einladung zu Besuchen oder Hospitationen wurde hingegen wenig in Anspruch genommen.

Entstehungsgeschichtliches

Zu den ältesten Werkstätten in Nordrhein-Westfalen gehören die *Lernwerkstätten in Wuppertal.* Erste Kontakte liefen über das *«Bundestreffen der Freinet-PädagogInnen 1984»*. Auf dem *«Grundschultreffen '85»*, einer primarstufenbezogenen Abspaltung der Freinet-Bundestreffen, wurde das «Entdekkende Lernen in Lernwerkstätten» vorgestellt. TeilnehmerInnen waren u. a Jenny Wieneke und Karin Ernst aus Berlin, Herbert Hagstedt aus Kassel, Lotte Busch aus Hamburg, die heute noch aktiv die Lernwerkstatt-Bewegung tragen.

Bekannte Persönlichkeiten aus der *Freinet-Bewegung*, wie Rolf Wagner, Sepp Kasper und Walter Hövel, versuchten, die Idee der Lernwerkstätten den zunächst skeptischen Freinet-Anhängern vorzustellen und setzten sich für ihre Umsetzung in Hochschulen in Nordrhein-Westfalen ein. Über Lehraufträge von engagierten Freinet-LehrerInnen an den Gesamthochschulen in

Essen, Wuppertal, Köln und Münster wurde die Idee der Werkstätten verbreitet.

Die initiierende Wirkung dieser ersten Werkstätten auf die Lernwerkstatt-Bewegung und ihre chronologische Entstehung in Nordrhein-Westfalen ist heute nicht mehr im Detail nachvollziehbar.

Eine eigenständige Gründungsgeschichte hat die Grundschulwerkstatt *Münster-Gievenbeck*, die auch zu einer der ersten Werkstätten in Nordrhein-Westfalen zählt. Bekanntgeworden durch das Grundschulprojekt Gievenbeck diente die Werkstatt zunächst dazu, den großen Besucherandrang durch Ausstellungen über die Unterrichtspraxis von den Schulklassen fernzuhalten. Die Werkstatt hat bereits 1988/89 den Anschluß zu anderen entstehenden Lernwerkstätten gesucht.

Anbindung und Förderung von Lernwerkstätten

Bei mehr als der Hälfte aller Lernwerkstätten in Nordrhein-Westfalen, d. h. in Bielefeld, Münster, Paderborn, Siegen, Wuppertal, Dortmund und demnächst in Essen, ist eine *Gesamthochschul-Anbindung* die Grundlage der Arbeit der Lernwerkstätten. Durch Forschungsprojekt-Anträge ist an der Universität-Gesamthochschule Wuppertal eine befristete Projektstelle von der Robert-Bosch-Stiftung finanziert worden.

Auch an den Hochschulen entstanden die Einrichtungen auf Initiative von unten, d. h. von Studierenden bzw. vom Mittelbau, mit Unterstützung von oben, d. h. von einzelnen Professoren. Die Unterstützung durch die Fachbereiche, denen sie angegliedert sind, ist in vielen Fällen unzureichend für eine weitere Förderung.

Lernwerkstätten an Schulen bzw. in freier Trägerschaft existieren in Bochum, Köln, Münster-Gievenbeck, Unna, Werl und Wuppertal. Letztere ist eine Werkstatt, die nebenberuflich von LehrerInnen geleitet wird und lediglich «Einnahmen» über Lehrerfortbildungshonorare erwirtschaftet, die zum Teil gespendet werden. Die Einrichtungen in Bochum, Unna und Köln arbeiten mit Hilfe von Vereinsgeldern, Projektbeantragungen und AB–Maßnahmen, welche jeweils nach Ablauf einen Mitarbeiterwechsel erforderlich machen. In Bochum ist die letzte ABM nicht bewilligt worden, in Unna läuft die ABM im Dezember 1993 aus.

Die *Kontinuität der Arbeit* und die langfristige Weiterexistenz ist weder in den Hochschulen, noch in Schulen gesichert, da es sich bei den Lernwerkstatt–Stellen in Nordrhein-Westfalen – wenn überhaupt – um *befristete, oft nicht verlängerbare Arbeitsverhältnisse* handelt.

Arbeitsschwerpunkte der Lernwerkstätten

Die folgende Skizzierung charakteristischer Arbeitsschwerpunkte der Lernwerkstätten in Nordrhein-Westfalen sollte als ein Versuch verstanden werden. Sie beansprucht weder allgemeine Gültigkeit noch Vollständigkeit, sondern hat ihren Zweck erfüllt, wenn sie Neugier bei den Lesenden für die konkrete Arbeit der Werkstätten wecken kann. Detaillierte Angaben aus der Sicht der einzelnen Einrichtungen sind den «Adressen und Kurzportraits» zu entnehmen.

Der inhaltlich «kleinste gemeinsame Nenner», welcher sich in den Selbstdarstellungen aller Lernwerkstätten wiederfinden läßt, wie z. B. die Suche nach neuen Lehr- und Lernformen, die Schaffung von räumlicher Atmosphäre, die Bereitstellung von Materialien, die Einrichtung von «Offenen Türen», werden im folgenden als allgemeingültig vorausgesetzt und nicht für jede Werkstatt einzeln aufgeführt (vgl. BOHNENKAMP 1993, S. 153-196).

Versucht man eine Gruppierung der inhaltlichen Spezifizierungen vorzunehmen so mag eine Zweiteilung der Lernwerkstätten in Nordrhein-Westfalen aufgrund der bereits genannten, vorwiegenden Funktion entweder für die *Lehrerausbildung* oder für die *Lehrerfortbildung* gerechtfertigt erscheinen. Den Unterschieden in der Arbeitsweise und der Zielrichtung der Werkstätten bei gleicher Anbindung soll im folgenden Rechnung getragen werden. Die chronologische Reihenfolge bezieht sich auf die Entstehung der Lernwerkstätten einerseits im Schul- andererseits im Hochschulbereich.

Lehrerfortbildungsfunktion von Lernwerkstätten

Lernwerkstatt der Freinet-Lehrerinitiative Wuppertal

Der Schwerpunkt der *ersten* Lernwerkstatt in Wuppertal, der *selbstorganisierten Freinet–Lehrergruppe*, ist das themenbezogene Arbeiten zu selbstgewählten, aktuell den Schulalltag betreffenden Bereichen, die für die Teilnehmenden effektiv und nützlich sind, z. B. «Neue Umgangsweisen bei Gewalt in der Schule» und «Licht und Schatten im fächerübergreifenden Unterricht».

Daneben werden in Zusammenarbeit mit der Lernwerkstatt der Universität Lehrerfortbildungen über das Schulamt der Stadt Wuppertal angeboten, die, angelehnt an das freinet'sche Selbstverwaltungsprinzip, die teilnehmenden LehrerInnen selbst zum *aktiven Mitgestalten* der Veranstaltung auffordern. Jährlich werden Freinet-Fortbildungswochen der Humanistischen Union vorbereitet und mitorganisiert.

Ausländische Analphabetinnen drucken in der Lernwerkstatt Wuppertal

Grundschulwerkstatt Münster-Gievenbeck

Die Werkstatt befindet sich an einer Grundschule, die durch die Umsetzung von Binnendifferenzierung, Wochenplanarbeit, Freiarbeit und handlungsorientiertem Lernen im Unterricht bekanntgeworden ist. Dr. Jörg Ramseger u. a. haben hier das «Grundschulprojekt Ganztagsgrundschule Gievenbeck» durchgeführt. Unter der Leitung der Lehrerin Gertraud Greiling sollte die Grundschulwerkstatt als Anlaufstelle für Besucher dienen, um anhand der ausgestellten, im Unterricht erarbeiteten Materialien einen Einblick in die Arbeitsweise zu geben. Träger der Einrichtung ist der «Förderverein Grundschulprojekt Gievenbeck e. V.».

Seit August 1990 wird in Gievenbeck lokale Lehrerfortbildung nach dem «Grundkonzept des simulativen, erfahrungsbezogenen Lernens» angeboten (GREILING). Die Grundschulwerkstatt arbeitet an einer aktiven, fächer- und jahrgangsübergreifenden Unterrichtsmaterial-Sammlung, die in der Schule eingesetzt wird. Die Arbeit wird hauptsächlich von LehrerInnen getragen, die gleichzeitig an der Schule unterrichten. Daneben gab es zwei ABM-Kräfte, Lisa Göbel und Josef Ferling, die die Arbeit betreuten. Seit kurzem ist Gabriele Senarclens de Grancy die neue Mitarbeiterin in der Lernwerkstatt.

Lernwerkstatt der «Freinet-Cooperative Revier e.V.» in Bochum

Aufgrund des Engagements von Angelika von Amern wurde die Arbeit der Lernwerkstatt «im Revier» aufgebaut. Sie dient insbesondere Freinet-Aktiven als Treffpunkt und als gemeinsamer Arbeitsraum. Hier werden regelmäßig internationale Freinet-Treffen vorbereitet und an Wochenenden themenspezifische Workshops angeboten.

Neben offenen Lehrerfortbildungsangeboten gab es unter der Leitung von Sabine Mentgen themenorientierte «Reviertage», die jedoch momentan wegen fehlender Lernwerkstatt-Leitung und der Nichtbewilligung der letzten ABM nicht angeboten werden können.

Lernwerkstatt Gievenbeck

Von der Robert-Bosch-Stiftung ist die Finanzierung eines Projekts zum naturwissenschaftlich-entdeckenden Lernen zugesichert worden, welches in Zusammenarbeit mit dem Schulbauernhof Recklinghausen durchgeführt werden soll.

In Bochum treffen sich weiterhin regelmäßig eine Grundschul- und eine SonderschullehrerInnengruppe, die selbstorganisiert nach gruppeneigenen Bedürfnissen ihre Arbeit an Nachmittagen oder Wochenenden festlegen (Wagner, 1988). Zu der derzeitigen stellenmäßigen Unsicherheit kommen in Bochum akute Probleme mit den Räumlichkeiten wegen wiederholten Einbruchs. Die Lernwerkstatt sucht deshalb im Ruhrgebiet nach neuen Räumen.

Freinet-Lernwerkstatt Köln

Die Lernwerkstatt hat ihre Arbeit bisher auf internationalen Freinet-Treffen ausgestellt, war jedoch bei den alljährlichen bundesweiten Fachtagungen noch nicht vertreten.

Die Lernwerkstatt befindet sich an einer Grundschule, die vermutlich inzwischen ihre Umbenennung zur Freinet-Schule erreicht hat. Es finden hier Vorbereitungen für Freinet-Treffen sowie «jours fixes» und themenbezogene Ateliers statt. Lehrerfortbildungen werden über das Schulamt der Stadt Köln angeboten. Die Arbeit mit Computern in der Grundschule ist ein Schwerpunkt (KASPER/HOFF).

Lernwerkstatt «PrIMA e.V.» in Unna

Die Lernwerkstatt «PrIMA», namentlich die Abkürzung für «Projekte, Ideen, Materialien, Ausstellungen» befindet sich im Schulzentrum Nord und plant die Unterstützung von regionalen Schulprojekten. Eine Sammlung von themenspezifisch zusammengestellten Materialkisten kann von LehrerInnen für Unterrichts-Projekte entliehen werden (THELEN, 1991). Gelegentlich werden Fortbildungsveranstaltungen durchgeführt. Nachdem die Lernwerkstatt bisher durch staatliche Förderung über das Konzept «Gestaltung von Schulleben und Öffnung von Schule» und über Landeszuschüsse sowie durch Beitragszahlungen finanziell abgesichert war, ist für das Jahr 1994 noch keine Weiterfinanzierung der ABM in Aussicht.

Lernwerkstatt der Paul-Gerhard-Schule in Werl

«Aktiv-entdeckendes, soziales Erwachsenenlernen» ist die Intention der Lernwerkstatt in Werl (DÖTTLING, 1992, S. 43). Die LehrerInnen sollen hier die Gelegenheit bekommen, offene Unterrichtsformen selbst zu erleben. Auf dem Grundschultag der GEW '92 zum Thema «neues entdecken» war die Werkstatt in Wuppertal mit einer Ausstellung vertreten. Die weitere Existenz ist seit November '93 durch eine Lehrer-Abordnung zunächst gesichert.

Ausbildungsfunktion von Lernwerkstätten

Lernwerkstatt an der Universität-Gesamthochschule Wuppertal

Die erste Lernwerkstatt an einer Gesamthochschule in Nordrhein-Westfalen wurde von Ulrike Bornheim, wissenschaftliche Mitarbeiterin bei Prof. Dr. E.-W. Kleber aufgebaut. Im Sommersemester 1988 fanden die ersten Lernwerkstatt-Seminare statt. Ulrikes Teilnahme an der ersten Fachtagung 1988 in Kassel und an Workshops zum entdeckenden Lernen in Berlin haben der Arbeit in Wuppertal ihre inhaltliche Ausrichtung gegeben.

Im Versuch, diese Tradition aufzugreifen, habe ich als Ulrikes Nachfolgerin zum einen an der Veränderung der Seminarpraxis im Hinblick auf ein hohes Maß an Selbstverantwortung für einen entdeckenden Lernprozeß und dessen Reflexion gearbeitet. Zum anderen war die Initiierung von Schulkontakten und das Aufrechterhalten der Zusammenarbeit mit der Lernwerkstatt der Freinet-LehrerInnen mein Anliegen, um einen größeren schulpraktischen Bezug in Form von Lehrer-Studenten-Seminaren und Schulprojekten gewährleisten zu können (näheres siehe BOLLAND 1993, S. 17 ff.).

Seit Ablauf der Stelle ist die weitere Existenz dieser Lernwerkstatt fraglich. Zur Zeit ist eine studentische Hilfskraft von Prof. Kleber mit der Betreuung des Raumes beauftragt. Möglicherweise soll die Werkstatt von dem zukünftigen Leiter des «Instituts für Schulentwicklung und Lehrerbildung» mitbetreut werden.

Zur Zeit finden Seminare zu Montessori-Pädagogik, Erstlesen und -schreiben und «Spielend lernen – Spiel oder Arbeit» statt. Aussagen von StudentInnen sowie die neue Raumgestaltung lassen eine Wegentwicklung von werkstattmäßigem Arbeiten hin zur hochschultypischen Seminarpraxis vermuten.

Lehrer und Studentinnen besprechen Schulprojekte in LWW

Lernwerkstatt an der Gesamthochschule-Universität Siegen

Initiiert vom Zentrum für Lehre und Forschung unter der Leitung von Dr. Henning Schüler arbeitet diese Lernwerkstatt an einer praxisbezogeneren Ausbildung für PrimarstufenlehrerInnen. Die Verknüpfung der drei Phasen der Lehrerbildung ist ein besonderes Anliegen. Binnendifferenzierung im Unterricht sowie Freinet- und Montessori-Pädagogik werden werkstattmäßig erfahrbar gemacht.

Mit dem Ruf von Prof. Dr. Hans Brügelmann nach Siegen wird die Lernwerkstatt weitere Themenbereiche in ihre Arbeit aufnehmen, z. B. Neues zum Schriftspracherwerb, zur Mathematik–Didaktik und zum fächerübergreifenden Anfangsunterricht. Dem Theorie–Praxis–Transfer innerhalb der Lehrerausbildung in Form von Zusammenarbeit mit LehrerInnen wird besondere Bedeutung beigemessen.

Lernwerkstatt-Initiative der Gesamthochschule-Universität Paderborn

Aufgrund des Interesses von Frau Prof. Dr. Annedore Prengel entstand die Idee, in Paderborn eine Lernwerkstatt einzurichten. Unter der Leitung der studentischen Hilfskraft Christina Kuttig, die regelmäßig auf Fachtagungen und durch Besuche in anderen Lernwerkstätten Kontakte aufrechterhält und eigenes Interesse am Ansatz des Entdeckenden Lernens hat, entwickelte sich eine studentische Initiative «Studierende lernen von Studierenden» sowie der Schwerpunkt Theaterarbeit/Textil/Kunst in Form von Wochenendseminaren (vgl. 1993 KUTTIG). Es gibt intensive Bemühungen um die Einrichtung einer Stelle für die Leitung der Lernwerkstatt .

Lernwerkstatt des Instituts für Schul- und Unterrichtsforschung der Universität Münster

Dieses Projekt zum Thema «Reflexives Lernen» ist zwar der Universität Münster angegliedert, arbeitet aber nicht mit Studierenden, sondern mit LehrerInnen in Zusammenarbeit mit dem Institut für Lehrerfortbildung in Essen. Die Arbeit findet nicht – wie üblicherweise – in einem eigens dafür eingerichteten Raum statt, sondern das «mobile Berater-Team» kommt auf Anfrage zu Lehrerfortbildungen und begleitet Hospitationen in Grundschulklassen (WITTENBRUCH 1992, S. 18).

Lernwerkstatt der Gesamthochschule-Universität Bielefeld

Im Gegensatz zu anderen Lernwerkstätten an Hochschulen ist die Ausrichtung auf theoretische Kenntnis, das Erlernen wissenschaftlichen Arbeitens und die praktische Durchführung von Unterrichtsbeobachtung in der Lehrerausbildung das Ziel. Die Werkstatt verfügt über einen Material–Sammelraum und feierte im WS 1992/93 ihre Einweihung (VGL. RÖBER-SIEKMEYER 1992).

Vernetzung und Kooperation von Lernwerkstätten in Nordrhein-Westfalen

Seit 1988 gibt es in Nordrhein-Westfalen Lernwerkstätten im Bereich der Lehreraus- und -fortbildung. Die Idee, die dahintersteckt, ist eine Veränderung der bisherigen Lehrerbildung im Sinne einer praxisorientierteren ersten Ausbildungsphase (vgl. HAGSTEDT 1992, S. 138) und eines «Beratungs- und Betreuungsangebots mit Werkstatt–Charakter» (ERNST 1990, S. 8) für die zweite und dritte Phase.

Warum überhaupt Kooperation?

Den Aspekt der Kooperation möchte ich anhand der folgenden Fragen zum Schluß näher beleuchten:

- Warum und in welcher Weise ist Vernetzung oder sogar inhaltliche Kooperation überhaupt sinnvoll?
- Wie sollte eine Zusammenarbeit von Werkstätten gestaltet sein, um effektiven Nutzen zu erzielen?
- Welche Aspekte sprechen gegen Kooperation, was macht sie so schwierig?
- Welche Art von Kooperation könnte einzelne Gruppen, z. B. LehrerInnen, interessieren?

Das *Voneinander- und Miteinanderlernen in selbstorganisierten Lernsituationen* ist eines der wichtigsten Prinzipien von Lernwerkstattarbeit. Auf den verschiedenen Ebenen der Lehreraus- und -fortbildung, der Arbeit mit SchülerInnen sowie deren Verknüpfung wird diese Lernweise angestrebt bzw. umgesetzt.

«Auch die verschiedenen Lernwerkstätten lernen am besten mit– und voneinander... Dieses Wachstum entspricht auch am ehesten der Idee eines selbstorganisierten Lernens» (BRÜGELMANN 1993, S. 48). In der Praxis wird diese Lernweise – bezogen auf die Werkstätten untereinander – noch nicht flächendeckend umgesetzt.

Kennzeichen für Lernwerkstätten als *schulreformerische Initiativen «von unten»* sind freie Organisationsformen und ein geringer Institutionalisierungsgrad. Dies hat den Vorteil von Basisnähe und unkomplizierter Umgangsweise, aber den Nachteil, daß durch die Eigenständigkeit (e. V., Privatinitiativen) keine regelmäßigen finanziellen Zuwendungen zur Verfügung stehen und eine hohe Fluktuation der MitarbeiterInnen die Kontinuität der inhaltlichen Arbeit gefährdet.

Diskontinuität widerspricht der Zielsetzung, eine stabilisierende Einrichtung für «Schulentwicklung von unten» zu schaffen. In der Struktur der Werkstatt-Organisationsform liegen oftmals die Gründe, die eine Zusammenarbeit im Alltag zusätzlich erschweren. Dennoch gilt es im eigenen Interesse, dieser Ausgangssituation der Instabilität mit ihren Vor- und Nachteilen gerecht zu werden.

«Wenn die Entwicklung zu einer gemeinsamen Kraft werden soll, sind Erfahrungsaustausch und Vernetzung, eine Verständigung über bildungspolitische Ziele und der Versuch einer möglichst soliden institutionellen Verankerung vonnöten» (Garlichs 1992, S. 42).

Mögliche Ansätze und erste Schritte zur Vernetzung und Kooperation

Die separat und isoliert arbeitenden Werkstätten in Nordrhein-Westfalen sind in ihrem Bestand leicht zu gefährden, was sich an der Kurzlebigkeit trotz großen persönlichen Engagements ablesen läßt.

Es könnte durchaus sinnvolle Formen der Zusammenarbeit geben, z. B. über die Gemeinsamkeit der Trägerschaft, über die regionale Zugehörigkeit und die räumliche Anbindung an Institutionen. Ebenso könnten benachbarte Werkstätten an Hochschule und Schule zwecks Theorie-Praxis-Transfer die Zusammenarbeit aufnehmen.

Erst wenn der Sinn, die Chance und der Nutzen von Kooperation und Solidarität erkannt werden, wenn jede Lernwerkstatt sich selbstkritisch auf ihre Kooperationsversuche hin überprüfen und den notwendigen Eigenanteil ernstnehmen würde, könnten neue Schritte aufeinander zu gemacht werden.

Die Entwicklung der notwendigen Stabilität muß über den Weg der Vernetzung der Werkstätten laufen, um in Zukunft gemeinsame Strategien, z. B. bezüglich Projektbeantragung oder Stellenabsicherung, entwickeln zu können.

Eine Kooperation auf Bundesebene könnte auf einer funktionsfähigen regionalen Vernetzung aufbauen.

Bezogen auf die in Nordrhein-Westfalen beispielsweise noch unentwickelte «Forschungsfunktion von Lernwerkstätten» (vgl. HAGSTEDT 1992, S. 139) könnte eine Kooperation der Hochschul-Lernwerkstätten in Nordrhein-Westfalen und der Ausbau von Kontakten zu reforminteressierten Schulen weitere Ansätze für alternative Grundschulforschung ermöglichen. Lernwerkstätten haben nicht nur die Möglichkeit, sondern auch «die Aufgabe, ein kritisches Korrektiv zur konventionellen Evaluationspraxis zu setzen. Gemeinsam mit den Kooperationsschulen und den selbstforschenden Lehrern müssen spezifische Evaluationsformen entwickelt werden, die den Veränderungen in den Grundschulen gerecht werden» (HAGSTEDT 1992, S. 142). Diese Arbeit ist in Kooperation möglicherweise leichter zu bewältigen.

Beispiele für eine gute regionale Zusammenarbeit und Vernetzung der Werkstätten gibt es in anderen Bundesländern.

Literatur

BOHNENKAMP, ALBRECHT: Selbstdarstellung der Lernwerkstätten; in: BOLLAND: Lernwerkstätten – Orte der Reform von Lehren und Lernen. Dokumentation der 5. bundesweiten Fachtagung der Lernwerkstätten. Wuppertal 1993, S. 153–196.

BOLLAND, ANGELA (Hrsg.): Lernwerkstätten – Orte der Reform von Lehren und Lernen. Dokumentation der 5. bundesweiten Fachtagung der Lernwerkstätten, Wuppertal 1993.

BOLLAND, ANGELA: Konzeptionsgedanken zu den Wuppertaler Lernwerkstätten. Unveröffentlichtes Manuskript, Wuppertal 1991.

BOLLAND, ANGELA: Zwischenbericht der Lernwerkstatt an der Universität Wuppertal. Unveröffentlichtes Manuskript, Wuppertal 1991.

BRÜGELMANN, HANS: Lokale Zentren leben von der Initiative der Lehrer. In: betrifft erziehung, 5. Jg, Heft 9, S. 19–22 .

BRÜGELMANN, HANS: Lehrling oder SchülerIn? Lernwerkstätten als alternative Formen pädagogischer Erfahrung. In: Bolland: Lernwerkstätten – Orte der Reform von Lehren und Lernen, S. 39–49.

DÖTTLING, ANNELIE: Lernwerkstatt als notwendige Konsequenz. In: Grundschule 6/1992, S. 43.

ERNST, KARIN: Das Einfache, das schwer zu machen ist – Erwachsene lernen «wie Kinder». In: Die Grundschulzeitschrift Heft 35, Juni 1990, S. 29–32.

ERNST, KARIN: Lernwerkstätten – regionale Zentren für innere Schulreform. In päd. extra & demokratische erziehung, Heft 3/1990.

ERNST, KARIN/PUHAN-SCHULZ, BARBARA: Fortbildung vor Ort – oder: wie wir ein Lehrerzentrum gründen. Weinheim/Basel 1990.

ERNST, KARIN: Wie lernt man Offenen Unterricht? Erfahrungen aus der Lernwerkstatt an der TU–Berlin. In: Pädagogik, Heft 6, 1988, S. 14 ff.

GARLICHS, ARIANE: Auf dem Weg zu Lernwerkstätten. In: Die Grundschulzeitschrift 59/1992, S. 38–42.

GARLICHS, ARIANE: Die Idee der Lernwerkstätten. Einführungsreferat anläßlich der 1. Fachtagung «Lernwerkstätten als regionale Zentren für die innere Schulreform» an der Gesamthochschule Kassel, Oktober 1988.

GARLICHS, ARIANE: Skizze zu einem grundschulpädagogischen Labor. Unveröffentlichtes Manuskript, Kassel, November 1981.

GREILING, GERTRAUD: Grundschulwerkstatt Gievenbeck. Unveröffentlichtes Manuskript.

Grundschulwerkstatt Gievenbeck. In: päd. extra, Nov. 1988.

HAGSTEDT, HERBERT: Welche Möglichkeiten der Kooperation gibt es zwischen Hochschule und Grundschulen in der Region? In: Wittenbruch/Möller (Hrsg.): Primarstufen-Lehrerbildung an Universitäten. Hamburg 1992, S. 138–152.

HAGSTEDT, HERBERT: Brauchen Lernwerkstätten ein didaktisches Kabinett? In: BOLLAND: Lernwerkstätten – Orte der Reform von Lehren und Lernen. Wuppertal 1993, S. 33–37.

HAGSTEDT, HERBERT: Lernwerkstätten – freie Arbeit für Erwachsene. In: Die Grundschulzeitschrift, Sonderheft: «Lernwerkstätten als Experimentierfelder für veränderte Lernformen» Frankfurt 1989.

HAGSTEDT, HERBERT: Lernwerkstätten – neue Lebensräume für LehrerInnen? In: päd extra & demokratische erziehung Heft 3/1990, S. 5 ff.

HÖVEL, WALTER/PREIN, WALTER: ... daß wir in Schule das verändern sollten, was veränderbar ist. In: päd. extra, März 1991, S. 12–12.

KASPER, JOSEF/ HOFF, KLAUS: Kölner Lernwerkstatt – der Treffpunkt für Lehrerinnen und Lehrer. Unveröfffentlichtes Manuskript.

KUTTIG, CHRISTINA: Ein Bericht aus der Lernwerkstatt Paderborn. Unveröffentlichtes Manuskript.

RÖBER–SIEKMEYER, CHRISTA: Die Lernwerkstatt Bielefeld. Unveröffentlichtes Manuskript, Bielefeld 1992.

SENARCLENS DE GRANCY, GABRIELE: Grundschulwerkstatt Münster Gievenbeck. In: Die Grundschulzeitschrift 58/1992, S. 39.

THELEN, WOLFGANG: Zwischenbericht der Lernwerkstatt PrIMA e.V. Unveröffentlichtes Manuskript, Unna 1991.

WAGNER, ROLF: Konzept der Lernwerkstatt der Freinet-Cooperative Revier e.V. Unveröffentlichtes Manuskript, Essen 1988.

WITTENBRUCH, WILHELM: Lernwerkstätten: Die Grundschule braucht lernende Lehrerinnen und Lehrer! In: Grundschule 6/1992, S. 15–18.

Adressen und Kurzportäts

Lernwerkstatt (im Aufbau)
an der Universität/Gesamthochschule Paderborn
Fachbereich II, Erziehungswissenschaften
Warburger Straße 100, 33098 Paderborn, Tel. 05251 – 602940

AnsprechpartnerInnen: Prof. Dr. A. Prengel, Christina Kuttig, Evelyn Geisler
Öffnungszeiten:
Noch keine festgelegt, da kein fester Raum als Lernwerkstatt eingerichtet ist.
Inhaltliche Schwerpunkte:
- Ausgehend von der Theaterpädagogik haben sich in der Lernwerkstattarbeit zu den Gebieten Kunst/Textil, Musik und Bewegung, Sprache und Körpersprache thematische Schwerpunkte herausgebildet wie Lernen mit allen Sinnen, Puppenbau/-spiel, Maskenbau/-spiel, Zaubern, Instrumentebau, Ausdruckstanz, typische Körpersprache, Schriften u.a..

Zielgruppe: StudentInnen

Universität Bielefeld
Lernwerkstatt an der Fakultät für Pädagogik
Postfach 1000131, 33501 Bielefeld , Tel 0541 – 85151

Ansprechpartnerin: Christa Röber-Siekmeyer

Bergische Universität und Gesamthochschule Wuppertal
Lernwerkstatt im Fachbereich 3
Gauss-Straße 20, 42097 Wuppertal, Tel. 0202 – 439-3361 2313

AnsprechpartnerInnen: Prof. Dr. E.W. Kleber, Frau Aalili
Öffnungszeiten: Abhängig von den Seminarzeiten, jedoch auch außerhalb der Seminarzeiten für StudentInnen zugänglich.
Inhaltliche Schwerpunkte:
- Erfahrungsraum für StudentInnen beim offenen, ganzheitlichen und entdeckenden Lernen;
- Lesen- und Schreibenlernen durch das Schreiben eigener Texte;
- Spielend lernen – «Spiel oder Arbeit»
- Dokumentation.

Zielgruppe: StudentInnen

Essener Lernwerkstatt für Schule und Ausbildung
(ELSA) Universität Essen, Fachbereich 2
Universitätsstraße 2, 45117 Essen, Tel. 0201 – 183-2244

Ansprechpartnerin: Prof. Dr. Beatrix Lumer-Henneböle
Öffnungszeit: Die Lernwerkstatt befindet sich in der Aufbauphase. Sie wird regelmäßig einen Tag in der Woche geöffnet sein.

Inhaltliche Schwerpunktsetzung:
- Die Lernwerkstatt stellt ein hochschuldidaktisches Medium dar, mit dem wissenschaftstheoretische und fachwissenschaftliche Inhalte und Zusammenhänge veranschaulicht und erfahrbar gemacht werden;
- Durchführung handlungsorientierter Seminare und Übungen;
- Begleitung schulpraktischer Studien;
- Herstellen von Kontakten zwischen Hochschule und Schule, Ausbildungsseminaren und Schulverwaltung.

Zielgruppen: StudentInnen, LehrerInnen

Grundschulwerkstatt
Zentrum für Forschung und Lehre für die Primarstufe
Universität–Gesamthochschule Siegen
Adolf-Reichwein-Straße, 57076 Siegen, Tel. 0271 – 740 4716

AnsprechpartnerInnen: Dr. Hennig Schüler, Hilde Hegener-Sperling
Öffnungszeiten: Während der Vorlesungszeiten montags bis freitags von 8.00 – 16.00 Uhr; in der vorlesungsfreien Zeit nach Absprache.
Inhaltliche Schwerpunkte:
- Durchführung von Seminaren, Workshops, Übungen und Projekten zum Zwecke der Einübung der Studierenden in
- die Arbeit mit der Schuldruckerei;
- den Umgang mit dem Montessori–Material;
- den Gebrauch von Lehr-/Lernmitteln für die Freiarbeit (besonders für den Sprach- und Sachunterricht;
- die Entwicklung eigener didaktischer Materialien für die Freiarbeit.

Zielgruppe: StudentInnen des Lehramtes für die Primarstufe, LehrerInnen, ReferendarInnen

Lernwerkstatt an der Westfälischen Wilhelms-Universität Münster
Institut für Schul- und Unterrichtsforschung
Bispinghof 5/6, 48143 Münster, Fax: 0251 – 83 9265

Ansprechpartner: Prof. Dr. Wilhelm Wittenbruch
Öffnungszeiten: Mobile Lernwerkstatt kommt auf Anforderung zu Grundschulkollegien in NRW.
Inhaltliche Schwerpunkte:
- Das Team «Reflexives Lernen» stellt sich als «Mobile Lernwerkstatt» zur Werkstattarbeit mit Grundschulkollegien zur Verfügung;
- für die jeweilige Veranstaltung (Lernwerkstatt) wird ein Programm entwickelt und vor Ort durchgeführt;
- für die Lernwerkstatt werden entsprechende Materialien zur Verfügung gestellt.

Zielgruppe: GrundschullehrerInnen

Lernwerkstatt Wuppertal /LehrerInnen-Initiative Schule für Erziehungshilfe
Wilkhausstraße 131, 42105 Wuppertal

AnsprechpartnerInnen: Angela Bolland, Ewald Schlimbach

Grundschulwerkstatt Gievenbeck
Appelbreistiege 40, 48149 Münster, Tel. 0251 – 86 38 71

Ansprechpartnerin: Gabriele Senarclens de Grancy
Öffnungszeiten:
Montag und Donnerstag: 14.00 – 16.00 Uhr ; ansonsten nach Vereinbarung.
Inhaltliche Schwerpunkte:
- Präsentation von im Offenen Unterricht erprobten Materialien;
- Herstellen und Entwickeln von Arbeitsmitteln;
- Beratung, Hilfestellung im Hinblick auf Veränderung (Öffnung) von Unterricht;
- Fortbildungen im Auftrag des Schulamtes Münster.

Zielgruppen: GrundschullehrerInnen, LehramtsanwärterInnen

Lernwerkstatt Paul-Gerhard-Schule
Paul-Gerhard-Str. 6, 59457 Werl, Tel. 02922 – 800274

Lernwerkstatt der Freinet-Cooperative Revier
Alte Wittener Str. 19, 44803 Bochum-Laer, Tel. 0234 – 36 07 92

Kölner Lernwerkstatt der Freinet-Cooperative
Dagobertstraße 79, 50668 Köln, Tel. 0221 – 221 955 4

Lernwerkstatt PrIMA e.V.
Berliner Allee 5, 59425 Unna, Tel. 02303 – 103 413

Ansprechpartner: Helmut Papenberg
Öffnungszeiten: Bisher Dienstag und Mittwoch von 16.00 – 19.00 Uhr. Ab Januar 1994 ungewiß.
Inhaltliche Schwerpunkte:
- Ausleihe von Unterrichtsmaterialien , Materialkisten zu bestimmten Unterrichtsthemen (30 sind vorrätig);
- gelegentliche Durchführung von Fortbildungsveranstaltungen.

Zielgruppe: LehrerInnen

Schulwerkstatt des Instituts für Schulentwicklungsforschung der Universität Dortmund
Postfach 50 05 00, 44205 Dortmund, Tel. 50 0231 – 13 88 00

Lernwerkstätten in Rheinland-Pfalz

Dieter Lambrich, Cäcilie Daumen

Länderbericht

Anknüpfungen

Die Entwicklung von Lernwerkstätten in Rheinland-Pfalz läßt wie in anderen Bundesländern vielfältige Anknüpfungspunkte und Entwicklungslinien in der bereits gestalteten Schulpraxis erkennen. Sie verbindet sich auch hier mit programmatischen Leitbegriffen wie: Schuldruckerei, Werkunterricht, «learning by doing», Schulgarten, Freilandarbeit, Entdeckendes Lernen, handlungsorientierter Unterricht mit erweiterten (offenen) Lernformen wie Freiarbeit, Projekt- und Wochenplanarbeit, Stationen-Lernen (‚circuit training'), praktisches Lernen mit Kopf, Herz und Hand, Museumspädagogische Werkstatt, ästhetische Erziehung, Lehr(kunst)-Werkstatt, ‚gute' Schule, Schulentwicklung durch Selbstorganisation und -regulierung. Für alle diese Leitbegriffe lassen sich auch in Rheinland-Pfalz praktische Beispiele anführen. Gemeinsam ist allen das Paradigma des unmittelbaren, handelnden Bezuges zum Leben, die Akzentuierung der Erfahrung durch eigenes Tun in größtmöglicher Selbständigkeit, die aktive Auseinandersetzung und zunehmende Beteiligung der Lernenden am Prozeß des Lebens, die Grundorientierung am Werdegang als Lehrgang sowie am Können durch Einüben, Anwenden, Einstudieren, Erproben, Wiederholen, Trainieren von Fertigkeiten und Fähigkeiten.

Entwicklungsstand

Gemäß der Vielfalt der Anknüpfungspunkte und Entwicklungslinien entwikkeln sich die Lernwerkstätten in der Schullandschaft von Rheinland-Pfalz eher in Richtung auf einen «Mischwald», als auf eine «Monokultur» hin.

Lernwerkstätten in Klassenräumen

So finden sich gegenwärtig Lernwerkstätten in Schulklassen für SchülerInnen und lernende LehrerInnen außerhalb der Unterrichtszeit (vor allem in Grundschulen, z. B. im Kontext des Modellversuchs «Lern- und Spielschule» oder an der Grundschule in Trier-Euren; eine Zahlenangabe ist z. Zt. nicht möglich). Sie sind im Sinne einer «anregenden Lernumgebung» gestaltet. In diesen Lernwerkstätten wird mit und für Schüler gearbeitet, d. h. die Aufgaben- und Materialangebote für selbstgesteuertes Lernen werden für Schüler einer bestimmten Klassenstufe konzipiert. Hierbei werden auch die LehrerInnen der jeweiligen Schule oder der Region sowie Eltern einbezogen.

Lernwerkstätten an Schulen

Lernwerkstätten finden sich in Außenstellen des Pädagogischen Zentrums Bad Kreuznach (so in der Hauptschule des Schulzentrums Karthause in Koblenz) oder in Schulen (z. B. in der Grundschule Rüdesheim oder in der Hauptschule ‚Am Römerkastell' in Bad Kreuznach). Auch Letztere werden vom Pädagogischen Zentrum personell und materiell unterstützt. Die inhaltlichen Schwerpunkte ergeben sich aus den Wünschen und Bedürfnissen der teilnehmenden LehrerInnen. Im Mittelpunkt der Arbeit stehen Fragen und die Herstellung von Materialien zu offenen Unterrichtsformen sowie der Erfahrungsaustausch. Bemerkenswert ist, daß sich die Lernwerkstattarbeit des Pädagogischen Zentrums bereits auf die Sekundarstufe erstreckt und hier auch LehrerInnen aus der Realschule und dem Gymnasium einbezieht.

Lernwerkstätten in der Lehrerfortbildung

Lernwerkstätten finden sich auch in den Räumen der Fortbildungsinstitute des Landes. Das (katholische) Institut für Lehrerfortbildung (ILF) hat seit März 1993 eine Lernwerkstatt in

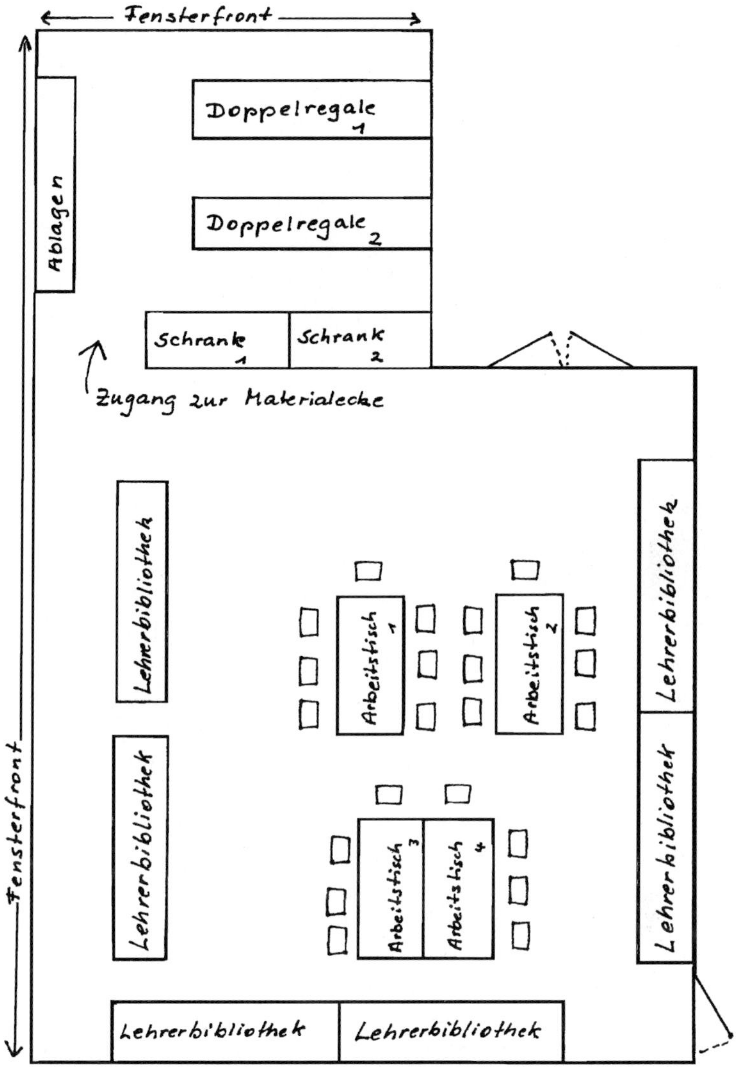

Der sehr große Raum ist eigentlich die Lehrerbibliothek, die bei der Einrichtung der Lernwerkstatt mit Arbeitstischen bestückt wurde.
Darüber hinaus wurde eine abgeschlossene Materialecke eingerichtet.
In der Doppelregalen (im Aufbau) sind Arbeitsmaterialien ausgelegt und werden Rohmaterialien gesammelt.
Die Lehrerbibliothek wird «lernwerkstattgerecht» ergänzt.

Raumskizze Lernwerkstatt Bad Kreuznach – Hauptschule Römerkastell

den eigenen Räumen in Mainz eingerichtet. Hier sind vielfältige Materialien zum Anfangsunterricht in Deutsch, Mathematik und Sachunterricht sowie pädagogische Fachzeitschriften eingestellt. Die Werkstatt-BesucherInnen treffen sich donnerstags von 15.00 – 18.00 Uhr zum Erfahrungs- und Gedankenaustausch sowie zur Materialherstellung und befassen sich mit vorher vereinbarten Themen zum Anfangsunterricht in der Grundschule.

Nach Jahren des mobilen Einsatzes von verschiedenen Lernwerkstätten bei Veranstaltungen in verschiedenen Landesteilen von Rheinland-Pfalz entstand ebenfalls zu Beginn des Jahres 1993 auch im Gebäude des Staatlichen Instituts für Lehrerfort- und -weiterbildung (SIL) in Speyer eine Lernwerkstatt mit angrenzendem «Didaktischen Magazin» und einem Seminarraum für Teilnehmergruppen bis zu 50 Personen. Diese wurde Anfang Juni 1993 zunächst mit Grund- und SonderschullehrerInnen aus Speyer und näherer Umgebung eröffnet. Inzwischen haben in der Lernwerkstatt des SIL Speyer auch Referendare des neu gegründeten Studienseminars für das Lehramt an Sonderschulen aus Kaiserslautern sowie InteressentInnen von einem benachbarten Gymnasium in Speyer gearbeitet. Die didaktische Konzeption dieser Lernwerkstatt entwickelte sich aus der Orientierung an drei pädagogischen Leitsätzen aus drei Jahrhunderten:

- *«Vergleiche nie ein Kind mit dem anderen, sondern immer nur mit sich selbst»* (PESTALOZZI).
- *«Das pädagogische Problem in der Gestaltung der Schule liegt in der Verschiedenheit der Köpfe»* (HERBART).
- *«Die Sachen klären, den Menschen stärken – das ist Aufgabe der Schule»* (V. HENTIG).

Im Sinne der Entsprechung zu diesen Leitsätzen ergeben sich für die Strukturierung der Lernwerkstatt des SIL Speyer nachfolgende Gestaltungsprinzipien:

- Aufhebung der Vergleichbarkeit dessen, was sich Lernende durch zieldifferentes Arbeiten zu gleicher Zeit im gleichen Raum aneignen;
- Verschiedenheit der Angebote, Aktivitäten und Aneignungsmöglichkeiten für verschiedene Personen zu gleicher Zeit im gleichen Raum;
- Klärung von Sachen und Gestaltung von eigenen Erfahrungsmöglichkeiten in nach Wahrnehmungsfeldern, Methoden und Funktionen differenzierten Arbeitsbereichen in gleichem Raum zu gleicher Zeit.

Die hierfür gestaltete Lernlandschaft weist eine didaktische Strukturierung auf, die es den teilnehmenden LehrerInnen ermöglicht, in fünf Arbeitsbereichen einem gemeinsam vereinbarten Thema bzw. Erfahrungsfeld auf der Ebene der Wahrnehmung, der methodisch geleiteten Auseinandersetzung sowie der funktionalen Gestaltung auf den Grund zu gehen. Mit den LehrerInnen aus Grund- und Sonderschulen in Speyer und Umgebung erfolgte für die Arbeit in der Lernwerkstatt zunächst die Verständigung auf den integrativen Sachunterricht der Primarstufe, der sich nach Erfahrungsbereichen aus dem und für das Leben der Kinder strukturiert wie: Licht, Luft, Wasser, Pflanzen, Tiere, Mensch, Zeit oder Landschaft. Der Umgang mit und in den jeweiligen Erfahrungsbereichen erfolgt in der Lernwerkstatt daher jeweils wahrnehmend (schmeckend, fühlend, sehend, hörend, riechend), methodisch geleitet (entdeckend, untersuchend, sprechend, beobachtend, messend, experimentierend) sowie funktional gestaltet (d. h. spielend, bauend, lesend, schreibend, rechnend, gestaltend, erfindend).

In den fünf Arbeitsbereichen (-ecken) der Lernwerkstatt kann somit jeder Erfahrungsbereich des Sachunterrichts auf 18fach verschiedene Weise erschlossen und zieldifferentes Arbeiten durch Methodendifferenzierung realisiert werden.

Z. Zt. arbeitet diese LehrerInnengruppe in der Lernwerkstatt an den gemeinsam festgelegten Erfahrungsbereichen ‚Zeit‘ und ‚Landschaft‘. Hierzu werden Erfahrungen ausgetauscht, Aufgaben und Materialien gesammelt und neue entwickelt, die für die Kinder in den jeweiligen Klassen sowie für die teilnehmenden LehrerInnen selbst von persönlicher Bedeutung sind. Im Zeitraum eines Schuljahres soll versucht werden, möglichst viele der Erfahrungsbereiche aus dem Sachunterricht, in den Lesen, Schreiben, Rechnen, Gestalten sowie Spielen und Bauen integriert sind, auf handlungsorientierte, schulart- und klassenstufenübergreifende Weise zu erschließen und methodisch zu klären.

Die Lernwerkstatt des SIL in Speyer wird z. Zt. als Modell-Einrichtung für strukturierte Klassenräume und die Lehrkunst des zieldifferenten Arbeitens durch Methodendifferenzierung für die lokale Lehrerfortbildung genutzt. Sie versteht sich als Gegenentwurf zur herkömmlichen referenten- bzw. vortragsorientierten Fortbildungsarbeit. Die TeilnehmerInnen treffen sich jeweils am

1. und 3. Donnerstag eines Monats von 15.00 – 18.00 Uhr für die Dauer eines Schuljahres. Mit den InteressentInnen aus dem benachbarten Gymnasium in Speyer ist jeweils der 2. und 4. Dienstag eines Monats von 14.30 – 17.00 Uhr vereinbart. Mit ihnen wird im Sinne des fächerübergreifenden Projektunterrichts in Form der Selbsterfahrung gearbeitet.

Lernwerkstätten in der Lehrerausbildung

Das neu gegründete Studienseminar für das Lehramt an Sonderschulen in Kaiserslautern hat auf der Grundlage der Selbsterfahrung sämtlicher Referendare und Referendarinnen in der Lernwerkstatt des SIL in Speyer inzwischen mit dem Aufbau einer eigenen Lernwerkstatt im Rahmen des Vorbereitungsdienstes begonnen. In einigen Fachseminaren wird bereits in Werkstattform, d. h. im Sinne des Stationen-Lernens gearbeitet. MitarbeiterInnen des Studienseminars sind auch in der Werkstattarbeit des SIL tätig, d. h. aus der Lernwerkstatt-Entwicklung hat sich eine wirkungsvolle Zusammenarbeit zwischen Studienseminar und SIL ergeben.

Auch an der Universität Koblenz–Landau, Abteilung Landau, wird z. Zt. im Fachbereich Erziehungswissenschaften, Institut für Grundschulpädagogik, eine Lernwerkstatt für Studierende geplant. Im Rahmen der Praktikumsbetreuung findet die Lernwerkstatt-Entwicklung in Grundschulen konstruktive Unterstützung.

Tendenzen der weiteren Entwicklung

Tendenzen für weitere Entwicklungen zeichnen sich bereits konkret in den SIL-Häusern in Boppard mit den Schwerpunkten «Schulentwicklung» und «Fremdsprachen»; in Saarburg mit den Schwerpunkten «Theater-Werkstatt» und «Spielpädagogik» sowie in Oberwesel zur Verkehrserziehung ab. Die Lernwerkstatt des SIL in Speyer wird 1994 eine Erweiterung um einen gestaltpädagogischen Schwerpunkt erhalten, der auch in mehrtägigen landesweiten Veranstaltungen berücksichtigt wird. Zudem wird die Arbeit in der Lernwerkstatt in Speyer auch für die Differenzierung im fächerübergreifenden Projektunterricht sowie im Deutsch- und Mathematikunterricht mit Lehrkräften aus Sonderschulen des Landes im Rahmen mehrtägiger Veranstaltungen genutzt. Das SIL wird damit die Lernwerkstattarbeit auf lokaler, regionaler und landesweiter Ebene der Lehrerfortbildung realisieren.

Das Pädagogische Zentrum Bad Kreuznach plant die Gründung weiterer Lernwerkstätten an den Außenstellen des PZ sowie die Unterstützung der Schulen, die eine entsprechende Initiative bekunden.

Blick in die Lernwerkstatt im PZ, Koblenz

Das Studienseminar für das Lehramt an Sonderschulen in Kaiserslautern will seine Lernwerkstatt auch für ReferendarInnen und FachleiterInnen anderer Lehrämter sowie auch für die Lehrerfortbildung in der Region Kaiserslautern öffnen.

Die Entwicklung von Lernwerkstätten in und an Schulen, in der Lehrerfort- und -ausbildung steht in Rheinland-Pfalz sicher noch in den Anfängen. Solange sie Orte der Begegnung und Beratung, der Kommunikation, Kooperation und des kollegialen Erfahrungsaustauschs, Sammelstellen von Ideen, Anregungen, Vorschlägen und Vorhaben, von Unterrichtswerken, Materialien und Publikationen sowie Stätten der Entwicklung bzw. Herstellung von persönlich bedeutsamen Aufgaben und Materialien sind und bleiben, solange werden sie ansteckend wirken und sich zu hoffnungsvollen Einrichtungen für reformpädagogische Überlegungen und Innovationen von innen heraus im Bildungswesen von Rheinland-Pfalz gestalten. Aus den jeweiligen Erfahrungen wird sich die weitere Entwicklung in Richtung auf «Mischwald» statt «Monokultur» ergeben und den Prozeß der Erosion des einmal Erreichten verzögern oder beschleunigen. Mit der Akzeptanz der Lernwerkstattarbeit wird die Hoffnung wachsen, daß aus der «Klassen-Schule» mehr und mehr Erfahrungsräume für persönlich bedeutsames und verantwortetes Lernen werden können.

Adressen und Kurzporträts

Lernwerkstatt-Initiative Staatl. Institut für Lehrerfortbildung Haus Boppard
Rheinalle 23, 56154 Boppard

Ansprechpartnerin: Gisela Seidel

Lernwerkstatt des Staatlichen Studienseminars
für das Lehramt an Sonderschulen
Mainzer Straße 8, 67657 Kaiserslautern, Tel. 0631 – 696061

AnsprechpartnerInnen: Renate Drumm, Hiltrud Gehrlein-Bischoff
Inhaltliche Schwerpunkte:
- Entwicklung von Offenem Unterricht;
- Lernen in Stationen.

Zielgruppen: Referendare für das Lehramt an Sonder- sowie Grund- und Hauptschulen, später für alle Lehrämter in Kaiserslautern

Lernwerkstatt des Pädagogischen Zentrums
– Außenstelle Koblenz -
Gothaer Straße 23, 56075 Koblenz, Tel. 0261 – 53467

AnsprechpartnerInnen: H.- Roland Hebel, Gerhard Vierbuchen, Edeltraud Zipfel
Öffnungszeiten: Donnerstags von 9.00 – 12.00 und 14.00 – 16.00 Uhr und nach Vereinbarung.
Inhaltliche Schwerpunkte:
- Materialbörse insbesondere für die Gestaltung offener Unterrichtsarbeit;
- Materialerstellung und -weiterentwicklung;
- Erfahrungsaustausch und Kommunikation;
- Innovationsagentur.

Zielgruppe: Vorrangig LehrerInnen aus dem Sekundarbereich

Lernwerkstatt des Instituts für Grundschulpädagogik
Universität Koblenz/Landau
Abt. Landau
Im Ford 7, 76829 Landau, Tel. 06341 – 280 221/140

AnsprechpartnerInnen: Gerhard Hauge, Anette Ernst
Öffnungszeiten: Dienstag: 14.00 – 16.00; Mittwoch: 12.00 – 14.00 Uhr;
Donnerstag: 16.00 – 18.00 Uhr
Inhaltliche Schwerpunkte:
- Beratung zu Fragen des geöffneten Unterrichts;
- Entwicklung von Lernmaterialien für die freie Arbeit;
- Erarbeitung von Sinnesmaterialien für die ganzheitliche Förderarbeit;
- Durchführung von Wochenend-Erfahrungswerkstattseminaren.

Zielgruppen: Studierende, LehramtsanwärterInnen, LehrerInnen

Lernwerkstatt in Kooperation zwischen HS Am Römerkastell und Pädagogischem Zentrum Bad Kreuznach
Heidenmauer 12, 55543 Bad Kreuznach, Tel. 0671 – 72041

AnsprechpartnerInnen:
Frau Zipfel (PZ), Herr Hebel (PZ), Herr Walter und Herr Dhonau (HS Römerkastell)
Öffnungszeiten: 1 x monatlich nach Vereinbarung
Inhaltliche Schwerpunkte:
- Einstiegsfragen zur offenen Unterrichtsarbeit;
- Kennenlernen und Erarbeiten von Unterrichtsmaterial;
- Erfahrungsaustausch und Kommunikation;
- Wochenplanentwicklung, Lernen an Situationen.

Zielgruppe: Vorrangig LehrerInnen aus dem Sekundarbereich, z. Z. noch Hauptschule, später erfolgt eine Erweiterung.

Lernwerkstatt an der Grundschule Rüdesheim
Schulstraße, 55593 Rüdesheim
in Kooperation mit dem
Päd. Zentrum des Landes Rheinland-Pfalz
Europaplatz 7-9, 55543 Bad-Kreuznach.

AnsprechpartnerInnen: Barbara Hallermann (PZ), Rüdiger Melzer (PZ), Eberhard Velten (GS Rüdesheim)
Öffnungszeiten: 1. Montag im Monat von 14.30 – 18.00 Uhr
Inhaltliche Schwerpunkte:
- Erfahrungsaustausch zur Auseinandersetzung mit offenen Unterrichtsformen;
- Weiterentwickeln der eigenen Unterrichtsformen in kleinen Schritten;
- Kennenlernen und Ausprobieren von Arbeitsmitteln;
- Diskussion aktueller Probleme schulischen Alltags.

Zielgruppe: LehrerInnen

Lernwerkstatt am Institut für Lehrerfort- und -weiterbildung
Markt 19, 55116 Mainz, Tel. 06131 – 284521

Ansprechpartner: Rainer Schanz
Öffnungszeiten: Donnerstags von 15.00 – 18.00 Uhr
Inhaltliche Schwerpunkte:
- Anfangsunterricht in der Grundschule;
- Formen offenen Unterrichts;
- Spiele im Anfangsunterricht;

Zielgruppe: LehrerInnen an Grundschulen im Großraum Mainz

SIL Haus Saarburg/ Staatliches Institut für Lehrerfortbildung Speyer
Blümchenfeld 13-15, 54439 Saarburg, Tel. 06581 – 6005

Ansprechpartnerinnen: Ute Eva Jacenis, Ursula Forster

Öffnungszeiten: Nach Vereinbarung
Inhaltliche Schwerpunkte:
- Schultheater;
- Spielpädagogik;
- unterrichtspraktische Beratung.

Zielgruppen: LehrerInnen aller Schularten, Pädagogische Fachkräfte in Schulen

Staatliches Institut für Lehrerfortbildung
des Landes Rheinland -Pfalz
Lernwerkstatt
Butenschönstraße 2, 67346 Speyer, Tel. 06232 – 659121

AnsprechpartnerInnen: Cäcilie Daumen, Dr. Dieter Lambrich
Öffnungszeiten:
1. und 3. Donnerstag im Monat von 15.00 – 18.00 Uhr;
2. und 3. Dienstag im Monat von 14.30 – 17.00 Uhr;
mehrtägige Workshops, landesweit.
Inhaltliche Schwerpunkte:
- Erfahrungsberich des Sachunterrichtes in der Primarstufe mit gestaltpädagogischen Akzenten für Grund- und SonderschullehrerInnen der Stadt Speyer und Umgebung;
- fächerübergreifender Projektunterricht in der Orientierungsstufe des Gymnasiums in Speyer;
- Workshop: Orte der Phantasie für LehrerInnen aller Schularten und -stufen des Landes zum Thema: Schule der glücklichen Kinder.

Zielgruppe: LehrerInnen aller Schularten

Lernwerkstätten im Saarland

Albert Bier

Die Entwicklung der Grundschulwerkstatt Saarbrücken

– ein persönlicher Erfahrungsbericht –

Gründung der Grundschulwerkstatt: Lehrerinnen und Lehrer nehmen ihre Fortbildung selbst in die Hand

Herbst 1985 – Die Voraussetzungen im Saarland waren günstig, die Zeit war reif zur Gründung einer Grundschulwerkstatt in Saarbrücken:

● Es war zu erwarten, daß der neue Kultusminister Diether Breitenbach neue Richtlinien herausgeben werde, in denen individuelle Förderung in einem offenen Unterricht einen hohen Stellenwert hat. (Diese Richtlinien wurden auf der Grundlage der nordrhein-westfälischen Richtlinien inzwischen erarbeitet und traten zum Schuljahr 1987/88 in Kraft.)

● Die für die Grundschulen im Saarland zuständigen Lehrerverbände (SLLV und GEW) hatten schon seit mehreren Jahren Wettbewerbe zur schülerfreundlichen Gestaltung von Klassenräumen durchgeführt, angeregt durch einen entsprechenden bundesweiten Wettbewerb des Arbeitskreises Grundschule e. V. Durch diese Wettbewerbe verwandelten sich immer mehr Klassenräume in anregungsreiche Lernlandschaften mit motivierenden Lernangeboten.

Als damaliger Vorsitzender der Fachgruppe Grund- und Hauptschulen der GEW war mir klar: In dieser Situation hat es wenig Sinn, Forderungen zu stellen. Jetzt müssen Lehrerinnen und Lehrer den Unterricht öffnen, offenen Unterricht selbst praktizieren. Dazu brauchen sie praktische Hilfen und einen an der Praxis orientierten Erfahrungsaustausch. Theoretische Referate helfen hier wenig.

Im Herbst 1985 beschlossen wir in einer Sitzung des Fachgruppenausschusses der GEW nach eingehender Diskussion, unsere Fortbildung selbst zu organisieren und dazu die Grundschulwerkstatt Saarbrücken mit dem Ziel zu gründen, sie an das staatliche Fortbildungsinstitut anzubinden.

Wir begannen sofort mit der Arbeit. Da wir weder Räume noch Geld zur Verfügung hatten, traf sich die «Grundschulwerkstatt» alle vier Wochen mittwochs nachmittags in einem Klassenraum einer Kollegin bzw. eines Kollegen. Jeder brachte seinen «Sack» mit Anregungen, Materialien und Problemen mit. Wir tauschten Erfahrungen und Materialien aus, begutachteten Lernangebote zum offenen Unterricht, berieten uns gegenseitig, stellten Materialien selbst her ...

In einer Freinet-Klasse informierten wir uns über freies Schreiben und lernten drucken. In einer Montessori-Klasse lernten wir eine Fülle von Materialien zur freien Arbeit kennen und informierten uns über die Organisation von Freiarbeit bei Maria Montessori. In dieser Klasse las ich zum erstenmal zwei Zitate von Maria Montessori, die heute in meiner Grundschulwerkstatt als Motto an der Tür hängen: «Der beste Lehrmeister sind die Dinge» und «Hilf mir, es selbst zu tun».

Unsere Grundschulwerkstatt-Treffs sprachen sich herum. Oft waren wir über dreißig LehrerInnen aus dem ganzen Saarland, alle auf dem Weg zum offenen Unterricht, alle erfreut darüber, ihre Fortbildung selbst organisieren zu können. Manche wünschten sich schon damals; so etwas wohnortnäher an der eigenen Schule oder im Bezirk zu haben – Wünsche, die inzwischen in einigen Fällen schon Wirklichkeit geworden sind.

Ab Herbst 1988: Die Grundschulwerkstatt Saarbrücken im Landesinstitut für Pädagogik und Medien

Zu Beginn des Schuljahres 1988/89 wurde ich mit ganzer Stelle an das Landesinstitut für Pädagogik und Medien (LPM) abgeordnet. Als Mitarbeiter im Bereich Primarstufe konnte ich nun die Grundschulwerkstatt auch räumlich aufbauen und ihr Angebot ausbauen. Mit drei Umzugskartons voller Materialien fuhr ich vor und richtete mich ein. Obwohl die Raumfrage bis heute nicht optimal gelöst ist – ich habe einen Raum von der Größe eines Klassensaals –, ergaben sich jedoch jetzt ganz andere Möglichkeiten. Mit ganzer Arbeitskraft und einem zufriedenstellenden Etat machte ich mich an die Arbeit, meine Ideen von offener Fortbildung für einen offenen Unterricht in die Tat umzusetzen:

Einerseits behielt ich die in der Anfangsphase bewährte «Werkstatt-Arbeit» bei und baute sie aus. Andererseits suchte ich zu den Themen, die Lehrerinnen und Lehrer wünschten, aber auch, um auf dem neuesten Stand der Grundschulpädagogik zu bleiben, ReferentInnen, bei denen Theorie und Praxis «paßten». Die dabei gewonnenen neuen Einsichten bereitete ich dann so auf, daß sie in der Grundschulwerkstatt zu selbstbestimmter Fortbildung zur Verfügung standen. Außerdem suchte ich saarländische Kolleginnen und Kollegen als MitarbeiterInnen zu den entsprechenden Themen, damit ich diese öfter und flexibler anbieten konnte, z. B. bei Pädagogischen Tagen.

Hier ein Beispiel zur Verdeutlichung:

Kolleginnen und Kollegen beklagten sich immer wieder über Disziplinprobleme bei ihren Versuchen, Unterricht zu öffnen. Angeregt durch den Band 60 des Arbeitskreises Grundschule «Kinder finden zu sich selbst. Disziplin, Stille und Erfahrung im Unterricht» machte ich mich auf ReferentInnensuche und wurde fündig: 1989 und 1990 führten Gabriele Faust-Siehl und Uta Wallaschek, Mitherausgeberinnen des bei Diesterweg erschienenen Bändchens «Mit Kindern Stille entdecken», mit jeweils rund 40 saarländischen Lehrerinnen und Lehrern Stilleübungen durch und erläuterten den theoretischen Hintergrund dazu. Heute habe ich eine Sammlung von Stilleübungen, Kim-Spielen und Angeboten zur Konzentrations- und Wahrnehmungsschulung, sowie dazugehörige Literatur und bin dabei, mit Hilfe eines Kollegen eine Kartei mit bewährten Übungen und Spielen anzulegen, so daß jede interessierte Kollegin und jeder interessierte Kollege sich selbständig in das Thema einarbeiten und die Übungen in kleinen Gruppen jederzeit ausprobieren kann. Außerdem habe ich mit saarländischen Kolleginnen und Kollegen unter dem Titel «Kinder finden zu sich selbst» ein reichhaltiges Fortbildungsangebot entwickelt, das nicht nur im Programm zu finden ist, sondern auch jederzeit kurzfristig auf Wunsch angeboten werden kann, z. B. an Pädagogischen Tagen.

Weitere mir wichtig erscheinende Schwerpunkte «holte» ich auf dieselbe Art zur selbständigen Bearbeitung in die Grundschulwerkstatt, indem ich praxisorientierte, qualifizierte ReferentInnen einlud:

- Lesen durch Schreiben und Werkstattunterricht (Jürgen Reichen, Basel),
- Lernzirkel oder Stationenlernen (Roland Bauer, Sindelfingen),
- Freies Schreiben, sich frei schreiben (Gerhard Sennlaub und Hans Wünnenberg).

Als nächstes versuche ich, zum freien Schreiben passend, das Thema «Schreibkonferenzen» praxisbezogen anzubieten (Gudrun Spitta).

Die Grundschulwerkstatt kann sich heute bei Bedarf zu jeder Zeit für interessierte Kolleginnen und Kollegen in eine Schreib- und Druckwerkstatt verwandeln, wo eigene Erfahrungen mit freiem Schreiben gesammelt und Umsetzungsmöglichkeiten im Unterricht besprochen werden können.

In Werkstattheften möchte ich dann interessante Ergebnisse der Werkstattarbeit veröffentlichen. In den ersten Werkstattheften sind die Ergebnisse eines Wettbewerbs «Kinder schreiben Bücher», den die Grundschulwerkstatt Saarbrücken zusammen mit dem theaterpädagogischen Zentrum durchführt, veröffentlicht.

Entdeckendes Lernen in der Grundschulwerkstatt Saarbrücken

Als wir 1985 die Grundschulwerkstatt Saarbrücken gründeten, wußten wir nichts von bestehenden Grundschulwerkstätten und der ursprünglichen Konzeption, – dem Workshopcharakter der Lernwerkstätten der ersten Stunde – LehrerInnen Entdeckendes Lernen erfahren zu lassen, um diese Erfahrungen in ihrem Unterricht umzusetzen. Wir gingen Schritt für Schritt unseren eigenen Lernweg in Richtung Öffnung des Unterrichts. Eigene Erfahrungen mit entdeckendem oder natürlichem Lernen konnte ich in kleinerem Umfang erst später bei einem Freinet-Kollegen im Landesinstitut für Pädagogik und Medien machen und dann in größerem Umfang auf dem bundesweiten Lernwerkstatt-Treffen 1992 in Bredbeck zusammen mit meiner saarländischen Kollegin Gudrun Anton. Probleme bereitete es uns schon, uns ganz darauf einzulassen. Innere Widerstände waren zu überwinden (Siehe den Beitrag «Sonnenblumenschwer oder federleicht» von Gudrun Anton in der Dokumentation der 5. bundesweiten Fachtagung «Lernwerkstätten. Orte der Reform für Lehren und Lernen» herausgeg. von A. Bolland, Bremen

1993). Auf der Heimfahrt von Bredbeck ins Saarland beschlossen wir dann: Entdeckendes Lernen wird jetzt auch ein Schwerpunkt der pädagogischen Werkstattarbeit in unseren Grundschulwerkstätten. Unsere Themen müssen wir aber selbst finden. Inzwischen ist klar: Das erste Thema für einen 1 1/2-tägigen Workshop wird «Rund ums Papier» sein, als zweites ist das Thema «Steine» vorgesehen. Wir hoffen, daß die Zeit jetzt im Saarland reif dafür ist.

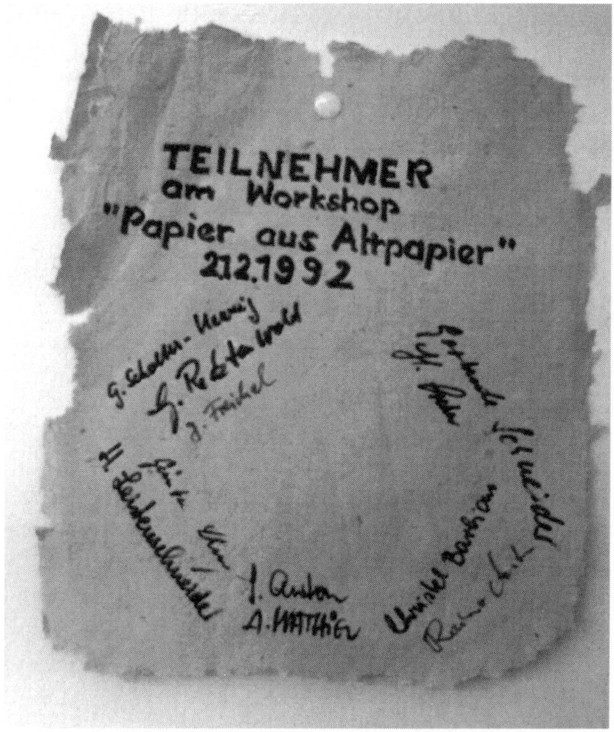

In Fortbildungsveranstaltungen zum Lehrplan Sachunterricht hatten wir schon ab 1990 gewissermaßen als «Hinführung» damit begonnen, Phasen entdeckenden Lernens einzubauen. Zum Schluß ein Erlebnis aus einer solchen Fortbildungsveranstaltung, das für sich spricht:

Entdeckendes Lernen zum Thema «Spinnen» war angesagt. Spinnen waren gefangen in einem Glas vorhanden. Eine Kollegin: «Ich ekle mich vor Spinnen. Da mach ist nicht mit.» Sie ließ sich dann aber doch zögernd darauf ein ... Eine halbe Stunde später plötzlich ein Freudenruf dieser Kollegin: «Das ist ja toll, wie die sich mit den ‚Vorderpfoten' das Wasser aus dem Gesicht putzt.» Die Kollegin hatte eine Spinne über Wasser gehen lassen und sie dann mit einer Lupe beobachtet. Ihre Beziehung zu diesen «ekligen Tieren» hatte sich schlagartig gewandelt, wie sie mir später nochmals bestätigte.

Ja, genau wie jeder Mensch für sich selbst etwas lernen muß (oder es eben nicht lernt), muß man auch Erfahrungen selbst machen – oder man macht sie eben nicht. Lehrerinnen und Lehrer müssen aber oft hart mit ihren eingeschliffenen Gewohnheiten und Ängsten kämpfen, um sie loszulassen und sich auf entdeckendes, natürliches Lernen einzulassen. Deshalb sind solche Erfahrungen in Lernwerkstätten so wichtig.

Zusammenfassender Rück- und Ausblick

Der Aufbau einer Grundschulwerkstatt und die pädagogische Werkstattarbeit in derselben ist ein spannendes Abenteuer, das ich zur Nachahmung nur empfehlen kann. Folgende Punkte halte ich aus meiner persönlichen Erfahrung für wichtig:

● Mit pädagogischer Werkstattarbeit beginnen kann jede Gruppe von Lehrerinnen und Lehrern, die sich entschließt, ihre Fortbildung selbst in die Hand zu nehmen. Man sollte sich dabei nicht von großen Vorbildern entmutigen lassen, sondern den eigenen Weg, von den eigenen Voraussetzungen ausgehend, Schritt für Schritt gehen.

● Pädagogische Werkstattarbeit in einer Grundschulwerkstatt ist wesentlich von der Einstellung und dem Menschenbild aller Beteiligten abhängig: Kooperationsbereitschaft, Teamfähigkeit, Vertrauen und pädagogischer Optimismus, Kreativität und Mut zum selbstbestimmten Lernen sind gefragt.

Eigene Offenheit aller Beteiligten und die Offenheit der Schulaufsicht und des Ministeriums, wie ich es erlebt habe, sind dabei hilfreiche Voraussetzungen.

● Der didaktisch-methodische Ansatz (Organisationsformen offenen Unterrichts und damit zusammenhängende Fragen wie Lernangebote, Lernentwicklungsberichte ...) und der vom natürlichen entdeckenden Lernen ausgehende Ansatz sollten sich ergänzen, nicht ausschließen.

Ebenso kommt es auf die richtige Mischung von pädagogischer Werkstattarbeit und referentenorientierter Fortbildung an. Das oft gestörte Verhältnis zwischen Theorie und Praxis könnte sich hier positiv weiterentwickeln.

Adressen und Kurzporträts

Grundschulwerkstatt am Landesinstitut für Pädagogik und Medien (LPM)
Beethovenstr. 26, 66125 Dudweiler 06897 – 7 90862

Ansprechpartner: Albert Bier
Öffnungszeiten:
Nach Vereinbarung und zur Zeit der geplanten Fortbildungsveranstaltungen.
Inhaltlichen Schwerpunkte:
- Organisationsformen eines Offenen Unterrichts (Werkstattunterricht, Lernzirkel, Tagesplan, Wochenplan, Freiarbeit, Projekte);
- Lernangebote zum selbständigen Arbeiten;
- Lesen durch Schreiben;
- Entdeckendes Lernen;
- Kinder schreiben Bücher.

Zielgruppen: LehrerInnen und Eltern

Grundschulwerkstatt Neunkirchen
LPM-Außenstelle Neunkirchen, Grundschule Bachstraße
Kleiststraße, 66538 Neunkirchen, Tel. 06821 – 23455

AnsprechpartnerInnen: Dr. Heinz Günnewig, Christine Tscheu

Grundschulwerkstatt Dillingen
LPM- Außenstelle Saarlouis
in der Grundschule III – Odilienschule
Böckingstr., 66763 Dillingen, Tel. 06831 – 709317

Ansprechpartner: Georg Kunz, Klaus-Jürgen Seger
Öffnungszeiten: Mittwoch von 15.00 – 18.00 Uhr und nach Vereinbarung.
Inhaltliche Schwerpunkte:
- praktische Fragen zur Veränderung von Unterricht in der Grundschule.

Zielgruppe: LehrerInnen

Grundschulwerkstatt Schwemlingen
LPM – Außenstelle Merzig
an der Grundschule Schwemlingen
Zum Schotzberg 5, 66663 Merzig-Schwemlingen, Tel. 0681 – 3750

AnsprechpartnerInnen: Gudrun Anton, Herbert Dreher
Öffnungszeiten: Mittwoch von 10.00 – 18.00 Uhr und nach Vereinbarung.
Inhaltliche Schwerpunkte:
- Arbeitsgemeinschaften und Fortbildungsveranstaltungen zur Öffnung des Unterrichts;
- Durchführung von Workshops;
- Durchführung von regionaler Fortbildung in Geologie und Biologie (Exkursionen).

Zielgruppen: GrundschullehrerInnen, gezielte Einladungen gehen auch an LehrerInnen anderer Schularten

Lernwerkstätten in Sachsen

Sigrid Voigt

Länderbericht

Die Entwicklung von Lernwerkstätten in Sachsen nahm in Leipzig im Frühjahr 1990 ihren Anfang. Unzufriedenheit mit dem eigenen Lehrerdasein, Neugier auf bisher nicht bekannte Lehr- und Lernformen und die Vorstellung vieler Reformkonzepte auf mehreren Wochenendforen der Initiative Freie Pädagogik in Leipzig hatten den Boden bereitet.

Leipziger GrundschullehrerInnen und ihre damalige Mitarbeiterin für Lehrerfortbildung im Stadtbezirk Mitte begannen nach Schulbesuchen in alten Bundesländern, Fortbildung zu organisieren, die an reformschulpädagogischen Lehr- und Lernformen (Projektunterricht, Kreisgesprächen mit Kindern, Einbeziehung aller Sinne in die Lernangebote, Schule als Lebensraum u. a.) orientiert war. Die Annäherung an solcherart Schule erforderte auch andere Formen der Lehrerfortbildung.

Das gängige Konzept der Kurzbelehrungen über Vorträge von Kapazitäten wurde weitgehend hinfällig, als fehlende Umsetzungskraft, Zweifel, Unverträglichkeit mit Lehrplananforderungen und Widerstände in den LehrerInnen selbst, bei ihren KollegInnen, SchulleiterInnen, Eltern u. a. die mühsam erarbeiteten Einsichten zu blockieren drohten.

Notwendig war es, Mut zu machen, Erfahrungen auszutauschen, Unterrichtsmittel selbst anzufertigen, wo Geld knapp war, Hospitationsfahrten in Reformschulen zu organisieren, selbst in Gruppen zu lernen, andere Raum- und Materialstrukturen zu erfahren, über eigene Lernwege beim entdeckenden Lernen zu reflektieren, um Kinder besser zu verstehen. Diese Art «Fortbildung», auch als LehrerInnenbegleitung, wurde immer wichtiger. Bald trafen sich über 100 LehrerInnen in Arbeitskreisen, wurden Workshops zur offenen Arbeit nach Freinet, nach gestaltpädagogischen Ansätzen und zum entdeckenden Lernen als wichtige Selbsterfahrungsmöglichkeiten genutzt. Als durch die «Abwicklung» aller nicht in altbundesdeutsche Strukturen passenden Einrichtungen auch diese regionale Lehrerfortbildungsstätte geschlossen wurde, erschien in der Leipziger Volkszeitung am 22.2.91 ein Artikel mit dem Titel «Lehrer wollen Lernwerkstatt nicht entbehren», der zunächst keine nennenswerte Resonanz bei öffentlichen Stellen fand.

Nun mußten sich die LehrerInnen mit mir als ihrer arbeitslosen Mitstreiterin in Schulen treffen, um die begonnene gemeinsame Vorbereitung von Projekten fortzusetzen. Gleichzeitig reichte ich das Konzept einer Lernwerkstatt mit Finanzierungsvorschlägen bei allen zuständigen Ämtern ein mit dem Antrag, sie im Rahmen der staatlichen Lehrerfortbildung weiterzuführen. Als freundliches Wohlwollen die einzige Antwort blieb, auf dem 1. Leipziger Grundschultag im Mai 91 aber die über 150 TeilnehmerInnen ihr Interesse an einer Lernwerkstatt in Leipzig bekundeten, mußten wir andere Wege gehen. Der Verein zur Förderung der Bildungsreform in Sachsen e. V. (BRIS) war bereit, zwei ABM-Stellen für die Lernwerkstatt Grundschule zu beantragen. Durch die Unterstützung einer Schulrätin, des Leiters des Schulverwaltungsamtes und der damaligen Schulleiterin konnten wir in der 1. Schule unser Domizil aufschlagen. Im Keller erhielten wir einen Raum (56 qm), daneben einen kleinen Büroraum und den angrenzenden Korridor.

Unter dem Dach des Vereins ist seither eine über die Grenzen von Leipzig hinaus bekannte Lehrerfortbildungsstätte gewachsen, die bis September '93 ein Konzept entwickelte, das auf zwei Säulen aufgebaut ist. Zum einen sollen in Workshops LehrerInnen über das Sammeln und Reflektieren von eigenen Lernerfahrungen zu einem neuen Lernverständnis finden. Zum anderen werden Fortbildungsveranstaltungen zum viel strapazierten Begriff «Öffnung des Unterrichts» angeboten, in denen Fragen zur Freiarbeit, Wochenplanarbeit, zum Projektunterricht, zum Spiel im Unterricht u. v. a. m. besprochen werden. Wichtig dabei war, daß wir immer mehr LehrerInnen gewannen, die ihre ausprobierten Lernarrangements und Materialien vorstellten. «LehrerInnen

lernen miteinander und voneinander» war das sich immer mehr verwirklichende Motto der Lernwerkstatt. Die monatlich stattfindenden Arbeitskreise für jede Klassenstufe ließen das Moment der Begleitung stärker in den Vordergrund treten. Mit ca. 15 Gruppen von manchmal über 20 LehrerInnen waren wir zu Hospitationsfahrten im Bielefelder Raum unterwegs, um uns Reformansätze vor Ort anzusehen und uns mit LehrerInnen sowie SchulleiterInnen intensiv auszutauschen. Daraus sind viele persönliche Verbindungen entstanden, die bis heute anhalten.

Eine weitere, vom Verein BRIS getragene Lernwerkstatt für den Sek. I - Bereich existiert seit 1991 in Leipzig. Aufgrund ihrer Schwerpunktsetzung auf den Sek. I - Bereich gestaltete sich jedoch ihr Aufbau weit komplizierter als bei den Werkstätten, die im Grundschulbereich angesiedelt sind.

Sie bietet nicht nur Fortbildungsveranstaltungen für LehrerInnen an, sondern auch Kurse für Jugendliche, Kinder und Erwachsene. Die Mitarbeit einer Psychologin erweitert die Angebotspalette. Auch diese Werkstatt arbeitet auf der Basis von ABM-Stellen.

In Leipzig gab es eine weitere Initiative, ein regionales Zentrum für Bildung und Begegnung (RZBB) zu errichten, das am Schulverwaltungsamt angebunden war und ebenfalls auf ABM-Basis zwei Jahre neben anderen Aufgaben neue Formen der Lehrerfortbildung in Werkstattart erprobte. Die Leiterin, Frau Dr. Binroth, nahm am Bundestreffen der Lernwerkstätten in Berlin 1991 teil. Ihre Pläne, das RZBB mit dem begonnenen Profil zu erhalten, schienen mit dem Auslaufen der ABM im Sommer 93 zu scheitern. Nach intensiven Bemühungen ist es gelungen, ab dem 1.11.93 zwei neue ABM-Stellen, die an der Volkshochschule angegliedert sind, für die Fortführung der Arbeit zu binden. Die Kolleginnen möchten den begonnenen Weg fortsetzen, über handlungsorientierte Fortbildungsveranstaltungen in Lernwerkstattart, LehrerInnen zu helfen und zu motivieren, ihren Unterricht zu ändern.

Am 12.9.92 wurde in Dresden der Landesverband des Arbeitskreises Grundschule e. V. gegründet. Neben anderen Programminhalten war schon auf der Gründungsversammlung von den Leipzigern der Antrag eingebracht worden, sich für Lernwerkstätten in Sachsen einzusetzen. Seither ist der Vorstand des Landesverbandes ständig bemüht, Verbindungen zum Kultusministerium herzustellen und in der Öffentlichkeit für den Erhalt der Lernwerkstatt in Leipzig zu wirken. Dieses Engagement wurde noch verstärkt, nachdem Mitglieder des Arbeitskreises dort einen Workshop selbst miterlebt hatten. Den Wunsch, daß auch in Dresden und Chemnitz Lernwerkstätten entstehen sollen, trug der Vorstand des Landesverbandes ebenfalls an das Kultusministerum heran.

Aus gemeinsamer Workshoparbeit sind die Verbindungen zu den Zwickauer Initiatoren der Lernwerkstatt an der Komarow-Grundschule erwachsen. Der Mitbegründer Prof. Rosin vom Bereich Grundschulpädagogik der TU Chemnitz-Zwickau möchte mit vier Mitarbeitern auf ABM-Basis in der Lernwerkstatt die bereits seit 1990 begonnene Zusammenarbeit mit der Komarow-Grundschule ausbauen. Die Lernwerkstatt soll zunächst für die Kinder, LehrerInnen und Eltern dieser Schule da sein, soll aber im weiteren Aufbau Studentenmitarbeit ermöglichen, der Entwicklung von Materialien und Modellen für den Unterricht dienen und Fortbildungsangebote für die LehrerInnen der Region anbieten. Am 6.11.93 wurde die Lernwerkstatt eröffnet. Die Initiative wird vom Jugendamt und vom Schulamt der Stadt Zwickau unterstützt. Die Universität übernimmt die Bereitstellung von Materialien, Geräten und Maschinen. Diese Mischfinanzierung ist sicher auch noch für andere Lernwerkstätten interessant.

Bei den Recherchen für den Länderbericht ist auch die Verbindung zu der letzten uns in Sachsen bekannten Gründungsinitiative, zum Institut für Grundschulpädagogik der TU Dresden, hergestellt worden. Frau Prof. Glumpler bemüht sich, für die bereits seit einem Jahr vor allem konzeptionell tätigen ABM-Kräfte eine Weiterbeschäftigung zu bewirken.

Die Räume für die Lernwerkstatt stehen kurz vor der Renovierung und Einrichtung. Ihr Konzept sieht vor, sowohl für Studenten als auch für LehrerInnen und SchülerInnen der Region Arbeitsmöglichkeiten zu schaffen. Dabei sollen Fragen der Organisation und Durchführung der «Freien Arbeit» im Mittelpunkt stehen. Die beiden großen Räume sind ideal geeignet, verschiedene Aktivitätszonen zu schaffen sowohl für den experimentellen Bereich als auch für eine Druckerei, eine Fotoecke u. a. Im vergangenen Semester wurde mit StudentInnen schon Anschauungsmaterial erarbeitet, Literatur ausgewertet, die Lernwerkstatt an der TU Berlin besucht, um die Gründungs- und Einrichtungszeit gut zu nutzen.

Vielleicht gibt es in Sachsen weitere Lernwerkstatt-GründerInnen, von denen wir bisher nichts hörten. Auch deshalb ist diese Dokumentation wichtig, um die Kontakte untereinander zu finden und zu nutzen. Daß wir das sehr nötig haben, zeigt dieser Bericht. In allen Initiativen ist es bisher nicht gelungen, eine Anbindung auch in Form von festen Arbeitsplätzen an eine Universität oder Lehrerfortbildungseinrichtung zu erreichen. In den bisherigen Finanzspielräumen wurden andere Prioritäten gesetzt. Das heißt auch, daß wir uns öffentlich noch besser artikulieren müssen. Als Folge dieses Buchprojektes und der Idee, Länderberichte aufzunehmen, haben die sächsischen Lernwerkstätten intensiver voneinander Kenntnis genommen und ein Treffen vereinbart.

Wenn man LehrerInnen und StudentInnen befragt, die bei uns in der Lernwerkstatt Leipzig schon zahlreich zu Gast waren, wünschen sie sich gerade diese überschaubare, innovative und verläßliche Bildungs- und Erfahrungsumgebung, die die meisten Lernwerkstätten entwickelten. Meist wirken sie bald über ihren Bereich hinaus. So sind auch wir z. B. bei vielen Grundschultagen in Arbeitsgruppen tätig gewesen, haben Bildungstage von Schulkollegien mitgestaltet und haben sogar einmal mit der Elternschaft einer ganzen Schule Arbeitsmittel gebaut. In Leipzig gibt es mittlerweile den 3. Grundschultag auch durch unsere Initiative. Mit über 400 Anmeldungen stellt er uns vor neue Organisationsprobleme. In Dresden wird es im Frühjahr einen Grundschultag geben.

Wenn wir über die Anerkennung unserer Arbeit berichten sollen, so sprechen im Moment die Tatsachen für sich. Während in Zwickau und Dresden neue ABM-Stellen geschaffen werden sollen, ist die ABM-Stelle für die Lehrerfortbildung in der Lernwerkstatt in Leipzig im September ausgelaufen und nach zwei Jahren nicht verlängert worden. Das oben beschriebene Konzept der Lernwerkstatt Leipzig gehört also der Vergangenheit an. Für eine Mitarbeiterin ist in der offenen Kinder- und Jugendarbeit eine neue ABM bewilligt, so daß nur an einem Nachmittag in der Woche noch auf ehrenamtlicher Basis die Arbeitskreise für die LehrerInnen weiter angeboten werden können. Jeder Arbeitskreis kann so nur viermal im Schuljahr tagen. Mit dem ursprünglichen Konzept hat dies kaum noch etwas zu tun. Viele LehrerInnen wandten sich an öffentliche Ämter. Bisher haben wir von keinem ein konkretes Angebot zur Fortsetzung der Fortbildungsarbeit im Rahmen einer Lernwerkstatt als öffentliche Einrichtung erhalten.

Anerkennung erfuhren wir aus ganz anderer Richtung, so hat die VII. Wagenscheintagung des Weltbundes für Erneuerung der Erziehung zum Thema «Lernwerkstatt und Werkstattunterricht» auch deshalb im Oktober diesen Jahres in Leipzig stattgefunden, weil die Entwicklung unserer Lernwerkstatt als LehrerInnen-Initiative zur Veränderung von Schule gewürdigt werden sollte. Durch die Tagung ist vielleicht wieder ein kleines Stück mehr Interesse auch bei Verantwortlichen geweckt worden, die seit drei Jahren sich entwickelnde Fortbildungseinrichtung zu erhalten.

Adressen und Kurzportäts

Technische Universität Dresden
Fakultät Erziehungswissenschaften,
Institut für Schul- und Grundschulpädagogik, Lernwerkstatt (im Aufbau)
Weberplatz 5, 01217 Dresden, Tel. 0351 – 4634923

AnsprechpartnerInnen: Frau Dr. Schumer, Herr Dr. Föhlisch, Frau Dr. Heitsch
Öffnungszeiten: Z.Z. vorwiegend Montag bis Mittwoch und Freitags von 8.00 – 15.00 Uhr.
Inhaltliche Schwerpunkte:
- Sammlung eines breitgefächerten Materialangebotes zu Gestaltungsmöglichkeiten von Freiarbeitsphasen sowohl unter fachspezifischem als auch fachübergeifendem Aspekt;
- LW versteht sich als ein Impulsgeber für ein motivierendes Lernumfeld;
- geplant sind auch die Durchführung von Erfahrungsaustausch und Fortbildung in vielfältigster Form.

Zielgruppen: StudentInnen der Grundschullehrerausbildung, GrundschullehrerInnen

Lernwerkstatt Grundschule BRIS e.V. an der 1. Grundschule
Straße des 18. Oktober 8 b, 04103 Leipzig, Tel. 0341 – 2219801

Ansprechpartnerinnen: Dr. Sigrid Voigt, Brunhild Voigt
Öffnungszeiten: Wochentags von 8.00 – 16.00 Uhr, in den Ferien nach Programm.
Inhaltliche Schwerpunkte:
- Offene Angebote für Kinder und Jugendliche am Nachmittag im Bereich Drucken, Experimentieren, Basteln;
- Arbeit mit Schulklassen am Vormittag;
- Fortbildung für ErzieherInnen ;
- wöchentlicher Treff von Arbeitskreisen zu den Themenbereichen Freiarbeit, innere Differenzierung, Projektlernen.

Zielgruppen: Kinder, Jugendliche, LehrerInnen

Pädagogische Werkstatt in der 25. Grundschule
Martinstr. 6, 04318 Leipzig, Tel. 04318 – 2613380

Ansprechpartnerinnen: Dr. E. Becker, Dr. B. Steinhöfel
Öffnungszeiten: Montag bis Freitag von 9.00 – 15.30 Uhr, ansonsten nach Vorabsprachen.
Inhaltliche Schwerpunkte:
- Durchführung von Fortbildungen für LehrerInnen und ReferendarInnen der Sek I und II zur Öffnung von Unterricht;
- Veranstaltungen mit Eltern, Verhaltens- und Kommunikationstraining;
- offene Kinder- und Jugendarbeit, Projektbegleitungen;
- Durchführung von Schüler-Medien-Kursen, Arbeit mit Lernspielen;
- Angebote für SchülerInnen, ihre Hausaufgaben in der Werkstatt zu erledigen.

Zielgruppen: Kinder, Jugendliche, Eltern, LehrerInnen

Lernwerkstatt Zwickau an der W.-Komarow-Grundschule
Lunikweg 9, 08066 Zwickau, Tel. 0375 – 474115

Ansprechpartner: Dr. Jürgen Hempel, Prof. Dr. H. Rosin
Öffnungszeiten: Montag bis Freitag von 7.30 – 16.00 Uhr
Inhaltliche Schwerpunkte:
- Förderung eines gemeinsamen Lernens von Kindern und Erwachsenen in erfahrungsoffenen Situationen;
- Beratung von LehrerInnen, Eltern, Kindern und StudentInnen;
- Förderung neuer Formen handlungsorientierter Lehreraus- und fortbildung.

Zielgruppen: Kinder, Eltern, LehrerInnen, StudentInnen

Lernwerkstätten in Sachsen-Anhalt

Heike Gruschke

Länderbericht

1989/90 machten sich viele LehrerInnen auf, ihre eigene Arbeit zu verändern. Die Öffnungswelle rollte sturmflutartig von West über Ost. Viele waren neugierig, gespannt, suchten, einige fanden, andere wurden zutiefst verunsichert. Den meisten wurde die Enge ihres bisherigens Denkens und Handelns bewußt. Fortbildungsveranstaltungen waren heiß begehrt und meist überfüllt. Oft sah man/frau in diesen Veranstaltungen die gleichen Gesichter. In vielen Gesprächen wurde deutlich, wie tief die Verunsicherung vieler KollegInnen war. Gleichzeitig war jedoch zu spüren, daß viele die Herausforderungen annehmen wollten, Orientierungen suchten, um Veränderungen rangen und begannen, Unterricht neu zu denken. Die Herangehensweise war sehr unterschiedlich. Von der kaum bzw. sehr wenig reflektierten und durchdachten Übernahme von Unterrichtskonzepten und Raumgestaltungen bis zur strikten Ablehnung geöffneten Unterrichts ging die Palette der Meinungen.

In Magdeburg fand sich eine Gruppe von LehrerInnen, die die neuen Denkansätze für Unterricht annehmen, kritisch bewerten und in das eigene Denken und Handeln mit aufnehmen wollten.

Eine Lernwerkstatt sollte uns den Rahmen geben, mit anderen, an Veränderung interessierten KollegInnen in Kontakt zu kommen. Der Grundstein der Lernwerkstattbewegung in Sachsen-Anhalt bzw. in Magdeburg war damit gelegt.

Die gegenwärtig existierenden vier Lernwerkstätten sind zu unterschiedlichen Zeiten und mit verschiedenen Ausgangspositionen ins Leben gerufen worden, alle mit dem gemeinsamen Ziel, eine Alternative zu herkömmlichen Lehr- und Lernmöglichkeiten anzubieten. Sie sollen nicht vordergründig unterrichtsbegleitende Einrichtungen sein, sondern alternative, sachbezogene Problembearbeitung zulassen. In ihnen soll durch eigenes Handeln nachvollzogen und erlebt werden, wie handlungsorientiert unterrichtet werden kann.

Die **Lernwerkstatt Dessau** (noch in der Probezeit) wurde an der 1. GS Dessau 1993 eingerichtet. Sie ist ein Klassenraum, der für diese Zwecke hergerichtet wurde. Dieser wird auch am Vormittag als solcher genutzt. Ab Januar 1994 ist die Lernwerkstatt jeden 4. Mittwoch geöffnet. Das Besondere: Alle KollegInnen dieser Schule wollen die Idee der Lernwerkstatt, handlungsorientierten Unterricht zu praktizieren, realisieren.

Die **Lernwerkstatt des Institutes für Grundschulpädagogik Köthen** wurde ebenfalls 1993 gegründet und beginnt ihre Arbeit im Wintersemester. Diese Werkstatt wird durch eine wissenschaftliche Mitarbeiterin und eine Studentin geleitet. Sie soll hauptsächlich ein Bindeglied zwischen Hochschule und Grundschule darstellen. Daraus ergeben sich zwei Aufgaben:

- Schaffung möglichst praxisnaher Bedingungen an der Hochschule, um Studenten die Möglichkeit zu geben, theoretisch erworbenes Wissen unter grundschulgemäßen Voraussetzungen praktisch zu erproben.
- Unterstützung der regionalen Grundschulreform, indem den LehrerInnen Gelegenheit gegeben wird, die in der Praxis gemachten Erfahrungen zu verarbeiten, auszutauschen, theoretisch zu durchdringen und weiterzuführen.

Die jüngste **Lernwerkstatt** entstand in **Stendal** im Oktober dieses Jahres. Mit viel Elan gehen auch hier die KollegInnen ans Werk. Es ist ihnen

Einblicke in die Lernwerkstatt Köthen (S. 159/160)

gelungen, die dortige Sparkasse als Sponsor zu gewinnen. Damit haben sie das größte Problem, nämlich das der Unterbringung, gelöst: Der Raum wird von der Sparkasse gestellt.

Im folgenden soll am Beispiel der «ältesten» Lernwerkstatt in Magdeburg dargestellt werden, wie, unter welchen Bedingungen und mit welchen Widrigkeiten die Lernwerkstatt arbeitet bzw. sich auseinandersetzt. *Frau Schmal*, Lehrerin und Mitarbeiterin im damaligen Ministerium für Bildung, übernahm 1989 die Initiative, suchte einen Raum in einer Schule und Gleichgesinnte. Fünf Lehrerinnen zeigten Interesse. Theoretische Kenntnisse hatte keine, aber Veränderungen der Unterrichtstätigkeit wollten alle. Wir probierten viel, diskutierten nächtelang, lasen, was wir bekamen, luden uns ein, wo man uns nahm. Kamen jedesmal mit einem Sack Erfahrungen und neuer Erkenntnisse wieder und versuchten von dem «Feuer» etwas an andere zu übertragen. Rückschläge in der Arbeit, in der wir Neulinge waren, gab es viele. Z. B. nutzten Verlage die Veranstaltungen hauptsächlich, um ihre Produkte zu präsentieren. Es gab Reinfälle bei geplanten Veranstaltungen, referierenden Referenten u. ä. Aber unsere kleine verschworene Gemeinschaft machte sich gegenseitig Mut – geteiltes Leid ist halbes Leid, Freude jedoch vervielfältigt sich. Eine Zeit begann, in der sich die Arbeit einspielte. Die KollegInnen nahmen die Werkstatt an.

Die Bedingungen änderten sich plötzlich: Frau Schmal übernahm ein anderes Betätigungsfeld. Die Schule, in der wir unser Domizil hatten, wurde umprofiliert, und wir verloren unseren Raum. Das LISA übernahm uns in verwaltungstechnische Obhut.

Fazit: Die Gunst der Obrigkeit war uns nicht hold, wir hatten keinen Raum, kämpften um Unterstützung.

Was blieb: Materialien sicherstellen, denn ohne Raum konnten wir ein Jahr lang nicht arbeiten.

Geblieben waren außerdem unsere privaten Treffen und der Frust, als »Privatpersonen» mit viel Ideen nichts für die Entwicklung der Schule zu erreichen. Es gab Momente, da wollten wir aufgeben. Irgendetwas hielt uns zusammen – der Gemeinschaftssinn, der Spaß, der Willen etwas zu bewegen, aber auch die Wut im Bauch.

Steter Tropfen höhlte den Stein: Es gelang uns mit Unterstützung des LISA 1992 in der Grundschule Annastraße einen entsprechenden Raum zu finden. Zur Eröffnung waren dann alle da, die in der Bildung etwas zu sagen hatten, und es gab viele mündlichen Zusagen für die Unterstützung unserer Arbeit. Am wichtigsten und damals für uns völlig unerwartet, war die Zusage einer halben Lehrerplanstelle, die wir auch heute noch unter uns aufteilen. Damit

wurden wir dem Schulaufsichtsamt zugeordnet. Mit Absegnung desselbigen verschicken wir nun zweimal im Monat unsere «eigenen» Fortbildungsprogramme.

Im Mai 1993 bekamen wir zum ersten Mal nach mehrmaliger Antragstellung finanzielle Unterstützung in Höhe von 2000,– DM. Bis dahin war unser Team nur auf die Unterstützung von Menschen angewiesen, die unsere Arbeit schätzten und Materialien spendeten, die sie entbehren konnten (ein besonderer Dank an dieser Stelle gilt Herrn *Honig*).

Wir haben viele Freunde gefunden, die wir nicht mehr missen möchten, die uns an ihren Erfahrungen teilhaben lassen, die Mut machen, weiter zu arbeiten. Inzwischen sind wir sicherer geworden, haben auf uns aufmerksam gemacht, leiten Fortbildungen zur Öffnung des Unterrichts auch für andere Veranstalter, geben StudentInnen die Möglichkeit, sich zu informieren. In zwei Klassen wurden Filme für die Ausbildung der Studenten gedreht (Morgenkreis, Wochenplan, freie Arbeit, Umgestaltung eines Klassenraumes). Einige unserer Ideen konnten wir schon umsetzen, viele schweben uns noch vor.

Eines der nächsten Ziele ist, die Lernwerkstatt mit der Druckerei für Schüler zu öffnen, ihnen und ihren LehrerInnen die Möglichkeit zu geben, in die Geheimnisse des Druckens vorzudringen. Es wäre toll, wenn wir das schaffen würden.

In der Gründung befindet sich eine «Arbeitsgruppe zur Förderung lernschwacher Kinder». In unserer Lernwerkstatt könnte sie ein Domizil finden. Lernspiele und Anregungen gibt es genug.

Eines steht fest: Wir bleiben «dran», denn wir werden gebraucht als Ort des Erfahrungsaustausches, als Kraftquelle oder aber auch als Ventil für das Ablassen von Frustrationen.

Die Euphorie bei den KollegInnen über das Neue ist vorbei, und es hat im Augenblick den Anschein, als würden nur ein paar Einzelkämpfer übrigbleiben. Um Schule zu verändern, braucht man wohl langen Atem und viel Geduld.

Adressen und Kurzporträts

Lernwerkstatt an der Karl Liebknecht-Grundschule
Annastr. 17, 39100 Magdeburg, Tel.0391– 32089

Ansprechpartnerin: Heike Gruschke
Öffnungszeiten: Mittwoch: 14.00 – 16.00 Uhr; Donnerstag: 15.00 – 17.00 Uhr; ansonsten nach Vereinbarung.
Inhaltliche Schwerpunkte:
- Begegnungsstätte für alle, die Schule mit verändern wollen;
- Durchführung von Fortbildungsveranstaltungen zu Fragen der Öffnung des Unterrichts;
- Veranstaltungsort für Projekte mit Kindern und LehrerInnen.

Zielgruppen: LehrerInnen, Kinder

Lernwerkstatt des Instituts für Grundschulpädagogik Köthen «Wolfgang Ratke»
Lohmannstr.23, 06366 Köthen, Tel.03946 – 69224/69222

Ansprechpartneinr: Dr. Ute Schelenz
Öffnungszeiten: Montag: 14.00 – 16.00 Uhr; Donnerstag: 10.00 – 12.00 Uhr.
Inhaltliche Schwerpunkte:
- Herausbildung und Unterstützung des handelnden und experimentierenden Lernens;
- Durchführung von handlungsorientierten Lehrveranstaltungen;
- Unterstützung der schulpraktischen Ausbildung der StudentInnen;
- Erfahrungsaustausch mit GrundschullehrerInnen.
- Öffnung für SchülerInnen.

Zielgruppe: StudentInnen, LehrerInnen, Kinder

Lernwerkstatt an der 1. Grundschule Dessau
Stenesche Str. 88, 06842 Dessau, Tel: Dessau 213570

Ansprechpartner: U. Schwertfeger

Lernwerkstatt Stendal
Hannemannstraße 17, 39576 Stendal

Ansprechpartnerin: Sabine Picke

Lernwerkstätten in Schleswig-Holstein

Gabi Schwarz, Ulrich Senft, Gudrun Schröder

Länderbericht

Entwicklung

Wie in den meisten Bundesländern hängt der Aufbau und die Entwicklung der Lernwerkstätten in Schleswig-Holstein mit einem Phänomen zusammen, das «Schulreform von unten» genannt wird. Immer mehr Lehrerinnen und Lehrer nehmen Abschied vom Frontalunterricht und praktizieren verschiedene Varianten der Öffnung von Unterricht. Diese Kolleginnen und Kollegen schauten nach Hamburg und in andere Bundesländer und fanden dort eine beträchtliche Zahl von Initiativen, Kreisen, Zentren und auch Werkstätten, die sich gegenseitig befruchteten und fortbildeten.

An dieser Entwicklung konnte auch das Kultusministerium Schleswig-Holsteins nicht vorbeischauen und verkündete 1989 durch die damalige Ministerin Eva Rühmkorf, daß im Lande an jedem Seminarstandort des IPTS (Institut für Praxis und Theorie der Schule) eine Lernwerkstatt eingerichtet werden solle. Jede Lernwerkstatt (insgesamt 8) solle mit einer ganzen Planstelle ausgestattet werden, d.h. mit je einer halben Stelle aus dem Grund- und Hauptschulbereich und aus dem Sonderschulbereich. Dieser relativ glatten politischen Geburt folgte eine nie ganz störungsfreie administrative durch das IPTS.

Im Schuljahr 89/90 begannen die ersten Lernwerkstätten mit ihrer Arbeit, im Jahr darauf folgten die anderen. Von Beginn an war es allen MitarbeiterInnen wichtig, zusammenzuarbeiten. Um die 4x jährlich stattfindenden Dienstversammlungen vorzubereiten und um die Interessen der Lernwerkstatt-MitarbeiterInnen dem IPTS gegenüber zur Sprache bringen zu können, wurden zwei Kolleginnen zu Sprecherinnen gewählt. Das IPTS seinerseits bestimmte zwei Koordinatoren, die von Seminarseite her den Kontakt zu den Lernwerkstätten halten sollten und Teilnehmer der Dienstversammlungen waren.

Um eine gemeinsame Perspektive in der Lernwerkstattarbeit zu entwikkeln, war eines unserer ersten Anliegen, eine für alle tragfähige Konzeption

In der Lernwerkstatt Lübeck

auszuarbeiten, die zwar eine individuelle Ausprägung und Weiterentwicklung jeder einzelnen Lernwerkstatt zuließ, aber jeder Beliebigkeit in der Auslegung unserer Arbeit einen Riegel vorschob. Diese Konzeption war nach etwa einjährigem Ringen erarbeitet und wurde vom Seminar fast unverändert akzeptiert.

Weitere Schwerpunkte unserer gemeinsamen Arbeit in den Dienstversammlungen sind der Erfahrungsaustausch, das Besprechen und Lösen von Problemen und die gegenseitige Fortbildung. In Zukunft soll noch mehr Betonung auf die Vernetzung unserer Arbeit gelegt werden.

Rahmenkonzept für die Lernwerkstätten der IPTS-Regionalseminare in Schleswig-Holstein

zusammengestellt und verabschiedet von den Seminaren für Grund- und Hauptschulen sowie dem Seminar für Sonderschulen am 19. März 1992

Die Lernwerkstätten in Schleswig-Holstein sind Einrichtungen der IPTS-Regionalseminare. Ihre Arbeit ist eingebunden in das Gesamtkonzept dieser Seminare. Ein Regionalseminar kann mehrere Lernwerkstätten unterhalten.

Zielsetzung

Die IPTS-Seminare unterstützen mit ihren Lernwerkstätten im Rahmen der Aus-, Fort- und Weiterbildung die innere Schulreform und Schulentwicklung. Die Einrichtung von Lernwerkstätten ermöglicht den Seminaren, mehr als zuvor, Informations-, Arbeits- und Begegnungsstätten für Lehrkräfte zu sein. Gegenwärtig verfolgen sie auf diesem Wege das Ziel, die Öffnung von Schule und Unterricht zu fördern bzw. Unterrichtshilfen an die Hand zu geben. Dabei geht es vorrangig um die Weiterentwicklung und Vermittlung der offenen Lernformen, die individuelle Lernprozesse und gemeinsame Beschulung aller Kinder unterstützen.

Die Arbeit in den Lernwerkstätten bietet Raum für Kooperation von Lehrkräften aller Schularten.

Aufgabenbereiche

Die Seminare können durch ihre Lernwerkstätten in der Erwachsenendidaktik verschiedene Aufgaben wahrnehmen. Sie sind

- Begegnungs- und Beratungsstätten
- Erfahrungsfelder für Erwachsenenlernen
- Informations- und Präsentationsstätten
- Veranstaltungsorte.

Die einzelnen IPTS-Regionalseminare haben die Möglichkeit, in ihrer Lernwerkstattarbeit eigene Schwerpunkte zu setzen.

Mögliche Veranstaltungs- und Arbeitsformen

In den Lernwerkstätten können Besucherinnen und Besucher sich aktiv und interessengeleitet mit grundlegenden Aspekten offener Unterrichtsarbeit auseinandersetzen.

- In Workshops haben sie die Möglichkeit, selbstgesteuerte Formen des individuellen und gemeinsamen Lernens durch den handelnden Umgang mit konkreten Materialien sowie den Einfluß von Raum- und Zeitstrukturen auf ihr Lernen zu erfahren. Die Reflexion des persönlichen Lernprozesses im Gruppengespräch verfolgt die Anbahnung eines veränderten Verständnisses vom Lernen – als aktiver und individueller Prozeß – und der dadurch bedingten Lehrerrolle.
- In Arbeitskreisen haben sie die Möglichkeit, differenzierte Lernangebote und Unterrichtsmaterialien kennenzulernen, zu erproben und zu erstellen

bzw. Erfahrungen auszutauschen. Sie können an selbstbestimmten Fragestellungen arbeiten wie z. B. Rhythmisierung des Unterrichts, individuelle Lernhilfen, fächerübergreifende Vorhaben, Leistungsbeurteilung bei verstärkter Binnendifferenzierung, Förderung behinderter Kinder bei gemeinsamer Unterrichtung mit nichtbehinderten Kindern, Klassenraumgestaltung, Veränderung der Lehrerrolle u. a.

- In Seminaren haben sie die Möglichkeit, Unterrichts-, Diagnose- und Förderkonzepte kennenzulernen und entsprechende Arbeits- und Sozialformen sowie Materialien zu erproben.
- Zu den regelmäßigen – möglichst täglichen – Öffnungszeiten können sie sich durch die ausgestellten Arbeits- und Differenzierungsmaterialien und durch Fachliteratur anregen lassen. Darüber hinaus besteht die Möglichkeit zu Gesprächen mit den Studienleiterinnen und Studienleitern bzw. mit anderen Besucherinnen und Besuchern.

Die Angebote der Lernwerkstätten variieren je nach Arbeitsschwerpunkt.

Mitarbeiterinnen und Mitarbeiter

Die Mitarbeiterinnen und Mitarbeiter in den Lernwerkstätten sind Studienleiterinnen und Studienleiter der IPTS-Regionalseminare. Sie vertreten im Grundmodell die Bereiche Sonderschule und Grundschule. Bei einer Weiterentwicklung sollten die Lernwerkstätten die Sekundarstufe I aller weiterführenden Schulen einbeziehen.

Die Mitarbeiterinnen und Mitarbeiter bringen Erfahrungen mit offenen Lernformen aus ihrer eigenen Unterrichtspraxis ein. Sie tauschen diese in ihren Team-Sitzungen sowie auf Arbeitstagungen der Mitarbeiterinnen und Mitarbeiter aller IPTS-Lernwerkstätten in Schleswig-Holstein aus und können je nach individueller Schwerpunktsetzung weitere Kompetenzen durch die Teilnahme an entsprechenden Fortbildungsveranstaltungen bzw. durch Hospitationen in innovativ arbeitenden Schulen erwerben.

Ihre Arbeit in der Lernwerkstatt umfaßt unterschiedliche Tätigkeitsfelder:

- Sie stehen für Beratungsgespräche zur Verfügung.
- Sie gestalten die Räume der Lernwerkstatt und machen Vorschläge für eine angemessene Ausstattung mit Arbeitsmaterialien.
- In Absprache mit der zuständigen Seminarleitung koordinieren sie Veranstaltungen der Lernwerkstatt, die entweder von ihnen selbst – ggf. auch in Zusammenarbeit mit speziellen Referenten – oder von anderen Fortbildnerinnen und Fortbildnern durchgeführt werden.
- Sie werden bei allen Haushaltsfragen der Lernwerkstatt beteiligt.

Räume und Materialien

Die Lernwerkstatt befindet sich entweder im Gebäude des zuständigen IPTS-Seminars oder in geeigneten Räumlichkeiten der jeweiligen Region.

Sie soll so ausgestattet und gestaltet werden, daß in ihr offene Lernformen und kooperatives Arbeiten erlebt, Erfahrungen ausgetauscht, Ideen entwikkelt und Unterrichtsmaterialien erprobt werden können.

Zur Grundausstattung sollen erfahrungsgemäß Räumlichkeiten von mindestens 200 m^2 gehören, die sich folgendermaßen gliedern können:

- ein Präsentationsraum für Unterrichtsmaterialien und Fachliteratur mit Regalen und sonstigen Auslage- und Aufbewahrungsmöglichkeiten,
- ein Veranstaltungsraum mit Dokumentationsflächen für Gruppen von mindestens 25 Personen,
- ein Arbeitsraum mit diversen Funktionsbereichen (z. B. für Werkstatt, Experimentiertische, Druckerei),
- eine Rückzugsmöglichkeit für Gruppen- und Einzelgespräche,
- Platz für Verwaltung, Teeküche, Toiletten etc.

Die hierfür erforderlichen Mittel sind in einem entsprechenden Haushaltstitel sicherzustellen.

Für die Weiterentwicklung einer Lernwerkstatt ist ein Haushaltsposten von 5 000,— DM jährlich festzusetzen; z. B. für Druckerei, Werkbänke, Werkzeug, Experimentiertische und -materialien, Theaterutensilien, Computer mit entsprechender Software, Materialien zur Diagnose und Förderung individueller Lernwege und Lernfähigkeiten.

Für Lehr- und Lernmittel sind jährlich 3 000,– DM anzusetzen.
Die genannten Ansätze sind Teil der Seminarhaushalte.

Umsetzungsbedingungen

Sachkosten

- *langfristig:*
  2 Lernwerkstätten pro IPTS-Regionalseminar, um flächendeckend und abnehmernah arbeiten zu können.
- *mittelfristig:*
  Herstellung des vorgeschlagenen Standes für die Grundausstattung (s. Räume und Materialien).
- *kurzfristig:*
  Haushaltsmittel für Ergänzungen der Grundausstattung sowie für Lehr-

und Lernmittel für die 8 bestehenden Lernwerkstätten von insgesamt 64 000,– DM jährlich/Erhalt der bestehenden Lernwerkstätten, z. B. durch Sicherung bzw. Schaffung von Miettiteln.

Personalkosten

- *kurzfristig:*
  Für die Weiterentwicklung der inneren Schulreform in der Sekundarstufe I sind den IPTS-Regionalseminaren 8 weitere halbe Planstellen für Studienleiterinnen und Studienleiter und entsprechende anteilige Verwaltungskräfte zur Verfügung zu stellen.

Gegenwärtiger Stand der Lernwerkstatt-Entwicklung

Die Lernwerkstätten arbeiten nach wie vor nach der im Rahmenkonzept erklärten Zielsetzung. Dabei muß jedoch erwähnt werden, daß der Begriff «Lernwerkstatt» von Seiten des IPTS zunehmend auch als Oberbegriff für Lehreraus- und -fortbildung verwandt wird.

Das Angebot der Lernwerkstätten gewährleistet schulartübergreifende Kooperation. Gefährdet wird dieser Aspekt aber durch die Planung schulartspezifischer Lernwerkstätten.

Die Aufgabenbereiche lt. Rahmenkonzept werden von allen Lernwerkstätten erfüllt und mit unterschiedlichen Schwerpunkten angeboten. Die einzelnen Veranstaltungs- und Arbeitsformen werden unterschiedlich angenommen. Gute Resonanz finden feste Arbeitskreise, Abrufveranstaltungen und die Tage der Offenen Tür. Weniger Zuspruch finden Workshops zum Entdeckenden Lernen, soweit die Teilnehmer nicht schon durch andere Veranstaltungen sensibilisiert sind.

Insgesamt gesehen macht sich aber auch in den Lernwerkstätten der allgemeine Trend zur Fortbildungsmüdigkeit bemerkbar. Ursachen hierfür liegen vermutlich in den deutlich verschlechterten Arbeitsbedingungen, in der Überalterung der Kollegien und in wachsenden Widerständen der Schulleitungen.

Die einzelnen Lernwerkstätten sind personell unterschiedlich besetzt. Das «Grundmodell» der Doppelbesetzung aus den Bereichen Grund- und Sonderschule ist nicht überall gegeben. Die bereitgestellten 2 halben Planstellen sind in einigen Lernwerkstätten auf bis zu 5 Personen aufgeteilt.

Der Austausch zwischen den MitarbeiterInnen ist durch die regelmäßigen Dienstversammlungen erfreulich gut. Angestrebt wird eine noch intensivere Vernetzung durch gemeinsam nutzbare Lernwerkstatt-Angebote.

Entgegen dem Konzept werden die Lernwerkstätten nicht an der Haushaltsplanung beteiligt. Der Haushaltsansatz der Lernwerkstätten fließt nur zu einem geringen Teil in die tatsächliche Lernwerkstatt-Arbeit. Zumindest im Haushaltsjahr 1993 wurden den Lernwerkstätten von den 85 000,– DM bewilligten Mitteln nur 24 000,– DM zur Verfügung gestellt. Dies ist eine Kürzung von rund 70 %. Das IPTS hatte insgesamt lediglich eine Haushaltsmittelkürzung von 5 % zu verkraften.

Die räumliche und materielle Ausstattung der Lernwerkstätten ist sehr unterschiedlich und geht von 15 m^2 bis 150 m^2 aufgeteilt in 1 bis 5 Räume.

Durch die Umstrukturierung des IPTS – die 8 Seminarbereiche wurden auf 5 reduziert – ist zu befürchten, daß die Anzahl der Lernwerkstätten entgegen dem Rahmenkonzept reduziert statt erweitert wird, und daß diese Werkstätten ihre Eigenständigkeit als Orte innerer Schulreform einbüßen.

Tendenzen der weiteren Entwicklung

In der 3- bis 4jährigen Arbeit haben sich die Lernwerkstätten ein tragfähiges Fundament für eine fruchtbare Weiterarbeit geschaffen. Mit viel Idealismus und Engagement, die oft auch zu erheblicher Mehrarbeit geführt haben, wurden Veranstaltungen durchgeführt, Materialsammlungen aufgebaut und Lehrkräfte auf ihren Wegen zur Veränderung von Unterricht begleitet. In weiten Teilen der Lehrerschaft hat diese Arbeit eine sehr positive Resonanz gefunden. Es hat sich bestätigt, daß Lernwerkstätten ein wichtiger Faktor im Bereich der Innovation von Schule sind.

Als MitarbeiterInnen der Lernwerkstätten wünschen wir uns, daß deshalb bei der Entscheidungsfindung im IPTS über materielle Ausstattung, personelle Besetzung oder Standortfragen in Zukunft sachliche und pädagogische Argumente eine größere Rolle spielen als dies zur Zeit der Fall zu sein scheint. Die Bundesversammlung der Lernwerkstätten hat uns im September '93 mit einem entsprechenden Offenen Brief unterstützt.

Wir hoffen, daß unsere Sorgen auf politischer Seite Gehör finden und so die in der Konzeption enthaltenen Grundlagen unserer Abeit langfristig erhalten bleiben.

OFFENER BRIEF

der Bundesversammlung der Lernwerkstätten in Malente
im September '93

Betr.: Gefährdung der Weiterarbeit in den IPTS-Lernwerkstätten in Schleswig-Holstein

Die Lernwerkstätten in Schleswig-Holstein sind wichtige Träger der inneren Schulreform. In einer für die Bundesrepublik Deutschland einzigartigen Art werden hier im Rahmen der staatlichen Lehrerfortbildung (IPTS) Impulse für eine Fortentwicklung des Schulwesens in Schleswig-Holstein gegeben. Hierzu gehört auch die durch Sonderschullehrer gegebene Einbeziehung sonderpädagogischer Impulse in die Regelschulen.

Diese Arbeit ist gefährdet. Aus Lernwerkstätten in Schleswig-Holstein erreichen uns zunehmend schlechte Nachrichten:

Bei einigen Lernwerkstätten ist die Raum- bzw. Standortfrage jetzt bzw. für die nächste Zukunft nicht geklärt.

In einigen Lernwerkstätten ist die halbe Sonderschullehrerstelle noch (immer) nicht ausgeschrieben.

Die Finanzrahmen der einzelnen Lernwerkstätten wurden gegenüber 1992 in 1993 erheblich verringert.

Die Übernahme der teilweise entstehenden Mietkosten für die Lernwerkstätten ist immer noch nicht befriedigend geregelt.

Der für 1994 anvisierte Haushaltsansatz für die Lernwerkstätten läßt durch die geplante Einbeziehung der Mietkosten faktisch keinerlei Ressourcen für die spezifisch handlungsorientierte Arbeit der Lernwerkstätten zu.

Nach unserer Einschätzung geht die Entwicklung trotz aller Zwänge zum Sparen, die wir akzeptieren, an die substantielle Basis des Lernwerkstatt-Konzepts. Ohne entsprechende Räume, Mittel und ohne entsprechendes Personal können die Lernwerkstätten nicht arbeiten.

Im Sinne der inneren Schulreform ist eine politische Entscheidung notwendig, die eine fruchtbare und innovative Arbeit in den Lernwerkstätten auch weiterhin ermöglicht.

Adressen und Kurzporträts

Lernwerkstatt des IPTS für GHS Ammersbek
Teichweg 27, 22949 Ammersbek, Tel. 0401 – 6051053

Ansprechpartnerinnen: Regina Gutzke, Brigitta Steffens
Inhaltliche Schwerpunkte:
- Lesen durch Schreiben;
- fächerübergreifender Unterricht im 1. Schuljahr;
- Erarbeitung von Projekten;
- mental maps.

Zielgruppe: LehrerInnen

Lernwerkstatt des IPTS – Regionalseminar Nord Flensburg
Jürgensgaarderstraße 95, 24943 Flensburg, Tel. 0461 – 22 888

Ansprechpartner: Ulrich Brinkmann
Öffnungszeiten: An Schultagen dienstags bis donnerstags von 11.30 – 17.00 Uhr, darüber hinaus vor allem für Gruppen nach Vereinbarung.
Inhaltliche Schwerpunkte:
- Durchführung von Fortbildungsveranstaltungen, Workshops, Arbeitskreisen zu Problemen des geöffneten Unterrichts, des entdeckenden Lernens, der Freiarbeit, Freies Schreiben u.a.;
- praktische Erprobung, Herstellung und Ausleihe von Lernmitteln und -spielen;
- Ausleihe und Erprobung Ravensburger Brettspiele;
- individuelle Beratungen.

Zielgruppen: StudentInnen, ReferendarInnen, LehramtsanwärterInnen, LehrerInnen, SchulleiterInnen und ErzieherInnen aus vollen Halbtagsschulen

Lernwerkstatt des IPTS für Grund- und Hauptschulen Heide
Ziegelhofweg 4, 25746 Heide, Tel. 0481 – 2037

Ansprechpartnerinnen: Telse Mannel, Ulla Brüchmann
Inhaltliche Schwerpunkte:
- Drucken, Marmorieren und Buchbinden;
- Spielen in der Schule;
- Erarbeitung von Projekten.

Zielgruppe: LehrerInnen

Lernwerkstatt in der Bürgerschule IPTS für Grund- und Hauptschulen Husum
Parkstraße 10, 25813 Husum, Tel. 04841 – 660549

AnsprechpartnerInnen: Edeltraud Dahmani, Fred Halberstadt, Christiane Marcus
Öffnungszeiten: Dienstag und Mittwoch von 15.00 – 17.00 Uhr sowie nach Vereinbarung.
Inhaltliche Schwerpunkte:
- Vorstellung und Herstellung von Lern- und Arbeitsmitteln für die Grundschule und Sek I ;

- Lernen mit allen Sinnen, Stilleübungen;
- Anstiften zum Schreiben;
- Workshops zum Entdeckenden Lernen
- neuere Unterrichtsmethoden: Lernzirkel, Cluster-Technik, Brainwriting
- Lernen in neuen Dimensionen (NLP, Suggestopädie, LdL,...).

Zielgruppen: Eltern, LehrerInnen aller Schularten

Pädagogische Hochschule Kiel
Pädagogische Werkstatt
Olshausen Straße 75, 24118 Kiel, Tel. 0431 – 880-1567/1217/1272

Ansprechpartner: Prof. Dr. Uwe Hameyer, Prof. Dr. Waldemar Pallasch, Heino Reimers, Helmut Friis
Inhaltliche Schwerpunkte:
- Colleg – eine computergestützte Dokumentation von Lehr- und Lernhilfen für die Grundschule;
- persönlichkeitsorientiertes Lehren und Lernen (Initiierung und Begleitung selbstbestimmter Lernprozesse, berufsbegleitende Selbstreflexion);
- Differenzierungsbausteine für die Förderpädagogik;
- Aufbau einer DIFF – Info über Lese- und Rechtschreibhilfen, Lernhilfen für zieldifferenziertes Unterrichten von mathematischen Inhalten und über förderdiagnostische Hilfen.

Zielgruppen: Studierende, LehrerInnen, WissenschaftlerInnen

Lernwerkstatt des IPTS für Grund- und Hauptschulen Kiel
an der Gorch-Fock-Schule
Melsdorfer Str. 53, 24109 Kiel, Tel. 0431 – 549 30

AnsprechpartnerInnen: Gudrun Schröder, Ulrich Senft
Inhaltliche Schwerpunkte:
- Öffnung des Unterrichts (für alle Schularten mit Hospitationsmöglichkeiten);
- Drucken, Marmorieren und Buchbinden;
- Spielen im Unterricht;
- Methode Glasgow.
- Erarbeitung von Projekten im Grundschul- und Sek I – Bereich.

Zielgruppe: LehrerInnen aller Schularten

Lernwerkstatt Kisdorf des IPTS GHS Itzehoe
Grootrodder 9, 24629 Kisdorf, Tel. 04193 – 664 32

Ansprechpartnerinnen: Gabi Schwarz, Heike Herbst
Inhaltliche Schwerpunkte:
- fächerübergreifende Projektarbeit;
- «Themenkisten» – Ausleihe;
- Angebote für die Arbeit mit Schulklassen in der Werkstatt:

Zielgruppen: Kinder, LehrerInnen

Lernwerkstatt Lübeck an der Albert-Schweitzer-Grundschule
Albert-Schweitzer-Straße 59, 23566 Lübeck, Tel. 0451 – 625925

Ansprechpartnerinnen: Barbara Brökemeier, Stefanie Wiedermann, Birgit Giese, Gabriele Mehring – Hurlin
Inhaltliche Schwerpunkte:
- Möglichkeiten des Offenen Unterrichts an Förderschulen;
- Erarbeitung von Projekten;
- Lesen durch Schreiben und Kieler Leseaufbau, Erziehung zum Sein.

Zielgruppe: LehrerInnen

Lernwerkstatt an der IGS Lütjenmoor
Lütjenmoor 7, 22850 Norderstedt, Tel. Norderstedt 523 77 89

AnsprechpartnerInnen: Franz Emmerich, Dorit Bober
Inhaltliche Schwerpunkte:
- Die Lernwerkstatt arbeitet zur Zeit nur für die Gesamtschule Lütjemoor und Schulen der Stadt Norderstedt.

Zielgruppe: LehrerInnen

Lernwerkstatt des IPTS für Grund- und Hauptschulen Pinneberg
Rübekamp 2, 25421 Pinneberg, Tel. 04101 – 29177 (22789)

AnsprechpartnerInnen: Monika Friedland, Bernd Heinecke, Heike Hoßfeld, Helga Tank, Claudia Winkelmann
Öffnungszeiten: Jeden 1. und 3. Mittwoch im Monat von 15.00 – 18.00 Uhr und an den Tagen mit geplanten Veranstaltungen.
Inhaltliche Schwerpunkte:
- Ermutigung, Beratung und Unterstützung der LehrerInnen, die sich für Öffnung des Unterrichts und der Schule interessieren;
- Angebote zum selbsterfahrenden Lernen;
- Durchführung von handlungsorientierten Fortbildungsveranstaltungen;
- Mathematik im Anfangsunterricht, Würfelkabinett (Geometrie zum Anfassen);
- Dosenexperimente (Phänomene der Natur in physikalischen Experimenten).

Zielgruppe: LehrerInnen aller Schularten

Lernwerkstätten in Thüringen

Barbara Mergner/Beate Becker

Länderbericht

Im «grünen Herzen Deutschlands» – wie man Thüringen nun wieder bezeichnen kann – grünen auch Werkstatt-Initiativen verschiedener Art. Bisher sind drei Typen von Werkstätten entstanden:

1. eine Pädagogische Werkstatt in Jena, die im Rahmen des (für Thüringen in seinem Umfang und seinen Konsequenzen einmaligen) pädagogischen Aufbruchs in dieser Stadt 1990 – ohne Kenntnis der westdeutschen Lernwerkstätten-Bewegung – unter dem Dach des Schulamtes gegründet wurde und seit November 1991 dem Thüringer Institut für Lehrerfortbildung, Lehrplanentwicklung und Medien (ThILLM) als eine Außenstelle angehört,
2. Lernwerkstätten, die an Grundschulen eingerichtet und von den entsprechenden Schulämtern getragen und hoffentlich auch künftig von ihnen gefördert werden, sowie
3. eine Lernwerkstatt in Erfurt, die im Rahmen der Lehrerausbildung an der Pädagogischen Hochschule arbeitet und von der Münchner Grundschullehrerin und Autorin Ute Andresen geleitet wird.

Mit dem Begriff «Werkstatt» bezeichnet man nicht nur eine *Räumlichkeit* (besonders die eines Handwerksbetriebes), sondern auch ein *Treffen* (besonders von Künstlern), das dem Austausch von Erfahrungen und Ideen dient (vgl. Handwörterbuch der deutschen Gegenwartssprache, Berlin 1984). Alle hier genannten Thüringer Initiativen sind sowohl um die Veranstaltungsform «Werkstatt» als auch um die Einrichtung eines oder mehrerer Werkstatt-Räume bemüht. Aus diesem Grund wird der Begriff meist in doppelter Bedeutung verwandt.

Die Idee zur Gründung der unter 1. genannten Werkstatt entstand, als die Bürgerinitiative «Alternative Pädagogik» Jena im Januar 1990 eine stadtöffentliche Vortragsreihe veranstaltete und interessierte LehrerInnen,

ErzieherInnen, Eltern und BürgerInnen von Reformschulen in den alten Bundesländern, von reformpädagogischen Ansätzen, u. a. dem hier weithin unbekannten «Jena-Plan», erfuhren. Mit der Ergänzung dieser Vorträge durch Werkstätten zum Projektunterricht wollte Barbara Mergner, die sich in einer Nische der Universität Jena (im Bereich «Germanistik für Ausländer») mit der Projektmethode befaßt und sie mehrfach erprobt hatte, reformwillige LehrerInnen und ErzieherInnen aktivieren und ermutigen. Der Erfolg von zwei stadtöffentlichen Werkstätten (hier: Fortbildungsveranstaltungen), die über die Lokalpresse bekanntgemacht wurden, hatte Folgen. Neben der schulinternen Begleitung von Projekten und schulexterner regionaler Lehrerfortbildung erarbeitete Barbara Mergner ein Konzept zum Aufbau einer pädagogischen Werkstatt und erhielt vom Schulamt Jena die Gelegenheit, von September 1990 an als Mitarbeiterin im «Pädagogischen Kreiskabinett» kontinuierlich Werkstätten (schulextern und -intern) durchzuführen. Zu den Themen «Projektunterricht» und «Praktisches Lernen» gesellte sich alsbald die Spurensuche «Jenaer Reformpädagogik» hinzu. Im Oktober 1990 wurden im Rahmen der Werkstatt der Arbeitskreis «Jenaplan-Pädagogik» gegründet, der Jenaer Heil- und Sozialpädagoge Johannes Trüper geehrt und mit der Veranstaltung von Werkstatt-Wochenenden zu reformpädagogischen Themen begonnen. (Aus dieser Zeit stammt die Anschrift «Reformpädagogische Werkstatt» Kritzegraben 7.)

Im November 1991 wurde die Werkstatt an das neu gegründete Institut für Lehrerfortbildung, Lehrplanentwicklung und Medien (ThILLM) Arnstadt angekoppelt und die Werkstatt-Frau hatte (ab Januar 1992 mit einer Sekretärin verstärkt) nun auf der zentralen Fortbildungsebene Funktion und Wirkung der Pädagogischen Werkstatt Jena unter Beweis zu stellen. Arbeitsplatz blieb weiterhin ein Büro im Jenaer Schulamt, Regale (für kostbare Buchspenden von Verlagen und Bürgern) und Videotechnik wurden von der Robert Bosch Stiftung finanziert.

Erst nachdem die Werkstätten (hier: Veranstaltungen) zu Themen wie «Regelschule», «Schulinterne Lehrerfortbildung» (für SchulleiterInnen), «Anders lernen – anderes Material», «Eine Welt für alle», «Jenaplan-Pädagogik», «Freies Schreiben und Rechtschreiben», die Arbeitskreise «Thüringer Schulversuche» und «Montessori-Pädagogik» thüringenweit Interesse fanden, wurde die personelle Erweiterung und räumliche Gestaltung der Jenaer Werkstatt entschieden.

Seit Januar 1993 arbeiten an der Seite von Barbara eine Werkstatt-Frau für den Sekundarbereich, Regina Schlegelmilch und ein Werkstatt-Mann für videogestützte Schulbegleitung, Armin Naumann. Ein/e Mitarbeiter/in für den Grundschulbereich wird im Winter 1993 eingestellt. Das Team verfügt über fünf Arbeitsräume im Jenaer Philosophenweg 26, die werkstattgemäß eingerichtet sind und gleichzeitig von MitarbeiterInnen und Gästen genutzt werden: eine Bibliothek, ein Gesprächsraum, ein Video-Studio, ein mit Teilen der Montessori-Kollektion ausgestatteter Trainingsraum, ein Büro. Die Einrichtung wurde gemeinsam vom ThILLM, der Robert Bosch Stiftung und einer Spende niederländischer Jenaplan-Schulen (zu der Dr. Kees Vreugdenhil/Utrecht in der Zeitschrift «Mensenkinderen» aufgerufen hatte) finanziert. Im Rahmen des Instituts wurde das Team der Pädagogischen Werkstatt im Dezember 1992 mit der Schwerpunktsetzung «Schulentwicklung» beauftragt.

Noch immer auf der Suche nach einem diese Arbeitsperspektive erfassenden Begriff, sich behelfend mit der Bezeichnung «Pädagogische Werkstatt zur Schulentwicklung», legte das Werkstatt-Team im Mai 1993 ein Konzept vor, in dem zwischen den Arbeitsbereichen **Schulentwicklung** und **Pädagogisches Service-Zentrum** unterschieden und auf der Basis werkstattorientierter Verfahren versucht wird, beide Bereiche miteinander zu verzahnen. Gemeinsam mit VertreterInnen des niederländischen Partnerinstituts Algemeen Pedagogisch Studiecentrum Utrecht unternimmt das Team den Versuch, Innovationsstrategien der niederländischen Schulbegleitung in die in Jena entwickelte kontinuierliche (in Werkstätten und Arbeitskreisen organisierte) und netzwerkorientierte Lehrerfortbildung zu integrieren.

Schulentwicklung: Die MitarbeiterInnen der Werkstatt beginnen, unterstützt von den niederländischen Kolleg(inn)en, im Herbst 1993 mit der Begleitung von zwei Regelschulen in Kahla und Greiz, um schulentwicklerische Arbeit umfassend fördern und erfahren zu können.

Pädagogisches Service-Zentrum: Das in den begleiteten Schulen erstellte Material, die Erkenntnisse und Erfahrungen aus dem Projekt «Schulentwicklung an Regelschulen» werden umgehend im Service-Bereich der Werkstatt verfügbar sein und insbesondere in der Werkstatt «Regelschule» (hier: Veranstaltungsreihe) – einem Netzwerk initiativer Schulen dieser neuen Haupt- und Realschule integrierenden Schulart – genutzt.

Weitere Angebote sind:

- der Arbeitskreis «Thüringer Schulversuche»
- der Arbeitskreis «Montessori-Pädagogik», dessen Teilnehmerinnen im April 1994 das Montessori-Diplom erwerben
- die Werkstatt «Spiel Theater – Theater Spiel»
- die Werkstatt «Schülerzentrierter Unterricht»
- die Werkstatt «Grundschule»
- die Werkstatt «Jenaplan-Pädagogik»
- Exkursionen in deutsche Reformschulen und niederländische Jenaplan-Schulen
- Beratung und Unterstützung von LeiterInnen, LehrerInnen, ErzieherInnen und Eltern bei der Konzeptentwicklung.

Während die Pädagogische Werkstatt in Jena und die Lernwerkstatt in Erfurt schon zahlreiche Arbeits-Erfahrungen aufweisen können, befinden sich die Lernwerkstätten an Grundschulen erst im Aufbau oder am Beginn ihres öffentlichen Arbeitens. So sind die Lernwerkstätten in Mühlhausen, Meiningen, Greiz und Suhl gerade dabei, Material zu sammeln, Räume einzurichten und werden im September bzw. Oktober 1993 ihre Arbeit aufnehmen. In Eisenach, Weimar, Artern, Ilmenau und Jena konnten die Mitarbeiterinnen der Grundschulwerkstätten im Schuljahr 1992/93 erste Erfahrungen in der Lehrerfortbildung sammeln. Exemplarisch soll hier von der Initiative Weimar und – mit entsprechender Ortskenntnis – von der kurzen Geschichte der Jenaer Grundschulwerkstatt-Initiative berichtet werden.

In der Weimaer Lernwerkstatt sind zwei Lehrerinnen tätig, die in ihrer Freizeit viele Bücher und Lernmittel der unterschiedlichsten Verlage, die sich im Schulamt angesammelt hatten, im Schuljahr 1991/92 sortierten, ordneten und nun in einem Raum einer Grundschule anderen LehrerInnen zugänglich machen. In Zusammenarbeit mit den FachberaterInnen werden wöchentlich Fortbildungsveranstaltungen zu allen Fächern und Bereichen des Grundschulunterrichts organisiert.

Eine Grundschul-Lernwerkstatt wurde – nach dem Kennenlernen der Kasseler Grundschulwerkstatt – seit 1991 als ein Bereich der pädagogischen Werkstatt Jena geplant und im März 1992 in einem Klassenraum der Grundschule in der Dornburger Str. («Nordschule») mit einer von Ute

Grundschulwerkstatt Eisenach

Andresen (München) geleiteten Werkstatt (hier: Veranstaltung) noch ohne eigenes Personal eröffnet. Um die Idee einer regionalen LehrerInnen-Lernwerkstatt (nach dem Auftreten verschiedener institutioneller, personeller und konzeptioneller Schwierigkeiten) nicht zu gefährden, wurde die Grundschulwerkstatt-Initiative vom Landesinstitut gelöst und eine Zuordnung zum Jenaer Schulamt entschieden. Nach einer zweiten Vorbereitungsphase hat die Lernwerkstatt unter der Leitung von Beate Becker am 19. Juni 1993 mit dem öffentlichen Arbeiten begonnen.

Die Einrichtung der Grundschulwerkstatt besteht aus zwölf Trapeztischen und Regalen, die 1991 von der Pädagogischen Werkstatt Jena bei der Robert Bosch Stiftung beantragt und aus Fördermitteln finanziert wurden. Stühle fand der Hausmeister auf dem Dachboden, das ThILLM gab neue Farbe dazu, den Teppich finanzierte das Schulverwaltungsamt. Wichtige Hilfe wurde in diesem Zusammenhang von Vertretern der Akademie für Bildungsreform, allen voran von Herrn Prof. Dr. Andreas Flitner (Tübingen/Jena) geleistet. Entsprechend den Wünschen und dem Bedarf der Jenaer GrundschullehrerInnen werden von September 1993 an regelmäßig einmal monatlich Arbeitskreise für die einzelnen Klassenstufen durchgeführt. Im Mittelpunkt dieser Arbeit sollen vor allem der Erfahrungsaustausch und das eigene entdeckende Lernen stehen, aber die Grundschulwerkstatt soll auch ein Ort, ein Treffpunkt werden, wo man sich ganz konkrete Hilfe bei der Öffnung des Unterrichts, bei der Entwicklung und Herstellung neuer Arbeitsmittel, bei der Planung und Vorbereitung der Freiarbeit oder auch der Wochenplanarbeit holen kann.

Neben den Arbeitskreisen wird klassenstufenübergreifend eine Veranstaltungsreihe organisiert, in der Themen wie «Keine Zeit für Kinder?», «Kinderzeichnungen» usw. zur Diskussion stehen. Ein zweiter Raum der Grundschulwerkstatt wird zur Zeit – wiederum mit Hilfe der Robert Bosch Stiftung Stuttgart – als Druckerei ausgestattet. Während Werkstatt-Arbeit bisher nur mit Erwachsenen geleistet wurde, ist es ab Oktober 1993 möglich, mit Kindern hier zu arbeiten.

Schon an diesen beiden Beispielen von Weimar und Jena ist zu erkennen, wie unterschiedlich die Herangehensweise, das Konzept und die Realisierung sind. So haben alle oben aufgeführten Lernwerkstätten ihre Eigenheiten und ihre ganz individuelle Prägung. Doch es gibt auch Gemeinsamkeiten: Nach der Euphorie und dem Enthusiasmus der Wendezeit 1989/90, in der sich viele LehrerInnen auf den Weg gemacht haben, Neues auszuprobieren und zu cntdecken, machen sich jetzt in den neuen Bundesländern auf der einen Seite Wohlstand und auf der anderen Seite Resignation breit. Beide Tendenzen scheinen die Reformbereitschaft vieler Menschen zu lähmen. Das hat andere an Veränderung interessierte LehrerInnen jedoch nicht abgehalten, die Idee der «inneren Schulreform» am Leben zu halten und Grundschulwerkstätten als Orte der Begegnung und des gemeinsamen Lernens zu schaffen. Meist geschieht diese Arbeit in der Freizeit, das heißt, es gibt keinerlei Unterstützung der Schulämter, z. B. durch Abminderungsstunden für die Mitarbeiterinnen der Grundschulwerkstätten. Unsere Jenaer Grundschulwerkstatt bildet da die positive Ausnahme: Beate Becker hat eine halbe Stelle zur Verfügung, um in der Grundschulwerkstatt zu arbeiten, und auch die beiden anderen Mitarbeiterinnen erhalten wöchentlich zwei Abminderungsstunden.

Hinsichtlich der Vernetzung der Thüringer Lernwerkstätten gab es im September 1993 bemerkenswerte Fortschritte zu verzeichnen. VertreterInnen des Thüringer Kultusministeriums und des ThILLM haben sich mit Erfolg um die Bereitstellung finanzieller Mittel für die Ausstattung und Vernetzung der Lernwerkstätten bemüht. Am 21. Oktober fand auf Einladung des Teams «Pädagogische Werkstatt» (Leitung: Barbara Mergner) und des Teams «Grundschule» (Leitung: Johann Fackelmann) des ThILLM ein Arbeitstreffen der Thüringer Lernwerkstätten in Jena statt.

Bei diesem Treffen wurden die Voraussetzungen dafür geschaffen, ein funktionstüchtiges und unbürokratisches Netzwerk aufzubauen, das dem gegenseitigen Kennenlernen, dem Vergleich der Konzepte und Arbeitsweisen sowie der Hilfe und Unterstützung dienen soll.

Adressen und Kurzpoträts

Grundschulwerkstatt Artern
an der Grundschule 2
H.v. Fallersleben Str.1, 06556 Artern

Ansprechpartnerinnen: Frau Liebau, Frau Goldschmidt
Inhaltliche Schwerpunkte:
- Anstellung und Ausleihe von Lehrbüchern und Zusatzmaterialien;
- Herstellung von Lernspielen und didaktischen Arbeitsmaterialien.

Grundschulwerkstatt
an der 4. Grundschule
Karl-Marx -Straße 10, 99817 Eisenach, Tel. 03691 – 732783

Ansprechpartnerinnen: Karin Halung, Sabine Stabatty
Öffnungszeiten: Jeweils zu den Treffs der Arbeitsgruppen.
Inhaltliche Schwerpunkte:
- Durchführung von Fortbildungsveranstaltungen (z. B. Grundschultage),
- Gestaltung von handlungsorientiertem Unterricht mit Schulklassen der Schule;
- Treff von Arbeitskreisen zu folgenden Themen:
  Offener Unterricht – Praxis, Unterricht – Theorie, Anfangsunterricht, Horterzieher, Arbeit mit LRS-Kindern.

Zielgruppen: Kinder, LehrerInnen, ErzieherInnen

Pädagogische Hochschule Erfurt
Lernwerkstatt-Initiative
Nordhäuser Str., 99089 Erfurt, Tel. 0361 – 536233

Ansprechpartnerin: Ute Andresen

Thüringer Institut für Lehrerfortbildung, Lehrplanentwicklung und Medien (THILLM)
Pädagogische Werkstatt zur Schulentwicklung
Philosophenweg 26, 07743 Jena, Tel. 03641 – 57-2416

Ansprechpartnerinnen: Barbara Mergner, Regina Schlegelmilch
Öffnungszeiten: Montag – Freitag : 9.00 – 16.00 Uhr; ansonsten nach Vereinbarung.
Inhaltliche Schwerpunkte:
- Begleitung, Betreuung und Förderung von Schulentwicklung/Schulprojekten;
- Vernetzen von Schulinitiativen;
- Aufbau einer Informationsbörse über Erkenntnisse ,Erfahrungen aus dem Projekt Schulentwicklung;
- Durchführung von Erfahrungsaustausch- und Fortbildungsveranstaltungen in Arbeitskreisen.

Zielgruppe: LehrerInnen aller Schularten

Grundschulwerkstatt Jena
an der Nordschule
Dornburger Straße 31, 07743 Jena, Tel. 03641 – 425007

Ansprechpartnerinnen: Beate Becker, Gerda Hörig, Bärbel Rödl
Öffnungszeiten: Mittwoch von 13.30 – 16.00 Uhr und nach Absprache und Bedarf dienstags und donnerstags.
Inhaltliche Schwerpunkte:
- Hilfestellung für reformwillige LehrerInnen bei der Veränderung ihres Unterrichts;
- Organisation und Durchführung von Arbeitskreisen zu Themen wie Spielend lernen, Freiarbeit und Wochenplanarbeit, Projekte;
- Durchführung von Veranstaltungen zu psychologischen Themen
- Analyse von Kinderzeichnungen, freies Malen – diagn. und therap. Möglichkeiten.

Zielgruppe: GrundschullehrerInnen

Lernwerkstatt Weimar
an der Grundschule Christoph Martin Wieland
Gropiusstr. 1, 99423 Weimar, Tel. 3294

Ansprechpartnerinnen: Erika Vogel, Waltraud Pelzel, Johanna Ackermann
Öffnungszeiten: Montags von 13.30 – 16.30 Uhr.
Inhaltliche Schwerpunkte:
- Zentrum für die Durchführung von Fortbildungsveranstaltungen;
- Herstellung von Lernmitteln (eine Veranstaltung pro Monat);
- Information über und Ausleihe von Lehrbüchern, Kinderbüchern, Spielen, Kopiervorlagen und Karteien.

Zielgruppe: LehrerInnen

Lernwerkstätten in Österreich

Ulrike Lehner, Susanna Patschka

Länderbericht

Sowohl im Privatschulbereich als auch im Regelschulwesen sind in den letzten Jahren als Antwort auf die zunehmende Komplexität unseres Lebens, die Wissensexplosion und die damit verbundenen veränderten gesellschaftlichen Bedingungen und Anforderungen eine Vielzahl und Vielfalt von pädagogischen Initiativen entstanden, wobei zum Teil sehr unterschiedliche Ansätze, Schwerpunkte oder Formen von Lern- und Unterrichtsorganisation unter dem Begriff «Lernwerkstatt» subsumiert werden. Die Bandbreite reicht von der Orientierung am Konzept der Lernwerkstatt an der Technischen Universität Berlin (Karin Ernst) über Ausrichtung des Unterrichts nach den Konzepten von Montessori, Wild, Freinet bis hin zu den unterschiedlichen Mischformen der Arbeit mit offenen Lernformen, fächerübergreifendem Unterricht und projektorientiertem Arbeiten. Als Schwerpunkte finden sich neben sozialem Lernen verstärkt interkulturelles Lernen und die Integration von Behinderten. Als Raum reicht das Spektrum der Lernwerkstätten von der «aktiven Materialiensammlung», in und mit der Lernen stattfindet, bis zur «Materialienwerkstatt», in der Arbeitsmittel für den Unterricht selbst hergestellt werden können.

Gemeinsame und verbindende Elemente sind die Orientierung an den Bedürfnissen des Kindes, erfahrungsorientiertes und handlungsorientiertes Lernen, freies, individuelles und autonomes Lernen.

Erfahrungsaustausch und ein Diskurs über die unterschiedlichen Konzepte sowie eine (gemeinsame) Theoriebildung und Definition von Lernwerkstattarbeit ist erst im Anlaufen und auf erste Schritte und Diskussionen dazu beschränkt. Zu einem ersten österreichweiten «Vernetzungstreffen» wird die Lernwerkstatt am Pädagogischen Institut der Stadt Wien im März 1994 einladen.

Es ist daher im Augenblick noch nicht möglich, einen wirklich umfassenden und ausdifferenzierten Überblick über den Stand und die Arbeit von Lernwerkstätten in Österreich zu geben. Wir können nur exemplarisch die österreichische «Lernwerkstättenlandschaft» skizzieren und einzelne Grundlinien und Entwicklungstendenzen aufzeigen.

Allgemein läßt sich jedoch sagen, daß – im Zuge der neuen Autonomiebestrebungen auch im Bereich der Regelschule – derzeit vieles im Entstehen und Wachsen ist, und man durchaus optimistisch auf die Entwicklungen der nächsten Zeit gespannt sein kann.

Zur ersten Orientierung geben wir im folgenden Ausschnitte aus den Selbstdarstellungen verschiedener Lernwerkstätten wieder.

Lernwerkstätten für LehrerInnen

Die Idee zur Einrichtung einer **Lernwerkstatt für den Bezirk Reutte** entstand anläßlich eines Besuches von einer Gruppe von LehrerInnen aus der Sonderschule bzw. der Volksschule vor drei Jahren in Berlin. Als Vorbereitung auf einen integrativen Schulversuch hat diese Gruppe von LehrerInnen gemeinsam mit der Schulpsychologin und Eltern an verschiedenen Schulen Berlins in unterschiedlichsten Integrationsklassen hospitiert und in Zusammenarbeit mit der Technischen Universität Berlin Ausstattung, Arbeitsfeld und Arbeitsweise der dortigen Lernwerkstatt kennengelernt.

War es zunächst nur der Wunsch dieser kleinen Personengruppe, eine derartige Institution im eigenen Bezirk bzw. an der gemeinsamen Schule (Sonderschule und Volksschule sind in einem Gebäude untergebracht) einzurichten, so wurde in den beiden folgenden Jahren besonders durch die vermehrte Anzahl von Schulversuchen zum gemeinsamen Unterricht behinderter und nicht behinderter Kinder die Nachfrage gerade von jenen LehrerInnen laut, die in diesen Schulversuchen unterrichten.

Da gerade integrativer Unterricht auch einen am Kind orientierten Unterricht erforderlich macht und diesem Prinzip nur in einer kindgemäßen Schule durch die verschiedensten Formen eines offenen Unterrichts nachgekommen werden kann, wurde in den regelmäßigen Teambesprechungen der LehrerInnen sehr bald die veränderte Didaktik mit den dazu erforderlichen Materialien, Klassenumgestaltungen und dergleichen ein zentrales Thema. Da auch immer mehr Kinder mit nicht deutscher Muttersprache in unseren Schulen unterrichtet werden, ist auch das interkulturelle Lernen ein Schwerpunkt in der Thematik einer Lernwerkstatt und muß in die Arbeit einer derartigen Institution entsprechend eingebunden werden.

Insgesamt versteht sich die Lernwerkstatt Reutte als Raum der Lehrerfortbildung, in dem Lehrerinnen und Lehrer des Bezirks Reutte neue Erfahrungen mit dem Lernen machen können.

Die Idee, in **Salzburg** eine Lernwerkstatt einzurichten, entstand im Frühjahr 1990 anläßlich einer Integrationstagung in Innsbruck, als das Modell der TU-Lernwerkstatt von Michael Göhlich vorgestellt und erlebbar gemacht wurde. Bereits im Sommer 1990 begannen fünf Volksschullehrerinnen, die sich an verschiedenen reformpädagogischen Strömungen wie Freinet-Pädagogik, Montessori-Pädagogik und Integrationspädagogik orientierten, mit der Verwirklichung ihrer Ideen. Wesentliche Teile des Salzburger Konzepts wurden aus Reutte übernommen. Mit Unterstützung des Pädagogischen Instituts Salzburg gelang es, in dessen Gebäude einen Kellerraum für die Zwecke der Lernwerkstatt zu adaptieren. Im Herbst wurden Sponsoren gefunden, die vor allem pädagogische Materialien zur Verfügung stellten. Bücher sind größtenteils Leihgaben des Pädagogischen Instituts und der Pädagogischen Akademie.

Die Salzburger Lernwerkstatt soll unter Bereitstellung verschiedenster Materialien ein experimentieller Freiraum für das Lernen und Arbeiten in eigener Verantwortung und Selbstbestimmung sein. Sie soll zu einer Lern- und Arbeitsstätte werden, wo interessierte KollegInnen in Eigenverantwortung, bei Ausschöpfung der persönlichen Fähigkeiten und Fertigkeiten alleine oder zusammen mit anderen, auch unter zeitweiliger Anleitung, die Möglichkeit geboten bekommen, sich mit Neuem vertraut zu machen oder an der Lösung von Problemstellungen zu arbeiten.

Zunächst wurde versucht, die Ideen der Lernwerkstatt zum einen über «freie Nachmittage» zu verwirklichen, an denen die Lernwerkstatt geöffnet war und von einer Lehrerin betreut wurde, zum anderen über Workshops, in denen vor allem das interessengeleitete, selbstgesteuerte Lernen dargestellt wurde. Da im ersten Jahr das Angebot der Lernwerkstatt nur von wenigen genutzt wurde, ging die Gruppe dazu über, an den offenen Nachmittagen ReferentInnen einzuladen und konkrete Themen anzubieten. Daneben wurden auch weiterhin Workshops angeboten.

Die Lernwerkstatt wird inzwischen von verschiedenen reformpädagogischen Gruppen regelmäßig genutzt (Arbeitsgemeinschaft Ausländerpädagogik, Freinetgruppe, Integrationsgruppe). Bislang ist es aber noch nicht gelungen, eine größere Zahl von KollegInnen zu regelmäßigen Besuchern der Lernwerkstatt zu machen.

Im Schuljahr 1989/90 wurde mit dem Aufbau der **Lernwerkstatt am Pädagogischen Institut der Stadt Wien** begonnen. Workshops mit Karin Ernst zum Entdeckenden Lernen lieferten inhaltliche Impulse. Eine Entwicklungsgruppe, der viele innovative LehrerInnen verschiedener pädagogischer Richtungen angehörten, setzte das erste Projekt – die Gestaltung einer anregenden Lernumgebung – in die Tat um. Nahezu ein ganzes Stockwerk wurde zur «Netzwerkstatt» umgestaltet. Alle service- und beratungsorientierten Abteilungen des Hauses sind hier ressourcenmäßig vernetzt. Die offizielle Eröffnung der Lernwerkstatt im Rahmen der Netzwerkstatt fand am 31. März 1993 statt.

Die Netzwerkstatt besteht aus einem didaktischen Kabinett (Bibliothek und Materialiensammlung zu Projektunterricht, Offenem Lernen und Ausländerpädagogik), der Lernwerkstatt (Aktionsraum zum Entdeckenden Lernen und zur Herstellung von Unterrichtsmaterialien) und einem multifunktionalen naturwissenschaftlichen Raum (Modellcharakter für die Einrichtung solcher Räume an Schulen).

Derzeit sind zwei LehrerInnen mit 15 Std. einer Lehrverpflichtung (das sind 30 Verwaltungsarbeitsstunden) teilzeitbeschäftigt. Sie sind für die Betreuung der LehrerInnen des Pflichtschulbereichs und der Allgemeinbildenden Höheren Schulen zuständig. Die Gemeinde Wien und der Bund finanzieren die personellen und materiellen Ressourcen.

Eine anregende Lernumgebung mit einer «aktiven» Sammlung von Materialien und Unterrichtsbehelfen soll LehrerInnen aller Schularten zum Entdecken und Forschen auffordern: Nur wenn LehrerInnen selbst mit dieser Form des Lernens vertraut sind, können sie offene und selbstbestimmte Lernprozesse bei ihren SchülerInnen initiieren und begleiten. Die Lernwerkstatt soll Modellcharakter haben für die Einrichtung von Klassenräumen, in denen handelndes, offenes, ganzheitliches Lernen stattfinden kann. Die Materialsammlung soll anregen, eigene Unterrichts- und Fördermaterialien zu entwickeln.

«Wer lehrt, muß selber Raum zum Lernen haben.»

Jeden Freitag ist «Open House» in der Lernwerkstatt. Es gibt Beratung und Information, und es können Unterrichtsmaterialien hergestellt werden. Vierzehntägig findet ein themenzentrierter, fortlaufender Workshop mit einer fixen Gruppe statt. Die TeilnehmerInnen sammeln Erfahrungen mit Entdeckendem Lernen. Einmal im Monat wird im «Café Lernwerkstatt» ein theoretischer Input zu speziellen Aspekten von forschendem, handelndem Lernen gegeben. Einmal im Jahr findet ein viertägiger Workshop zum Entdeckenden Lernen für LehrerInnen aller Schularten statt. Im Sommer 1994 soll zum ersten Mal eine Werkstattwoche mit einer Schulklasse durchgeführt werden. Außerdem werden mit Lehrerteams schulstandortspezifische Fortbildungsangebote zur «Neuen Lernkultur» entwickelt, begleitet und gestaltet.

Lernwerkstätten für StudentInnen

Im Bereich der LehrerInnenausbildung gibt es konkrete Pläne und Konzepte vom jeweiligen Zentrum für das Schulpraktikum an der Unversität Graz und an der Unversität Wien. Zwei Blockseminare zur Lernwerkstattarbeit haben in Graz bereits stattgefunden, in Wien soll das erste in Kooperation mit der Lernwerkstatt am Pädagogischen Institut (PI) im Herbst 1994 starten. Einführungsveranstaltungen für StudentInnen der Pädagogischen Akademie Wien zu offenen Lernformen und zur Lernwerkstattarbeit finden am PI Wien bereits laufend statt.

Lernwerkstätten für SchülerInnen

Die Bezeichnung «Lernwerkstatt» wird inzwischen von einigen Alternativschulprojekten entweder als zusammenfassender Begriff für ihre Arbeit oder als Bezeichnung für Phasen aktiven Lernens innerhalb des Unterrichtsgeschehens gebraucht. Über die Projekte in Klosterneuburg, Herzogenburg und Graz liegen nähere Informationen vor:

In **Klosterneuburg** wurde im September 1992 vom Verein «Freiraum», einer Elterngruppe, die unzufrieden mit der Regelschule war, die die meisten ihrer Kinder bereits besuchten, eine Alternativschule gegründet, die sich in ihrem pädagogischen Konzept zum einen durch Lernwerkstätten, zum anderen durch bereits bestehende Alternativschulen anregen ließ. Die Schule ist derzeit in einem Pfadfinderheim, einem großen Haus mit Garten, angrenzendem Wald, Wiesen und einem Bach, untergebracht, verfügt über einen Raum und teilt zwei weitere mit den Pfadfindergruppen. Den Kindern wird Montessori- und anderes, laufend aktualisiertes Material angeboten, sie können ihre Tätigkeiten frei wählen, müssen aber auch feststehende Regeln und Grenzen achten. DIe Arbeitsschwerpunkte sind von den Interessen der Kinder abhängig. Am Angebot dieser Schule sind viele Eltern interessiert, so daß zur Zeit nach einem eigenen Haus gesucht wird.

Auch die **«Privatschule – Lernwerkstatt – Integrative Schule Herzogenburg»** wurde 1990 von einer Elterninitiative gegründet. In einem gemieteten Einfamilienhaus mit Garten, ausgebautem Keller und als Werkstatt gestalteter Garage lernen zur Zeit 38 Kinder von 7 bis 14 Jahren, betreut von 4 Lehrkräften. Im Mittelpunkt steht das freie, aktive und offene Lernen (autonome, spontane Aktivitäten der Kinder) in einer mit vielfältigsten Lernmaterialien ausgestatteten und entspannten Umgebung (Montessori, Piaget u. a.). Kinder mit besonderen Bedürfnissen werden in die altersheterogenen Gruppen integriert. Das Kernstück des pädagogischen Ansatzes ist das Vertrauen in die Entwicklungsprozesse der Kinder. Eltern und LehrerInnen sehen ihre Aufgabe vor allem in der Gestaltung der «vorbereiteten Umgebung», in der Unterstützung der Kinder, wenn diese es wünschen, und in zusätzlichen Angeboten (Experimente, Musik, Ausgänge usw.). Zur Zeit wird an einem Konzept für den Sekundarbereich gearbeitet, in dem die heranwachsenden Mädchen und Jungen in vielfältigen Kursen und

Schnupperpraktika in Betrieben ihre Kompetenzen erproben und erweitern können sollen.

Die **Modellschule Graz**, ein privates Realgymnasium mit Öffentlichkeitsrecht, wurde 1983 von einer LehrerInnengruppe ins Leben gerufen. Ihre pädagogischen Schwerpunkte liegen im projektorientierten Lernen und der bildnerischen Erziehung. Im «freien Lernen» haben die SchülerInnen nach Absprache mit dem jeweils unterrichtenden Lehrer die Möglichkeit, den Unterricht zu verlassen und unter Aufsicht einer anderen Tätigkeit nachzugehen, in der «Lernwerkstätte» können SchülerInnen der 1. und 2. Sekundarschulklasse nachmittags 4 Std./Woche selbstgewählte Themen bearbeiten. Lernzielbögen statt Noten unterrichten SchülerInnen und Eltern ausführlich über Lerninhalte und Lernfortschritte. Die Modellschule ist eine kleine, überschaubare Schule mit dichter Kommunikation und drittelparitätisch (Lehrer, Schüler, Eltern) zusammengesetzten Entscheidungsgremien. Dies ermöglicht eine ständige Weiterentwicklung des pädagogischen Konzepts. Der Lernwerkstatt-Gedanke wurde nach einem Workshop mit Barbara Daiber, einer ehemaligen Mitarbeiterin der Lernwerkstatt an der TU Berlin, in die Diskussion aufgenommen. Die Modellschule Graz ist ebenso wie die Lernwerkstätten in Wien, Reutte und Salzburg mehrfach auf den (bundesdeutschen) Fachtagungen der Lernwerkstätten vertreten gewesen.

Adressen und Kurzporträts

Lernwerkstatt für den Bezirk Reutte an der Sonderschule Reutte/Tirol
Schulstraße 3, A-6600 Reutte/Tirol, Tel. (00 43) 56 72/48 37-30 oder -31

Ansprechpartner: Norbert Syrow
Inhaltliche Schwerpunkte:
- Stützpunkt, «Motor», erste Anlaufstelle zur Öffnung von Unterricht;
- Formen alternativer Fortbildung, die für Offenen Unterricht relevant sind (Entdeckendes Lernen, Drucken, Kreatives Schreiben, Projektlernen, Freie Arbeit);
- Kontakt-, Anlauf-, Beratungs- bzw. Koordinationsstelle für den gemeinsamen Unterricht von behinderten und nicht behinderten Kindern und für interkulturelles Lernen;
- Wissenschaftliche Begleitung und Dokumentation der Schulversuche im Bereich Integration und interkulturelles Lernen, Projektberatung bei der Einrichtung von Schulversuchen; «Lehrerbörse» für Schulversuche;
- Bereitstellung von Arbeitsmaterialien und Aufbau einer Bücherei.

Zielgruppen: LehrerInnen, Eltern

Lernwerkstatt Salzburg am Pädagogischen Institut Salzburg
Erzabt-Klotz-Straße, A-5020 Salzburg

Ansprechpartnerinnen: Edith Steiner, Jutta Prommegger, Vroni Sampl
Inhaltliche Schwerpunkte:
- Beratung von LehrerInnen,
- Entwicklung von Arbeitsmaterial,
- Erprobung didaktischer Konzepte,
- Fortbildung von LehrerInnen,
- Forschung in grundschulspezifischen Unterrichtsfeldern.

Zielgruppe: LehrerInnen

Lernwerkstatt am Pädagogischen Institut der Stadt Wien
Burggasse 14–16, A-1070 Wien, Tel. (00 43) 1/93 62 22/7 26 DW.

Ansprechpartnerinnen: Mag. Ulrike Lehrer, Susanna Patschka
Inhaltliche Schwerpunkte:
- anregende Lernumgebung mit einer «aktiven» Sammlung, die LehrerInnen aller Schularten zum Entdecken und Forschen auffordern soll;
- Modell für die Einrichtung von Klassenräumen und für die Entwicklung eigener Unterrichts- und Fördermaterialien;
- Beratung, Information, fortlaufende Workshops, theoretische Inputs zum Entdeckenden Lernen;
- kollegiumsinterne Fortbildungen zur «Neuen Lernkultur».

Zielgruppen: LehrerInnen, Studierende

Verein Freiraum – Initiative für aktives, integratives und offenes Lernen
Hartmanngasse 4, A-3400 Klosterneuburg

Ansprechpartnerin: Bibiane Dattler
Inhaltlicher Schwerpunkt:
Von Eltern gegründete Alternativschule mit interessengeleiteter Arbeit, u. a. nach Montessori.
Zielgruppe: SchülerInnen

«Mit Kindern wachsen»
Initiative für aktives und offenes Lernen
Privatschule – Lernwerkstatt – Integrative Schule
A-3130 Herzogenburg, Jubiläumsstraße 42, Tel. (00 43) 27 84/25 80

Ansprechpartnerin: Birgit Braunstätter
Inhaltliche Schwerpunkte:
Von Eltern gegründete Alternativschule mit
- freiem, offenem und aktivem Lernen,
- integrativer Förderung,
- Arbeit in altersheterogenen Gruppen,
- «vorbereiteter Umgebung» nach Montessori, Piaget und Werkstattprinzipien,
- im Aufbau befindlichen Angeboten für den Sekundarbereich.

Zielgruppe: SchülerInnen

Modellschule Graz
Fröbelgasse 28, A-8020 Graz, Tel. (00 43) 3 16/67 29 82

Ansprechpartnerinnen: Andrea Winkler, Monika Czaszar
Inhaltliche Schwerpunkte:
Öffentlich anerkanntes privates Realgymnasium mit
- projektorientiertem und freiem Lernen,
- materialreichen Lernumgebungen,
- «Lernwerkstätten» zur Arbeit an selbstgewählten Themen,
- verbaler Beurteilung,
- drittelparitätisch zusammengesetzten Entscheidungsgremien.

Zielgruppe: SchülerInnen der Sekundarstufe

Weitere Initiativen und AnsprechpartnerInnen in Österreich

Elterngruppe der integrierten Lernwerkstatt Döbling
Gustav Tschermakgasse 3, A-1180 Wien, Tel. (00 43) 1/31 12 13
Ansprechpartnerin: Elisabeth Laube

«Regenbogenschule»
Verein zur Förderung alternativer Lehrmethoden
A-8114 Kleinstübing, Tel. (00 43) 31 27/4 18 45
Ansprechpartnerinnen: Irene Stögerer-Schäffer-Krainer, Doris Baumann

Verein Schulprojekt Wienerwald
Dr. Niedermayergasse 18, A-3021 Preßbaum, Tel. (00 43) 22 33/26 67
Ansprechpartnerin: Evelyn Varkonyi

Verein Spielend Lernen
Gerasdorfer Straße 61, A-1210 Wien
Ansprechpartnerin: Irmgard Sturm

Verein Luftschloß
Elterninitiative zum Offenen Lernen
Pfeilgasse 35/6–7, A-1080 Wien
Ansprechpartnerin: Gabriele Oberreiter

Institut für Erziehungswissenschaften der Universität Innsbruck
Innrain 52/V, A-6020 Innsbruck, Tel. (00 43) 5 12/5 07/35 45
Ansprechpartner: Reinhard Hug

Uta Krause

Literaturzusammenstellung zum Thema

Lernwerkstätten

in Pädagogischen Zeitschriften

Erfaßter Zeitraum: **1985 bis 1993**
Erfaßte Zeitschriften: **Gesamtzahl 66**

5 – 10 Schulmagazin/ Ad hoc/ Agenda/ Anregung/ Arbeit und Technik in der Schule/ arbeiten und lernen/ Beispiele/ Beiträge zur Lehrerbildung/ Bildung und Erziehung/ Bildungsforschung und Bildungspraxis/ Blickpunkt Schule/ Brennpunkt Lehrerbildung/ Chemie in der Schule/ Demokratische Erziehung/ Die deutsche Schule/ Der Deutschunterricht/ Deutschunterricht/ Diskussion Deutsch/ Emile/ Empirische Pädagogik/ Engagement/ Erziehungskunst/ Forum E/ Forum Pädagogik/ Fragen und Versuche/ Geographie und ihre Darstellung/ Geographie und Schule/ Geschichte Erziehung Politik/ Geschichte in Wissenschaft und Unterricht/ Geschichte lernen/ Grundschule/ Grundschulunterricht/ Grundschulzeitschrift/ Ide/ Kunst und Unterricht/ Lehren und Lernen/ Neue Deutsche Schule/ Pädagogik/ Pädextra/ Pädagogik und Schul-alltag/Pädagogische Führung/ Pädagogische Korrespondenz/ Pädagogische Notizen/ Pädagogische Rundschau/ Pädagogische Welt/ Pädagogisches Forum/ Physik in der Schule/ Physik und ihre Didaktik/ Politische Bildung/ Praxis der Naturwissenschaften/ Biologie/ Praxis des neusprachlichen Unterrichts/ Praxis Deutsch/ Praxis Geographie/ Praxis Geschichte/ Praxis Grundschule/ Praxis Schule 5 – 10/ Die Realschule/ Sachunterricht und Mathematik in der Primarstufe/ Schulpraxis/ Schulverwaltung Bayern/ Schulverwaltung Niedersachsen/ Schulverwaltung Nordrhein-Westfalen/ Unterricht Biologie/ Unterrichten/ Erziehen/ Unterrichtswissenschaft/ Zeitschrift für Pädagogik/

Grundlagenartikel

CLAUSSEN, CLAUS: Kleine Typologie von Lernwerkstätten. In: Grundschule 6/1992, 38–39.

ERNST, KARIN: Das Einfache, das schwer zu machen ist ... Erwachsene lernen «wie Kinder». In: Die Grundschulzeitschrift 35/1990, 29–32.

ERNST, KARIN: Lernwerkstätten – Regionale Zentren für die innere Schulreform. In: Pädextra & demokratische Erziehung 5/1990, 6–10.

FUCHS, KARL-HEINZ/HINDER, HELMUT: Wie gründet man eine Lernwerkstatt? In: Praxis Schule 5 – 10 4/1991, 17–19.

GARLICHS, ARIANE: Auf dem Weg zu Lernwerkstätten. In: Die Grundschulzeitschrift 59/1992, 38–42.

GERBAULET, SABINE: Weiterlernen durch Handeln. Selbsthilfe und Fortbildung in Lernwerkstätten. In: Die Grundschulzeitschrift 35/1990, 27–28.

HAGSTEDT, HERBERT: Lernwerkstätten: freie Arbeit für Erwachsene. In: Die Grundschulzeitschrift, 39/1989 (Sonderheft).

KASPER, HILDEGARD/MÜLLER-NAENDRUP, BARBARA: Lernwerkstätten – die Idee – die Orte – die Prozesse. In: Grundschule 6/1991, 8–11.

KOHLS, ECKHARD: Lernwerkstatt: Fortbildung und Ausbildung unter einem Dach. In: Grundschule 6/1992, 31–32; 37.

MÜLLER-NAENDRUP, BARBARA: Lernwerkstätten in Deutschland. In: Grundschule 6/ 1992, 40–42.

SCHÖNKNECHT, GUDRUN: Die Lernwerkstatt. Ein neuer Lernort für Lehrerinnen und Lehrer. In: Pädagogische Welt 1/1993, 34–37.

SCHÖNKNECHT, GUDRUN: Lernwerkstätten in der BRD. In: Pädagogische Welt 1/1993, 37–39.

SCHWENK, EBERHARD: Lernen in der Lernwerkstatt. Werkstattgespräch: (Materialien). In: Lehren und Lernen 4/1993, 43–49.

WITTENBRUCH, WILHELM: Lernwerkstätten: Die Grundschule braucht lernende Lehrerinnen und Lehrer! In: Grundschule 6/1992, 15–18.

Arbeitsberichte

BERG, KLAUS/IRMLER, ALOIS: Schule und Hochschule treffen sich. In: Grundschule 6/ 1992, 26–27.

BOHNENKAMP, ALBRECHT/BRÜGELMANN, HANS: Computer im Grundschulunterricht? Erfahrungen aus einer Lernwerkstatt. In: Diskussion Deutsch 128/1992, 509–527.

ERNST, KARIN: Die Verdoppelung des Tetraeders. In: Pädextra & demokratische Erziehung 7, 8/1990, 46–48.

ERNST, KARIN: Wie lernt man offenen Unterricht? Erfahrungen aus der Lernwerkstatt an der TU Berlin. In: Pädagogik 6/1988, 14–18.

FÖLLING, ALBERS, MARIA/GÖTZFRIED, WOLFGANG/HITZLER, RUDOLF: Lernwerkstätten in der Lehrerbildung. Aufgaben, Anfänge, Anregungen. In: Grundschule 6/1992, 20–22.

HAGSTEDT, HERBERT: Kinder und Erwachsene lernen gemeinsam. Grundschulwerkstatt Kassel. In: Grundschule 6/1992, 12–14.

KOHLS, INGE-MARIE: IPTS – Lernwerkstätten in Schleswig-Holstein. Zwischenbilanz aus der Binnenperspektive einer neuen Einrichtung. In: Grundschule 6/1992, 28–30.

RAMSEGER, JÖRG: Märchenwoche in der Grundschulwerkstatt Kassel. In: Grundschule 50/1986.

SCHOLL, BÄRBEL: Irrwege, Umwege, mein Wege. In: Fragen und Versuche 39/1987, 28-30.

STÖCKER, MARIA: Sand im Getriebe. Entdeckendes Lernen in der Lernwerkstatt. In: Fragen und Versuche 39/1987, 5-15.

Lernwerkstätten stellen sich vor

BERG, KLAUS/IRMLER, ALOIS: Didaktische Werkstatt der PH Weingarten. In: Grundschule 6/1992, 27.

Brinkmann, Erika: «Büffelstübchen» Stuhr-Brinkum. In: Die Grundschulzeitschrift 56/1992, 50–51.
Busch, Lotte: Die Lernwerkstatt Hamburg-Wegenkamp. In: Die Grundschulzeitschrift 43/1992.
Döttling, Annelie: Lernwerkstatt als notwendige Konsequenz. Lernwerkstatt Paul-Gerhard-Schule Wert. In: Grundschule 6/1992, 43.
Drucken. Druckstelle – Werkstatt für ganzheitliches Arbeiten e. V. Oldenburg. In: Die Grundschulzeitschrift 5/1987, 63.
Ernst, Karin: Die Lernwerkstatt an der TU Berlin. In: Die Grundschulzeitschrift 57/1992.
Götzfried, Wolfgang/Hitzler, Rudolf/Fölling-Albers, Maria: Handelndes Lernen in der Lernwerkstatt. Am Beispiel des Grundschulstudiums an der Universität Regensburg. In: Pädagogische Welt 47/1993, 40–43.
Hagstedt, Herbert: Grundschulwerkstatt – Pädagogisches Labor der GhS Kassel. In: Grundschule 6/1992, 14.
Hehnke, Margarete: «Laß es mich tun und ich verstehe ...» Lernwerkstatt im IPTS Pinneberg. In: Grundschule 6/1992, 44–45.
Kasper, Hildegard/Müller-Naendrup, Barbara: Das Workshop Center in New York. Ein Prototyp der Lernwerkstättenbewegung. In: Grundschule 6/1993, 19.
Kirschner, Gerhild: Lernwerkstatt Grundschule Bonbaden. In: Die Grundschulzeitschrift 60/1992, 40.
Kohls, Eckhard: Die Grundschulwerkstatt Kassel. In: Die Grundschulzeitschrift 55/1992, 44–45.
Krahnepuhl, Heide: Lernwerkstatt «Büffelstübchen» Rostock. In: Die Grundschulzeitschrift 54/1993, 41.
Lernwerkstatt Info Bochum. In: Fragen und Versuche 52/1990, 43–45.
Lernwerkstatt Prima. Verein zur Förderung selbständigen, projekt- und handlungsorientierten Lernens für Unna und Umgebung. In: Fragen und Versuche 56/1991, 56–57.
Prima. Projekte – Ideen – Materialien – Ausstellungen. Unnaer Lernwerkstatt: Hilfe zur Veränderung und Öffnung von Unterricht. In: Fragen und Versuche 48/1989, 79–82.
Senarclens de Grancy, Gabriele: Grundschulwerkstatt Münster-Gierenbeck. In: Die Grundschulzeitschrift 58/1992, 39.
Treitz, Peter: Auf dem Weg zum offenen Unterricht. Ein Jahr «Grundschulwerkstatt» der LPM-Außenstelle Neunkirchen. In: Sachunterricht und Mathematik in der Primarstufe 12/1990, 566–567.
Wittenbruch, Wilhelm: Lernwerkstatt an der Westfälischen Wilhelms-Universität in Münster. In: Grundschule 6/1992, 18.

Arbeit nach den Prinzipien einer Werkstatt

O. Allgemeines

Andresen, Ute: Lernen in anderen Räumen: Der Klassenraum als Lernwerkstatt. In: Pädagogik 4/1992, 14–17.

DINGES, ANNE/GRAGERT, KARIN/PAULUS, UDO: Unsere Lernwerkstatt – eine «naturwüchsige Konsequenz». In: Praxis Schule 5 – 10 4/1992, 21–22.

KIRSCHNER, GERHILD: Unsere Schule ist eine Lernwerkstatt. Ein Bericht aus der Grundschule Bonbaden. In: Grundschule 6/1992, 23–24.

MORAWIETZ, HOLGER: Lernläden und Lernstraßen ... als Brücken zur Freiarbeit und zum Wochenplanunterricht. In: Grundschule 7, 8/1992, 18–20.

SCHIFFLER, HORST: Thesen zum Verhältnis «Seminarleben» – Schulleben und ein Werkstattbericht aus der Arbeit in der ersten Ausbildungsphase. In: Lehren und lernen 4/1990, 91–97

UNRUH, THOMAS: Das Klassenzimmer wird zur Lernwerkstatt. In: Praxis Schule 4/1992, 24–26; 35–36.

1. Sprachlich-ästhetischer Bereich

BORTLIK, GUDRUN/HAAS, GERHARD: «Hochverehrte Schreibwerkstatt ...» oder: Wie der Präsident der Deutschen Akademie für Sprache und Dichtung einer Schulklasse zeigt, daß er noch lebt ... In: Praxis Deutsch 86/1987, 4–5.

DINGES, ANNE/GRAGERT, KARIN/PAULUS, UDO: Sie schreiben freiwillig Aufsätze! Über die (Frei-)Arbeit mit der «Schreib-drauf los!»-Kartei. In: Praxis Schule 5 – 10 4/1992, 22-23; 29–32 (Materialteil).

ENGEL, EVA: Hör-Spiele. Anregungen zum produktiven Umgang mit dem Kassettenrecorder. Geräuschewerkstatt. In: Praxis Grundschule 4/1993, 14–19.

HECKER, ULRICH: Alternative zum «Fibeltrott» in Klasse 1: Schreib- und Lesewerkstatt. In: Neue Deutsche Schule 18/1993, 21–22.

KAHRMANN, KLAUS-OVE: Das Prinzip Werkstatt. Eine Alternative zur alltäglichen kunstpädagogischen Praxis. In: Kunst und Unterricht 161/1992, 14–199.

KLEEM, HARALD/KRETZMER, ALBERT: «Kulturwerkstatt». Erfahrungen und Hintergründe von Kulturarbeit in einer Schule abseits des Alltagsunterrichtes. In: Beispiele 4/1989, 12–15.

MAAR, PAUL: Kassetten für Kinder. Ein Bericht aus meiner Werkstatt. In: Grundschule 7, 8/1993, 25–26.

MEYER, VOLKMAR: Entdeckender Schriftspracherwerb. Augen auf – und hinein! In: Neue Deutsche Schule 18/1993, 22–23.

RAUSCHER, HEINZ: Das Klassenzimmer als Reim- und Dichterwerkstatt. In: Beispiele 3/1990, 60–62.

RUPPRECHT, RAINER: Lernen durch Erfahrung – Bericht aus der Videowerkstatt. In: Unterrichten/erziehen 4/1990, 60–62

SCHNECK, THOMAS: Fachdidaktik Musik. Thema: Musizierwerkstatt. In: Lehren und Lernen 4/1990, 83–90.

SCHULTZ, KATHARINA: Malschule Emden: Ein Werkstattbericht. In: Beispiele 2/1992, 46–48.

TREITZ, PETER: Von den acht Frauen des Großvaters. Interkulturelle Lesewerkstatt in der Bachschule Neunkirchen eröffnet. In: Sachunterricht und Mathematik in der Primarstufe 9/1992, 420–421.

WEBER, HANS-CARL: Kunst-Werkstatt-Experiment. In: Kunst und Unterricht 141/1990, 38–41.

2. Sozialkundlich-geschichtlicher Bereich

GLUMPLER, EDITH: Erschließung von Lebenswirklichkeit durch Sachunterricht. Teil 2: Befähigung zur Lebensweltererschließung durch Projekt- und Werkstattarbeit in der LehrerInnenbildung. In: Sachunterricht und Mathematik in der Primarstufe 12/1992, 535–238; 553–554.

KAUFMANN, HEINZ: Herr Ober, die Hausaufgaben bitte ... Eine Lernwerkstatt für Klassensprecher. In: Pädagogik 6/1992, 21–24.

SCHOLZ, LOTHAR: Eine Lernwerkstatt für Politische Bildung. In: Praxis Schule 5 – 10 4/1992, 48–51; 37–40 (Materialteil).

WUNDERER, HARTMUT: Unterrichtswerkstatt Geschichte und Politik. In: Geschichte lernen 19/1991, 14–15.

3. Technisch-naturwissenschaftlich-mathematischer Bereich

BISENIUS, VIVIANE/GNIELEZYK, PETER: Lernwerkstatt Ernährung. In: Arbeiten + lernen/ Wirtschaft 2/1991, 23–28.

BÖLTS, HARTMUT/RÜSSELER, HARRY: Die «flinke Elvira» als Wegbereiterin. Lernwerkstätten zum Thema «Energie». In: Praxis Schule 5 – 10 3/1993, 27–33.

BUCHCZIK, MARIE-LOUISE: Überall tropft es, rieselt es, plätschert es. Das Projekt «Werkstattmuseum für Kinder». In: Pädextra 9/1993, 33–35.

Hannover: Werk-statt-Schule e. V. Recyclingprojekt Nordstadt als Außerschulischer Lernort. In: Beispiele 4/1992, 52–53.

LADKAU, JOACHIM: Von der Fahrradwerkstatt zur Radwanderfahrt. In: Beispiele 2/ 1993, 52–54.

WIENEKE-KRANZ, JENNY: Mitten aus dem Leben gegriffen ... und auf Karteikarten gebannt ...? In: Fragen und Versuche 42/1987, 43–49.

Bücher über Lernwerkstätten und verwandte Einrichtungen

Schulnahe Curriculum-Entwicklung. Ein Vorschlag zur Errichtung Regionaler Pädagogischer Zentren mit Analysen über Innovationsprobleme in den USA, England und Schweden. Eine Denkschrift. Stuttgart: Klett 1972.

BRÜGELMANN, Hans: Die englischen Teachers' Centres. In: Die Deutsche Schule 9/ 1972, S. 533ff.

In-Service Education and Teachers' Centres. Ed. by ELIZABETH ADAMS. Oxford: Pergamon Press 1975.

The Teacher as Learner: Ed. by RUTH DROPKIN. New York: Workshop Center for Open Education 1977.

Teacher Centers: What Place in Education? Ed. by SHARON FEIMAN. The University of Chicago. Enter for Policy Studies 1978.

Building a Teachers' Center. Ed. by KATHLEEN DEVANEY. New York: Teachers College Press 1979.

ALBERTY, BETH/NEUJAHR, JAMES/WEBER, LILLIAN: Use and Setting: Development in a Teachers' Center. Grand Forks: North Dakota Study Group on Evaluation 1981.

ALBERTY, BETH/NEUJAHR, JAMES/WEBER, LILLIAN: Taking Root: The Workshop Center at City College. New York: The Workshop Center 1983.

UNESCO, Division of Science, Technic¡al and Environmental Education: The Training of Primary Science Educators – A Workshop Approach. Ed. by WYNNE HARLEN. Paris 1985 (= Science and technology education document series 13).

PALLASCH, WALDEMAR/REIMERS, HEINO: Pädagogische Werkstattarbeit. Eine pädagogisch–didaktische Konzeption zur Belebung der traditionellen Lernkultur. Weinheim und München: Juventa 1990.

ERNST, KARIN/PUHAN-SCHULZ, BARBARA: Fortbildung vor Ort oder Wie wir ein Lehrerzentrum gründen. Weinheim 1990.

UNESCO sourcebook for science in the primary school. A workshop approach to teacher education., Ed. by Wynne Harlem and Jos Elstgeest. Paris: UNESCO 1992.

BOLLAND, ANGELA: Lernwerkstätten – Orte der Reform von Lehren und Lernen; Dokumentation der 5. bundesweiten Fachtagung der Lernwerkstätten. Wuppertal 1993.

Becker, Beate; Zillestraße 2, 07749 Jena

Bier, Albert; Charlottenstraße 8, 66119 Saarbrücken

Bolland, Angela; Walkürenallee 11, 42117 Wuppertal

Busch, Lotte; Sophienallee 5, 20257 Hamburg

Daumen, Cäcilie; Staatliches Institut für Lehrerfort- und -weiterbildung Speyer, Butenschönstraße 2, 67346 Speyer

Dr. Ernst, Karin; Neue Kantstraße 5, 14057 Berlin

Gruschke, Heike; Charlottenstraße 14, 39124 Magdeburg

Krahnepuhl, Heide; Gerüstbauerring 43, 18109 Rostock

Krause, Ute; Zingster Straße 55, 13051 Berlin

Dr. Lambrich, Dieter; Staatliches Institut für Lehrerfort- und -weiterbildung Speyer, Butenschönstraße 2, 67346 Speyer

Lehner, Ulrike; Pädagogisches Institut der Stadt Wien, Burggasse 14–16, A – 1070 Wien

Meyer-Schlegel, Wilfried; Osterdeich 58, 28203 Bremen

Dr. Mergner, Barbara; Thüringer Institut für Lehrerfortbildung, Lehrplanentwicklung und Medien, Pädagogische Werkstatt, Philosophenweg 26, 07743 Jena

Müller-Naendrup, Barbara; Husarenstraße 1, 69121 Heidelberg

Patschka, Susanna; Pädagogisches Institut der Stadt Wien, Burggasse 14–16, A – 1070 Wien

Schönknecht, Gudrun; Berliner Allee 22 d, 86153 Augsburg

Schröder, Gudrun; Am Blöcken 75, 24111 Kiel

Schwarz, Gabi; Am großen Graben 3, 23867 Sülfeld

Schulze, Hermann;; Freudenthalstraße 18, 29614 Soltau

Senft, Ulrich; Salzburger Straße 148, 24147 Kiel

Sommer, Denise; Pädagogisches Landesinstitut Brandenburg, Struveshof, 14974 Ludwigsfelde

Dr. Voigt, Sigrid; Saarlouiser Straße 47, 04318 Leipzig

Dr. Waldmann, Elvira; Pädagogisches Landesinstitut Brandenburg, Struveshof, 14974 Ludwigsfelde

Dr. Wedekind, Hartmut; Zingster Straße 37, 13051 Berlin

Wiedenmann, Marianne; Jahnstraße 48, 60318 Frankfurt/Main

Beiträge zur Reform der Grundschule

Schriftenreihe des Arbeitskreises Grundschule – Der Grundschulverband – e.V.
Begründet von Erwin Schwartz, fortgeführt von Dieter Haarmann
Herausgeber: Rudolf Schmitt, Renate Valtin, im Auftrage des Vorstandes des Arbeitskreises Grundschule – Der Grundschulverband – e.V.

Lieferbare Bände

Mitgliederbände:

40/41 Wieviel Ecken hat unsere Schule – Teil I Klassenzimmer als Lernort und Erfahrungsraum
42 Wieviel Ecken hat unsere Schule – Teil II Schulhaus – Schulhof – Schulanlage
43/44 Die Grundschule der 80er Jahre (Bilanz/Perspektiven)
45 Lernorte außerhalb des Klassenzimmers Teil I
48 Lehrer und Schüler verändern die Schule
49 Lernorte außerhalb des Klassenzimmers Teil II
54 Auf dem Weg zum differenzierten Schulalltag
55 Wandertag – Klassenfahrt – Schullandheim
56/57 Rechtschreiben in den Klassen 1–6
58/59 Gemeinsam leben – gemeinsam lernen Behinderte Kinder in der Grundschule
60 Kinder finden zu sich selbst Disziplin, Stille und Erfahrung im Unterricht
61/62 Frauen machen Schule
63 Arithmetik für Kinder
64 Fibeln und Erstlesewerke '85
66 Schulbücher im Sachunterricht
67/68 Schreiben ist wichtig
69 Ästhetische Erziehung in der Grundschule
70 Sexualerziehung in der Grundschule
71 Umwelterziehung
72 Gestalten mit Schrift
73 Kinder kommen zur Schule
74 Interkulturelles Lernen
75 Veränderte Kindheit – veränderte Grundschule
76 Lyrik für Kinder – gestalten und aneignen
77 Übergänge nach der Grundschule
78 Alltag im offenen Unterricht
79/80 Kinder heute – Herausforderung für die Schule
81 Theater macht Schule – Schule macht Theater
82 6jährige Grundschule
83/84 Grundschule in Europa – Europa in der Grundschule
85 Bewegung, Spiel und Sport in der Grundschule
86 Die ersten Wochen in der Schule
87 Leistung der Schule – Leistung der Kinder
88/89 Wohnortnahe Integration
90 MädchenStärken
91 Lernwerkstätten
92/93 Religion in der Grundschule
94 Lehrerbildung

Sonderbände

S 25/26 Grundschule – Kinderschule oder Vorschule der Wissenschaft
S 36 Schrift und Schreiben (Bibliographie)
S 38 Lehr- und Lernmittel in der Grundschule (Erg. 1980)
S 41 Rolle des Schulleiters – Kooperation*
S 42 Bibliographie 'Schulschwache Kinder'
S 43 Schulleben u. Schulgemeinde*
S 44 Lehr- und Lernmittel in der Grundschule (1984)
S 45 Entlastungsstrategien f. Schulleiter*
S 46 Arbeitskreisbibliographie
S 47 Gesundheitserziehung
S 48 Förderung ausländischer Kinder*
S 49 Einführung in die Vereinfachte Ausgangsschrift*
S 50 Auf dem Weg zu einem schuleigenen pädagogischen Konzept*
S 51 Die kleine Grundschule*
S 52 Die Ganze Halbtagsschule*
S 53 Fremde Sprachen i.d. Grundschule*
S 54 Grundschule u. Bibliothek
S 55 Fördern und Förderunterricht

* Schulleiter-Reihe „Mehr gestalten als verwalten"

Forschungsbände

F6 Lehrerausbildung Sachunterricht
F7 Die Eingangsstufe des Primarbereichs
F8 Bosch: Grundlagen des Erstleseunterrichts (Reprint)

Außerhalb der Reihen

Sammelband: Dritte Welt in der Grundschule
Aminatas Entdeckung (Kinderbuch)

Arbeitskreis Grundschule – Der Grundschulverband – e.V.
Postfach 900148 60441 Frankfurt/M.

An den
Arbeitskreis Grundschule
– Der Grundschulverband – e. V.
Postfach 900148
60441 Frankfurt (Main)

☐ Mitglied

☐ Student(in)

....
(Name bzw. Schule)

Bestellschein

....
(Straße und Hausnummer)

Hiermit bestelle ich

.... Exemplar(e) des Bandes ....

.... Exemplar(e) des Bandes ....

.... Exemplar(e) des Bandes ....

.... Exemplar(e) des Bandes ....

.... Exemplar(e) des Bandes ....

....
(PLZ und Ort)

....
(Datum)

....
(Unterschrift)

An den
Arbeitskreis Grundschule
– Der Grundschulverband – e. V.
Postfach 900148
60441 Frankfurt (Main)

☐ Mitglied

☐ Student(in)

....
(Name bzw. Schule)

Bestellschein

....
(Straße und Hausnummer)

Hiermit bestelle ich

.... Exemplar(e) des Bandes ....

.... Exemplar(e) des Bandes ....

.... Exemplar(e) des Bandes ....

.... Exemplar(e) des Bandes ....

.... Exemplar(e) des Bandes ....

....
(PLZ und Ort)

....
(Datum)

....
(Unterschrift)

An den Arbeitskreis Grundschule
– Der Grundschulverband – e. V.
Postfach 90 01 48
60441 Frankfurt (Main)

Beitrittserklärung

Hiermit trete ich dem Arbeitskreis Grundschule bei als

☐ Einzelmitglied (Jahresbeitrag DM 66,–; für Referendare/Lehramtsanwärter, Teilzeitbeschäftigte DM 50,–; für Studierende und arbeitslose Lehrer/innen DM 33,– zutreffendes bitte unterstreichen und belegen) Jahreslieferung: 3–4 Mitgliederbände

☐ als korporatives Mitglied (Jahresbeitrag DM 80,–, über den eine Bücherrechnung ausgestellt wird) – Jahreslieferung: Mitgliederbände und 1–2 Sonderbände

(Name)	(PLZ u. Ort)
(Straße u. Hausnr.)	(Datum u. Unterschrift)

Sie erhalten nach Zahlung Ihres Beitrags

- die Mitglieder-Zeitschrift „Arbeitskreis aktuell" (4 mal im Jahr)
- die Jahres-Mitgliederbände
- die Satzung des AKG
- Informationen und Veröffentlichungsverzeichnis

Aus buchungstechnischen Gründen bitten wir Sie, die Rechnung abzuwarten, auf der wir Ihnen die Mitgliedsnummer und die Bankverbindung mitteilen.

Einzelmitglieder aus den neuen Bundesländern zahlen bis einschließlich 1995 einen ermäßigten Jahresbeitrag: Statt DM 66,– nur DM 50,–.

Für Ihren Beitritt zum Arbeitskreis Grundschule e. V. halten wir folgendes Werbeangebot für Sie bereit: (bitte **nur eine** der beiden Möglichkeiten ankreuzen!)

☐ Als neues Mitglied im Arbeitskreis Grundschule wünsche ich mir den Band .... als Aufnahmegeschenk.

☐ Oben genanntes Mitglied habe ich für den Arbeitskreis Grundschule geworben. Als Werbeprämie senden Sie bitte den Band .... an folgende Anschrift:

(Name)	(PLZ und Ort)
(Straße und Hausnummer)	(Datum und Unterschrift)